被疑者の自己決定と弁護

高田昭正

現代人文社

はしがき

1　刑事訴訟法を学ぶうえで、われわれはいくつかの基本的な概念や理論を理解しなければならない。その十分な理解があるかどうかが、錯綜した刑事訴訟法解釈の「藪の中」に迷い込んでしまうのか、あるいは、太い論理の道筋をたどって「藪の中」から抜けるのか、という違いになる。

そのような基本概念の一つが、刑事訴訟法における「当事者主義」である。ちなみに、一九四九年に施行された現行刑事訴訟法について、平野龍一博士は、「憲法の規定にしたがい、また占領中におけるアメリカの影響のもとに、大幅に、イギリス・アメリカ的な当事者主義に近づいた」、と評価された（平野龍一『刑事訴訟法概説』〔東京大学出版会、一九六八年〕八頁）。

この当事者主義の概念は、論者によって様々な意味で使われる。通常は、証拠を収集して提出する権利と義務を、訴訟運営にあたる裁判所ではなく、検察官や被告人・弁護人という「訴訟の当事者」がもつ、という「当事者追行主義」の意味で使われるといえよう。対立する検察官と被告人・弁護人が証拠を収集・提出し、その攻撃と防禦を尽くすことによってこそ「事案の真相」を明らかにできる、という考え方が当事者追行主義の基礎にある。当事者追行主義の下では、裁判所が証拠の収集・提出の権限をもつことがあるとしても、それは、当事者の訴訟追行を補充する場合に限られなければならない。すなわち、当事者の訴訟追行と無関係な、その意味で独立した、裁判所の職権調査権限とその行使は必要とされない。

この当事者追行主義の概念がもつ意味——証拠調べにおける当事者のイニシアティブ（主導性）——も、また、その帰結——裁判所の職権調査権限の制約（補充性）——も、それぞれ重要であった。

しかし、平野博士が、現行刑事訴訟法は「当事者主義に近づいた」と言われる場合、そこで言う当事者主義とはこの「当事者追行主義」の意味に限られるものではなかった。平野博士は、当事者主義という概念について、「それは、被告人をひとりの人格ないし主体として取り扱うことであり、これに刑罰を加えるためには、主体というにふさわしい行動をとる余地を与え自己を弁明する機会を与えなければならないということである」、と敷衍された（平野・概説一一頁）。

平野博士が言う当事者主義は、当事者追行主義のような真実発見のための技術、すなわち、真実発見に役立つがゆえに価値が付与されるものではなかった。むしろ、「こういうやり方をとらなければ刑事裁判は『公正』とはいえないという、それ自体の価値をもったもの」として捉えられた（平野龍一『刑事訴訟法の基礎理論』〔日本評論社、一九六四年〕一〇頁）。

刑事裁判の公正さをもっとも深いところで支える普遍的な価値ないし理念が「個人の主体性と尊厳」「個人の自己決定」であり、この価値ないし理念を実現し、擁護するという課題を担うのが当事者主義の訴訟構造なのである。この当事者主義の訴訟構造においてこそ、「自らの主体性と尊厳を実現し、自己決定を貫くために、防禦活動を尽くす被疑者・被告人の権利」、すなわち「被疑者・被告人の主体的防禦権」が、捜査・訴追・公判・上訴という刑事手続の中にきちんと組み込まれることになる。

しかし、刑事司法の実務や判例においては、多発する犯罪を鎮圧し効率的に処理しなければならないという「重い現実」「重い政策的課題」のためもあって、この当事者主義の「典型的で純粋な貫徹」というものは、いまだ十分には実現されてはいない。この「重い現実」「重い政策的課題」まで絡まってくるために、刑事訴訟法の解釈は「藪の中」に囚われてしまうのであった。この「藪の中」で方向を見失わず、実務や判例の立場を批判的に検討できるためにも、われわれは当事者主義の概念がもつ輝き（それが擁護する普遍的な価値ないし理念）をつねに見失わず、自らに内在させせなければならないと思う。

2　本書は、このような考え方を基礎として、起訴前における被疑者の主体的防禦権の意味と、実効的な捜査弁護の課題と方法を明らかにしようとする。すなわち、刑事事件で応訴を強制された市民（被疑者）が、専門法曹（刑事弁護人）の援助を得て、自己の主体性と尊厳を実現し、自己決定を貫くことができるような起訴前の手続と制度のあり方について、検討しようとするものである。

検討の方法として、ドイツ法を比較の対象とした。検討の結果として、自白中心の糺問的・効率的な捜査の基本枠組みの中にとりこまれた「捜査依存・自白依存の補完的な起訴前弁護」の現状を克服して、被疑者の尊厳と自己決定を実現し、擁護する「独立した主体的な捜査弁護」のモデル、その意味で真に「実効的な捜査弁護」のモデルをたてること、そして、そのモデルにふさわしい運用の改善と制度の改革を行うべきことを提言する。

捜査弁護のモデルや制度を「被疑者の自己決定」を基軸にして検討した論稿は今までなく、また、「ドイツの捜査弁護の法的現実」と比較した論稿も数少ないといわなければならない。本書が、この二つの欠落を埋めつつ、わが国の捜査弁護の変革、捜査手続の改革にとって意義のあるものになればと願う。

3　本書は、三部一一章から構成される。第一部（総論）の最初に、現状分析として、一九九〇年以降の当番弁護士制度の展開、捜査段階の強制処分や弁護権保障に関する統計、「適正弁護」の議論などについて、理論的・実践的課題を明らかにするという観点から、これを検討する（第一章）。次いで、捜査弁護に関する新たなモデルを構築するため、その準備作業として、「被疑者・被告人の主体的防禦活動の保障」をキー・ワードに刑事手続の憲法的基礎の構造というものを理論的に検討する（第二章）。

第二部（各論）の第三章以下では捜査弁護の個別問題を扱い、「独立した主体的な捜査弁護」のモデルについて、その具体的内容を検討する。まず、捜査機関の取調べに対抗する被疑者の防禦権や刑事弁護のあり方について、ドイツ法やわが国の現状を踏まえて、検討する（第三章ないし第六章）。検討結果として、自己の供述の証拠化について、被疑者による自己決定を実効的に保障できる手続のあり方（黙秘権行使による取調べの終了、取調べへの弁護人立会いなど）を提言する。第二に、わが国でとくに重要な意義をもつ被疑者の接見交通権について、その実効的保障のあり方を検討し、接見指定制度の違憲性を主張する（第七章、第八章）。第三に、被疑者の身体拘束の理由とされた証拠的基礎について、その開示による防禦権の実効化という問題を、ドイツ法を素材に検討する（第九章）。

第三部（総括と提言）では、以上を総括するかたちで、ドイツにおける基準的な捜査弁護活動を検討し、わが国においても「被疑者の尊厳と自己決定を擁護する捜査弁護を包み込んで、しかもその実効性を確保するような捜査・訴追の枠組み」を現実のものにすべきことを提言する（第一〇章）。その枠組みの下で、捜査弁護の独立性（捜査機関・訴追機関の権限や捜査の効率性に依存しない）・主体性（被疑者の尊厳と自己決定を擁護する）・実効性（捜査弁護の課題を適正・確実・迅速に達成する）を保障し、実現することがこれからの課題とされなければならないと思う（第一一章）。

なお、起訴前の被疑者国選弁護制度の問題についても、本来は、独立の章を起こして論ずべきであろう。司法制度改革審議会が二〇〇一年六月に内閣に提出した「司法制度改革審議会意見書――21世紀の日本を支える司法制度」は、刑事司法改革の柱として、被疑者国選弁護制度の具体化・制度化を求めた。その実現がいま焦眉の課題になっている。被疑者国選弁護制度に関係して公にした拙稿も幾つかある（拙稿「ドイツ刑事訴訟における起訴前の国選弁護」自由と正義四四巻七号〔一九九三年〕三三頁、同「世界の刑事法律扶助――その理念と現状・ドイツ」季刊刑事弁護二号〔一九九五年〕四一頁、同「刑事法律扶助の課題――被疑者の公選弁護制度をめざして」自由と正義四六巻六号〔一九九五年〕一五頁、同「ドイツの捜査弁護報酬と被疑者国選」法と民主主義三三三号〔一九九八年〕二六頁、同「被疑者国公選弁護制度の理念をどう実現するか」季刊刑事弁護二一号（二〇〇〇年）五五頁）。しかし、変わろうとする現実を目の前にして、あえて本書には組み入れないものとした。ただし、被疑者国選弁護制度の重要性について、関係の箇所で適宜言及したことを付言しておきたい。

4　本書は、一九八七年から二〇〇二年にかけて公表した一一編の論稿を、必要な加筆・修正を行ったうえで一書に纏めたものである。基礎に一貫した自分なりの考え方があると思われたために、あえて一書に纏める意義もあると考えた。刑事訴訟法学の研究者は、わが国の刑事司法の「重い現実」「重い政策的課題」に埋没せず、普遍の理想を見失わないで、現実の変革を目指すという「重い責任」を担わなければならない。そのような責任を本書で少しでも果たせたことを願っている。

最後に、本書の出版を引き受けていただいたうえ、装丁は美しく定価は安くしてほしいなど、勝手な注文にも応じて下さった現代人文社の成澤壽信社長に対し、心より御礼を申し上げたいと思う。なお、本書の刊行について、日本学術振興会の平成一五年度科学研究費補助金（研究成果公開促進費）の交付を受けた。

二〇〇三年五月

高田昭正

◉収録論文初出と原題一覧

第一章　一九九〇年代における刑事弁護の展開と課題
原題「刑事弁護の発展と刑事訴訟改革」法律時報一九九九年三月号（日本評論社）

第二章　刑事手続の憲法的基礎——主体的防禦権の体系化の課題
原題「刑事訴訟にとっての違憲審査の意義」ジュリスト一〇三七号（有斐閣、一九九四年）

第三章　ドイツにおける被疑者の強制的取調べ
原題「西ドイツにおける被疑者取調べ」岡山大学法学会雑誌三六巻三＝四号（一九八七年）

第四章　ドイツにおける実効的捜査弁護——被疑者供述の証拠化と取調べ
原題「ドイツにおける実効的捜査弁護——被疑者供述の証拠化と取調べ」竹澤哲夫先生古稀祝賀記念論文集『誤判の防止と救済』（現代人文社、一九九八年）

第五章　被疑者の取調べと黙秘権
原題「被疑者取調べと黙秘権」村井敏邦編著『現代刑事訴訟法・第二版』（三省堂、一九九八年）第三章2Ⅱ

第六章　被疑者取調べと自己決定
原題「被疑者取調べと自己決定」刑法雑誌四一巻三号（有斐閣、二〇〇二年）

第七章　接見指定制度の問題性と違憲性——物理的不能説から違憲説へ
原題「接見指定制度の問題性と違憲性——物理的不能説から違憲説へ」自由と正義五〇巻二号（一九九九年）

第八章　接見交通権の実効的保障をめざして
原題「接見交通権の実効的保障をめざして」光藤景皎先生古稀祝賀論文集・上（成文堂、二〇〇一年）

第九章　身体拘束と証拠開示——ドイツにおける被疑者勾留の証拠的基礎の開示
原題「身体拘束と証拠開示——ドイツにおける被疑者勾留の証拠的基礎の開示」井戸田侃先生古稀祝賀論文集『転換期の刑事法学』（現代人文社、一九九九年）

第一〇章　ドイツの捜査弁護
原題「ドイツの捜査弁護」刑法雑誌三九巻一号（有斐閣、一九九九年）

第一一章　捜査弁護は何をすべきか——実効的捜査弁護の課題と方法
原題「捜査弁護は何をすべきか——実効的捜査弁護の課題と方法」季刊刑事弁護一五号（現代人文社、一九九八年）

目次　被疑者の自己決定と弁護

第二部　各論――被疑者の主体的防禦権の確立

第一部

総論——被疑者の主体的防禦権の課題

第一章　一九九〇年代における刑事弁護の展開と課題

一　一九九〇年代における刑事弁護の展開

1　一九八九年九月の日弁連第三二回人権擁護大会（シンポジウム第一分科会「刑事裁判の現状と問題点――刑訴法四〇年・弁護活動の充実をめざして」）を重要な契機として、一九九〇年代は刑事弁護の刮目すべき展開期となった。

この人権擁護大会の「刑事訴訟法四〇周年宣言」を受け、一九九〇年四月には「日弁連刑事弁護センター」が設置される。その設立趣旨は、「わが国の現在の刑事手続を抜本的に見直し、制度の改正と運用の改善をはかるとともに、個々の弁護活動の充実・向上をめざして、各弁護人に対する情報の提供、研修の強化など個人の弁護活動に必要な支援を行い、あわせて刑事裁判についての国民の理解をひろげ、国民のより積極的な司法参加をはかる」ことであった。各単位会も、地域に刑事弁護センターないし刑事弁護委員会を設置していく。それは、修習の期の若い、刑事弁護に未経験な弁護士を刑事弁護の担い手として組織化する全国規模の運動でもあった。

この刑事弁護センター・刑事弁護委員会が、一九九〇年代に当番弁護士制度を創設・運営する中心的な担い手となる。身体拘束下の被疑者やその家族などの申込により、当番弁護士名簿登録の当番弁護士が拘禁施設に直行して被疑者と接見し、被疑事件・権利・手続について助言する――、というのが典型的な当番弁護士の活動である。初回接見は無料とされ、被疑者から接見費用等を徴収しない。

当番弁護士制度は一九九〇年九月から各単位会で順次実施され、一九九二年一〇月以降は五二の単位会すべてに拡大した(1)。当番弁護士登録数は一九九八年五月現在で（とくに断らない限り、以下の数字も同じ。二〇〇二年四月段階の数字は註で言及）、全弁護士の四三・二％、七三〇二名に達する（ちなみに国選弁護登録率・数は五四・一％、九一四五名）(2)。新聞等で知った重大事件（殺人、強盗など）や否認事件、外国人・少年事件などの身体拘束事例について刑事弁護委員会ないし単位会自身が当番弁護士派遣を決定する「委員会派遣」制度も、二四単位会で実施された（八単位会が実施を検討中）(3)。

この当番弁護士制度が、刑事法律扶助事業の被疑者弁護人援助制度の発足と連動して実施されたことも、瞠目させた(4)。被疑者弁護人援助制度は、財団法人の法律扶助協会が「経済的理由で援助を必要とし、且つ相当と認められる被疑者」に対し、弁護人の「着手金」と「費用」を援助するものである。この被疑者弁護人援助制度に公的な費用補助の支えはない。その実質的財源は、刑事贖罪寄付金や弁護士会援助金であった。

このように、弁護士による全国規模の組織的ボランティアが、当番弁護士制度と被疑者弁護人援助制度という二つの制度を連動させ、資力の乏しい被疑者の弁護人選任権を実質化・実効化したといえる。また、弁護士のボランティアに担われた二制度は、捜査弁護の分野で市民との連帯を引き出すことにもなる。「当番弁護士（制度）を支援する市民の会」が各地で設立されたのである。

２　当番弁護士の出動数は年々増加の一途をたどる。出動申込件数が一九九四年に一万件を超え（一九九三年九九

表1　起訴前勾留理由開示，勾留取消（起訴前・後）請求，証拠保全請求（地方裁判所・簡易裁判所）

	起訴前の勾留理由開示		勾留取消請求	証拠保全請求（新受）※
	請求	実施		
1990	316	241	235	13
1991	269	201	206	20
1992	341	236	258	21
1993	412	312	288	29
1994	393	305	336	19
1995	326	241	215	19
1996	404	304	237	26
1997	392	321	250	34
1998	368	258	254	34
1999	306	243	255	−
2000	392	334	309	−
2001	420	363	342	−

（司法統計年報による）

※1999年以降，司法統計年報に計上されない

〇七件、一九九四年一四〇〇七件）、一九九七年には二万件を超えた（一九九六年一八五四七件、一九九七年二二九一〇件）。被疑者弁護援助件数も一九九六年に二千件を超えた（一九九五年一七六七件、一九九六年二三〇二件、一九九七年二七八七件）(5)。

一九九〇年代には、起訴前の勾留理由開示の請求・実施数が顕著に増加する。一九八九年の起訴前勾留理由開示の請求二三五・実施一四九が、一九九六年には請求四〇四・実施三〇四、一九九七年で請求三九二・実施三二一に増加する(6)。勾留取消請求(7)（一九八九年は一六八であった。九〇年以降はつねに二〇〇を超える。一九九七年で二五〇）や証拠保全請求新受件数（一九八八年は一五、八九年は七であった。しかし、一九九五年一九、一九九六年二六、一九九七年三四と増加する）も増加する（以下、とくに断らない限り、司法統計年報による。一九九〇年から二〇〇一年までの統計について、**表1**参照）。当番弁護

表2　私選弁護人が付いた被告人（通常第一審／地方裁判所・簡易裁判所）

	地方裁判所			簡易裁判所			私選弁護人選任率
	終局総人員	うち弁護人が付いた被告人（a）	うち私選弁護人が付いた被告人（b）	終局総人員	うち弁護人が付いた被告人（c）	うち私選弁護人が付いた被告人（d）	$\frac{b+d}{a+c}$ %
1990	49,821	48,370	19,308	10,374	9,966	1,885	36.3%
1991	47,539	46,137	18,438	9,383	9,062	1,744	36.6%
1992	46,983	45,552	17,198	9,621	9,250	1,610	34.3%
1993	48,692	47,257	16,880	10,179	9,867	1,684	32.5%
1994	49,856	48,520	16,207	10,430	10,112	1,467	30.1%
1995	51,537	50,000	16,223	9,938	9,604	1,445	29.6%
1996	54,880	53,281	16,475	9,541	9,192	1,187	28.3%
1997	57,301	55,640	16,779	9,604	9,287	1,292	27.8%
1998	58,257	56,474	16,335	10,696	10,371	1,277	26.3%
1999	61,640	59,575	16,647	11,762	11,386	1,171	25.1%
2000	68,190	65,873	17,579	11,520	11,158	1,248	24.4%
2001	71,379	69,416	18,486	11,489	11,157	1,097	24.3%

（司法統計年報による）

士制度に媒介されて起訴前の弁護活動が充実・強化されていく現状を管見できる。

3　このように、刑事弁護の組織的実践を全国規模で推進する主体（日弁連刑事弁護センター）を得たこと、その組織的実践の内容として——ボランティアの本質をもち、市民的連帯を強める——当番弁護士制度と被疑者弁護人援助制度が展開されたことは、戦後における刑事弁護の最大の改革であったといえる。

この改革の成果といえる「捜査弁護の活性化」は、被疑者・被告人側の公判準備を充実させ「公判弁護の実質化」「公判の活性化」に結びつき、全体として「刑事裁判の変化」を促すことが期待され

表3　起訴後の保釈率（地方裁判所・簡易裁判所）

	起訴後勾留状発付人員(a)	保釈の請求人員	終局前保釈許可人員(b)	保釈率 $\frac{b}{a}$ %
1990	43,922	20,814	11,008	25.1%
1991	44,630	20,479	10,947	24.5%
1992	45,603	19,343	10,382	22.8%
1993	48,040	18,216	10,177	21.2%
1994	49,951	17,736	9,331	18.7%
1995	50,850	17,501	8,959	17.6%
1996	53,870	17,862	8,737	16.2%
1997	56,372	17,802	8,766	15.6%
1998	58,281	17,160	8,293	14.2%
1999	63,593	17,049	8,566	13.5%
2000	67,906	18,292	8,831	13.0%
2001	72,515	18,878	9,151	12.6%

（司法統計年報による）

た。たとえば、一九八六年から一九九〇年において通常第一審の私選弁護率、起訴前勾留の請求却下率、勾留理由開示の実施数、通常第一審の無罪率が上昇した、あるいは上昇の気配があることが「変化の兆し」とされた[8]。

しかし、その後の現実は——統計から窺う限り——この期待に応えないものであった。

二　統計に見る刑事手続の閉塞的状況

1　一九九一年を頂点ないし境として、第一審私選弁護率（地裁・簡裁で弁護人が付いた被告人のうち「私選弁護人の付いた被告人」の割合）は低下する。一九九一年が三六・三％であったのに対し、一九九七年は二七・八％に下降した[9]（**表2**参照）。この私選弁護率の低下と軌を一にして、保釈請求数も減少傾向にある[10]（一九八八年二三三五九、一九九二年一九三四三、一九九七年一七八〇二と減少。**表3**参照）。起訴前勾留の請求却下率（自動車等による業務上過失致死傷事件および

表４　逮捕率と起訴前勾留率（※1）

	検察庁既済事件		逮捕率	警察等逮捕後身柄付送致＋			勾留率	却下率
	被疑者総数(a)	逮捕人員(b)	$\frac{b}{a}$%	検察庁逮捕(c)(※2)	勾留請求認容(d)	勾留請求却下(e)	$\frac{d}{c}$%	$\frac{e}{d+e}$%
1990	384,384	89,572	23.3%	83,828	72,471	126	86.5%	0.17%
1991	368,828	91,506	24.8%	85,820	74,574	108	86.9%	0.14%
1992	338,948	92,804	27.4%	87,640	77,545	110	88.5%	0.14%
1993	342,847	98,576	28.8%	93,347	84,328	115	90.3%	0.14%
1994	335,857	101,763	30.3%	96,026	86,870	101	90.5%	0.12%
1995	335,554	101,638	30.3%	95,660	87,058	98	91.0%	0.11%
1996	337,727	105,083	31.1%	99,498	90,958	103	91.4%	0.11%
1997	358,583	111,893	31.2%	106,422	97,266	93	91.4%	0.10%
1998	364,583	114,911	31.5%	109,156	99,781	189	91.4%	0.19%
1999	359,500	119,253	33.2%	114,089	105,205	189	92.2%	0.18%
2000	378,467	130,968	34.6%	125,414	115,391	234	92.0%	0.20%

（検察統計年報による）

※１　自動車等による業務上過失致死傷事件および道交法違反事件を除く

※２　警察で逮捕後釈放された者を除く

道交法違反事件を除く）も、一九九〇年に〇・一七％に上昇した後、下降を続けた。一九九七年は〇・一〇％にとどまる（検察統計年報による。ただし、一九九八年以降、請求却下率は漸増傾向にある。表４参照）。第一審無罪率について、地裁・簡裁の全部無罪率（母数は有罪・無罪判決人員）が〇・三五九％となった一九九一年の前後は、下降傾向に歯止めがかかったかと期待させた。しかし、一九九六年無罪率〇・〇八五％、一九九七年〇・〇九三％に下降した（二〇〇〇年は〇・〇五四％でしかない。表５参照）。

２　他方で、逮捕・勾留による被疑者の拘束率は上昇した。一九八九年の逮捕率（逮捕／検察庁既済事件被疑者総数）は二三・二％、一九九〇年で二三・三％であった。しかし、一九九七年で三一・二％（一九九七年の被逮捕者は一一一八九三人）に上昇した（二〇〇〇年の被逮捕者は一三〇九六八人、

表5　通常第一審の全部無罪率（地方裁判所・簡易裁判所）

	地方裁判所			簡易裁判所			全部無罪率
	有罪人員(a)	うち一部無罪	全部無罪人員(b)	有罪人員(c)	うち一部無罪	全部無罪人員(d)	$\frac{b+d}{a+b+c+d}$%
1990	49,123	38	61	9,648	1	40	0.172%
1991	46,817	42	177	8,700	4	23	0.359%
1992	46,356	54	53	9,056	2	22	0.135%
1993	48,019	54	104	9,491	1	31	0.234%
1994	49,280	40	45	9,782	3	15	0.101%
1995	50,777	37	39	9,269	0	17	0.093%
1996	54,186	42	35	8,965	2	19	0.085%
1997	56,494	36	50	9,119	2	11	0.093%
1998	57,367	33	39	10,165	1	22	0.090%
1999	60,755	43	37	11,136	3	19	0.078%
2000	67,002	28	31	10,889	1	11	0.054%
2001	70,074	49	48	10,774	4	20	0.084%

（司法統計年報による）

逮捕率は三四・六%に上る。表4参照）。また、一九九〇年は八六・六%であった勾留請求率（勾留請求／警察等逮捕・身柄付送致＋検察庁逮捕）も、一九九三年以降つねに九割を超える。一九九七年は九一・五%であった。同年の勾留率（勾留認容／警察等で逮捕後釈放された者を除く逮捕留置者）は九一・四%（被勾留者数は九七二六六人）であった（以上、検察統計年報による。表4参照）。

被疑者勾留の期間についても、長期化の傾向に歯止めがかからなかった[11]。一九九〇年には五日以内の被勾留者一・八%、一〇日以内が五九・七%であった。一九九五年はそれぞれ一・二%、五四・〇%と減少する。一九九七年はさらに一・〇%、五〇・七%と下降した。同年の一一日以上二〇日以内の被勾留者が四八・二%、二一日以上は〇・一%にのぼっており、勾留延長の「原則化」が懸念される[12]（検察統計年報による。表6参照）。

逮捕・勾留など強制処分の請求却下率も低

表６　起訴前の勾留期間（※）

	被勾留者人員				
	総数	5日以内	6日以上 10日以内	11日以上 20日以内	21日以上
1990	72,479	1,288	43,282	27,824	85
1991	74,591	1,244	43,945	29,299	103
1992	77,560	1,083	44,215	32,162	100
1993	84,353	1,218	46,766	36,257	112
1994	86,881	1,167	47,642	37,984	88
1995	87,069	1,012	46,977	38,990	90
1996	90,968	988	47,186	42,675	119
1997	97,271	947	49,345	46,885	94
1998	99,788	874	49,235	49,524	155
1999	105,202	783	48,939	55,355	125
2000	115,390	974	52,877	61,378	161

（検察統計年報による）

※自動車等による業務上過失致死傷事件および道交法違反事件を除く

下した。勾留請求却下率（却下／令状発付＋却下数）は一九九〇年に〇・四九％（地裁〇・八八％、簡裁〇・一八％）まで回復した。しかし、一九九五年は〇・三二％（地裁〇・五〇％、簡裁〇・一四％）、一九九六年〇・三一％（地裁〇・五一％、簡裁〇・一二％）に低下する。通常逮捕状請求却下率も、一九九〇年に〇・〇五三％（地裁〇・一三三％、簡裁〇・〇三六％）であったのに対し、一九九五年は〇・〇四四％（地裁〇・〇八七％、簡裁〇・〇二九％）、一九九六年で〇・〇四〇％（地裁〇・〇九四％、簡裁〇・〇一五％）にすぎない（地裁・簡裁を合計した統計について、**表７**参照）。

起訴後の保釈率（終局前保釈許可人員／勾留状発付人員）の低下も起きた。一九九〇年は二五・一％（地裁二七・九％、簡裁一四・二％）であった保釈率も、その後は下降をつづけ、一九九六年は一六・二％（地裁一七・五％、簡裁九・二％）にとどまった。保釈率の下降傾向は現在も止まない（地裁・簡裁を合計した統計に

表７　通常逮捕状・起訴前勾留状の請求却下率（地方裁判所・簡易裁判所）

	通常逮捕状の請求却下率				起訴前勾留請求却下率			
	通常逮捕状発付数(a)	請求却下数(b)	請求取下数	b/(a+b)%	起訴前勾留状発付数(c)	請求却下数(d)	請求取下数	d/(c+d)%
1990	111,276	59	237	0.053%	76,525	378	11	0.49%
1991	113,189	39	260	0.034%	78,327	336	18	0.43%
1992	113,403	51	359	0.045%	81,590	365	15	0.45%
1993	115,180	44	265	0.038%	87,285	360	24	0.41%
1994	114,305	46	290	0.040%	90,027	316	23	0.35%
1995	110,075	48	312	0.044%	90,664	287	26	0.32%
1996	113,175	45	367	0.040%	95,091	293	22	0.31%
1997	117,743	48	443	0.041%	101,790	262	24	0.26%
1998	119,851	42	443	0.035%	105,123	331	19	0.31%
1999	104,959	33	505	0.031%	112,001	432	17	0.38%
2000	114,933	38	513	0.033%	122,354	549	13	0.45%
2001	120,290	50	564	0.042%	128,615	594	19	0.46%

（司法統計年報による）

ついて、表3参照）。

また、接見禁止等の請求・決定も一九九〇年以降、顕著な増加をみせた。一九九〇年の接見禁止等の請求一七一四六・決定一六三五五に対し、一九九六年は請求二六五九六・決定二五四三五、一九九七年は請求二九五二五・決定二八二二一に増加した（表8参照）。

3　このように、統計から見る限り[13]、刑事弁護をとりまく閉塞的状況は強まったといわなければならない。一九九〇年代の被疑者弁護活性化の動向に対し、捜査・訴追機関側は、「身体拘束下の被疑者取調べを基軸にした、伝統的な自白中心の糺問的・効率的な捜査の基本枠組み」を変えようとはしなかった。むしろ、その枠組みを強化したとさえいうことができる。

三　刑事弁護の組織的実践の展開

1　戦後の刑事訴訟法改正には、「捜査・訴

表8　接見禁止等の請求と禁止決定（地方裁判所・簡易裁判所）

	接見禁止等の請求	地方裁判所	簡易裁判所	接見禁止等の決定	地方裁判所	簡易裁判所
1990	17,146	9,096	8,050	16,355	8,540	7,815
1991	18,305	9,548	8,757	17,248	8,909	8,339
1992	18,395	8,952	9,443	17,415	8,349	9,066
1993	19,696	9,538	10,158	18,596	8,931	9,665
1994	20,031	10,163	9,868	18,540	9,469	9,071
1995	23,503	12,921	10,582	22,359	12,171	10, 188
1996	26,596	14,461	12,135	25,435	13,710	11,725
1997	29,525	16,439	13,086	28,221	15,546	12,675
1998	31,878	18,306	13,572	30,412	17,268	13,144
1999	36,083	19,970	16,113	33,831	18,214	15,617
2000	39,411	22,746	16,665	37,439	21,256	16,183
2001	44,317	25,524	18,793	42,070	23,890	18,179

（司法統計年報による）

追機関の権限・機能を片面的に強化した」「起訴前の被疑者・弁護人の権利を不当に制限した」という欠陥――理論的に正当化できない法制度上の欠陥――があるというべきであった[14]。しかし、実務上は、この制度的欠陥が「正当化」されることになる。その「正当化」を促したものは、刑事司法の「システム全体の効率性を左右する捜査段階[15]」について、その効率化を徹底しようとする政策であった。この「捜査の効率化」政策の下で、起訴前弁護の活動は捜査の効率化を阻害する要因として否定的に捉えられる。逆に、上述した刑事訴訟法における制度的欠陥は効率化の重要な条件として肯定され、「正当化」されることになったといえる。

この「捜査の効率化」政策は、一九九〇年代もすすめられた。一九九〇年、一九九二年の警察法改正で警察庁刑事局は「刑事警察」とともに「暴力団対策」を所掌する。一九九四年には、この暴力団対策としての捜査の効率化が標榜され、犯罪の予防・鎮圧まで射程に入れた「警察法上の捜査」「将来の犯罪の捜査」を肯定して、全体として捜査を効率化することが目指される。(16)警察の捜査は、犯罪の予防・鎮圧、被害の回復とともに総合的犯罪対策の一環として機能すべきものとされた。一九九六年以降の盗聴立法化の動きも、この警察捜査の効率化ないし機能拡大の動きに連動するものであった。

２　しかし、被疑者・被告人の主体的地位と尊厳を擁護する刑事弁護の組織的実践や、刑事弁護の一般的水準を引き上げる組織的運動も、一九九〇年代を通してつづけられた。

日弁連刑事弁護センターは「国際人権法シンポジウム」「当番弁護士全国交流集会」「刑事弁護経験交流集会」などを開催する。一九九一年一一月の日弁連第三四回人権擁護大会では「被疑者の弁護活動強化のための宣言」として、「黙秘権、取調拒否権等を徹底的に活用して、弁護人の取調立会権を確立し、自白獲得目的の取調の禁止をめざす」「逮捕・勾留・保釈の裁判の形骸化を是正し、不当な身柄拘束を廃絶することをめざす」ことなどが採択された。

刑事弁護のマニュアルも、一九九〇年代になって相次いで刊行された。(17)また、日弁連刑事弁護センターの協力を得て、雑誌『季刊刑事弁護』が一九九五年一月に創刊された。同年一〇月には日弁連の「刑事司法改革の実現に向けてのアクション・プログラム」が公表された。捜査の運用改善と制度改革が当面のアクション・プログラムの重点とされる。「代用監獄制度の廃止」「接見交通権の確立と取調立会権の確立」「身体拘束の抑制と保釈」「起訴前の被疑者国公選弁護制度」「証拠開示」「伝聞証拠の排除・自白法則の徹底」「公判中心主義の実現」などが具体的課題とされた。

起訴前国公選弁護の制度化についても、かつて「現段階において当制度を実施することは到底無理である」（日弁連国選委員会最終報告、一九八四年）とした日弁連は、一九九一年から被疑者国公選弁護制度の実現・確立をテーマとした「国選弁護シンポジウム」を重ねたのち、現実に実施すべき・実施できる「被疑者国選弁護制度試案」を一九九七年一〇月に公表する。(18)防禦能力が乏しい被疑者に対する起訴前国選弁護人の「裁量的職権選任」と重大事件・少年〔一六歳未満〕事件等の「必要的選任」を二〇〇〇年に先行して制度化し、二〇〇五年から「請求による国選弁護人選任」を実施したのち、二〇一〇年に被拘束者すべてに国選弁護人選任請求権を保障することを目指した。

四　捜査弁護のあり方

1　一九九〇年代の当番弁護士制度の創設と展開、被疑者国公選弁護制度の立法化要求は、現実にも、また、理論的にも、「被疑者・弁護人の主体的関与を必要とするような捜査遂行・事件処理のあり方」は何か、という問題意識を生む。この問題意識に関わって、いま二つの方向の議論が対抗する。

一つは、法務省の論者など、捜査・訴追の現場から「不適正弁護」を批判し、捜査遂行・事件処理の現状を補完する起訴前弁護活動を求める議論である。(19) この考え方は、捜査・訴追の現状について、刑事訴訟法上許される限りの手段を駆使して「人権保障」「真相解明」の課題を達成している、と肯定的に評価する。ただし、起訴前弁護の法的保障が不十分な現状には言及しない。むしろ、捜査弁護の権利・実践の強化を捜査遂行・事件処理の効率化に対する阻害要因と捉える。

この「捜査・訴追の現状肯定」と「被疑者弁護活動による効率化阻害」が、第一に、捜査弁護の権利保障の「片面的強化」に反対する根拠とされる。捜査弁護の権利・実践の強化（たとえば、被疑者国公選弁護制度の要求、被疑者取調べ立会いの要求、取調べ拒否や調書署名・押印拒否の助言など）については、捜査・訴追権限の強化（おとり捜査や盗聴の強制処分権限付与、刑事免責や「司法取引」の導入など）に付随する限りで、また現状の捜査・訴追の基本枠組み（身体拘束下の被疑者取調べを基軸とし、捜査・訴追機関が起訴前の証拠化や事件処理について権限を独占する枠組み）を変えない「個別的改善」となる限りでしか、これを許さない。

第二に、「捜査・訴追の現状肯定」と「被疑者弁護活動による効率化阻害」という基本的な現状評価ないし現状認識は、「不適正弁護」を批判する根拠ともされる。「不適正弁護」とは、事件の個性を考慮せず一律に黙秘を慫慂したり、弁護人接見を介して共犯者間の通謀を助けるような「真相解明の捜査活動を妨害する弁護活動」「弁護人の特別な権利を濫用する弁護活動」などだという。

この「不適正弁護」批判の目的ないし機能は、第一に、真相解明が捜査弁護の基本課題になることを確認させ、真相解明を責務とする捜査・訴追機関の捜査遂行・事件処理に対する補完的機能を捜査弁護に担わせることにある。第二には、「捜査妨害」(刑訴一九六条違反)の弁護活動に対する弁護士懲戒や刑事制裁まで視野に入れて、捜査・訴追機関が捜査弁護活動を規制・統制できる制度枠組みをつくることにある。

2

このような議論に対抗するのが、独立した主体的な捜査弁護の確立を求める考え方である。

独立した主体的な捜査弁護は、手続遂行・事件処理に被疑者が主体的に関与することによる、捜査・訴追の抑制を目指す。すなわち、手続遂行・事件処理に関する捜査・訴追機関の「権限の独占」——国家権力の無謬性ないし公正さを理念的根拠とし、効率化を政策的根拠とする「権限の独占」——を抑制するため、被疑者・弁護人も主体的な立場から独立して手続遂行・事件処理に関わる課題と権利を担うべきだ、と捉える。

ちなみに、弾劾的捜査観の基本機能の一つは、捜査手続における捜査・司法機関の権限抑制にあった。[20] その権限抑制の内容は、第一に、被疑者の権利を制限する強制処分権限を捜査機関に固有のものとして付与しないこと、第二に、黙秘権などの〔特定の〕基本権を侵害する強制処分権限は司法機関にも付与しないことであった。加えて、第三の内容として、手続遂行・事件処理に関する捜査・訴追機関の「権限独占」を抑制するため、被疑者・弁護人も主体的な立場から独立して関与すべきだ、といわなければならないと思う。

たとえば、独立した主体的な捜査弁護にとって、「被疑者供述の証拠化」は捜査機関の取調べに独占させるべきものではない。むしろ、弁護人自身が「依頼者」たる被疑者の供述を証拠化しなければならない。[21] 弁護人による被疑者供述の証拠化は、捜査機関の取調べにおいて被疑者に黙秘権行使を貫かせる方法としても機能する。また、弁護人が自ら証拠化した供述、あるいは、被疑者自身に証拠化させた供述は、「身体拘束処分からの解放」「不起訴の事件処理」

「被疑者・被告人の主張の認容」などの成果を得るために、被疑者・弁護人側の資料（「武器」）として活用されることになる。

起訴・不起訴の事件処理について被疑者・弁護人も独立して主体的に関与すべきだ、という場合、訴追権限をもつ検察官と被疑者・弁護人の「対等の交渉」というものが実現されなければならない。その「交渉」は、たんなる捜査手段ないし捜査権限の一態様として機能する・機能させる「司法取引」であってはならない。対等の交渉となる具体的条件は、検察官が主張する被疑事実とその証拠的基礎を明らかにすること（防禦対象の明示、そのための捜査機関手持ち証拠の開示）、過去の同種事案の不起訴基準・不起訴事由を〔類型化できる範囲で〕明らかにすること（それらは捜査弁護の具体的実践・方針を決定する基本資料となる）、弁護人だけが被疑者供述を証拠化できること、弁護人が独立して調査活動を尽くすことなどである。(22)

五　捜査弁護における実践・改革の課題

1

独立した主体的な捜査弁護の担い手は、捜査に依存し、自白に依存する補完的刑事弁護の――現実に存する――枠組みから自覚的に訣別しなければならない。(23)

そのためにいま、独立した主体的な刑事弁護を確立する組織的な取組みと立法による改革が求められる。本章の最後に、捜査弁護について今後の実践と改革の課題を整理・提示しておきたい。

独立した主体的な捜査弁護は、被疑者の主体的地位と尊厳を擁護する弁護実践を要求する。この弁護実践の一般的課題が、手続遂行・事件処理への被疑者の主体的関与を実現・擁護することである。

この課題を果たす基本的条件ないし方法は、①黙秘権と弁護権の実効的保障、②防禦対象（被疑事実）の明示とその証拠的基礎（捜査機関側手持ち証拠）の開示、③独立した証拠化・調査の活動とそれに基づく主張の提示、にまとめられる。

そのため、国費（公費）による被疑者弁護制度の立法化が早期に実現されなければならない。当番弁護士の二四時間出動体制も課題となる。被拘束者が弁護人と無条件にアクセスできる即時接見保障の枠組みが確立されなければならない。[24] 被拘束者の取調べ受忍義務は否定されなければならない。なお、一九九五年二月に弁護士有志が結成した「ミランダの会」は、被疑者の黙秘と調書に対する署名・押印拒否を武器に、取調べの経過・結果に弁護人が関与すべきことを宣言した。黙秘権を確立する弁護実践を共有しようとする運動であった。ともあれ、起訴前の証拠開示なしに黙秘権を放棄させることは「弁護過誤」だという認識にたったうえで、被疑者取調べを制限（黙秘権行使による取調べ禁止、弁護人自身による被疑者供述の証拠化）・規制すること（弁護人の取調べ立会権確立、取調べ状況のテープ録音など）[25]や、起訴前の捜査資料開示請求権を立法化することが重要となる。証拠保全手続の改善・活用も改革の基本課題である。

2　他方、捜査上の強制処分に関して、捜査弁護は特殊な課題を担う。捜査上の強制処分の適法性・相当性は、本来は、令状による司法的抑制で確保されなければならない。しかし、たとえ令状による事前抑制が機能するとしても、捜査上の強制処分がもつ権利侵害の実質に変わりはない。とくに身体拘束の処分については、①供述（黙秘か自白か）に関する自己決定の制限（直接には、身体拘束下の取調べが固有にもつ強制的雰囲気による制限）、②防禦活動に対する制限（人身の自由の制限にもとづく制限）、③市民的権利（たとえば憲法一三条の「幸福追求権」など）の制限（家族とのアクセスや私的生活の自由など、独立した個人として自らの幸福を追求する条件・手段が制限される）を伴う。この権利制限に対抗する法的地位と権利が被疑者側に対し保障されなければならない。

そのため、①身体拘禁の理由とされた具体的証拠の開示[26]、②不当拘禁から解放する手続（準抗告、保釈など）が要求される。接見禁止決定（家族らとの面会・文通や新聞・雑誌等の閲読を禁止し、「厳正独居、単独連行」を伴う[27]

や代用監獄収容（警察が被拘束者の生活の基本条件を決定・管理する）など、被拘束者の処遇さえ自白確保の手段化する実務の現状も、改善・改革されなければならない。捜査弁護はこのような改善・改革の課題も自ら担うべきものとなる。

（1）一九九〇年九月に大分県弁護士会が名簿制（パネル制）の当番弁護士制度を実施し、同年一二月に福岡県弁護士会が待機制（ローター制）の当番弁護士制度を実施した。
（2）一部に未実施地域を残した旭川弁護士会・釧路弁護士会も、一九九八年に全地域実施を実現した。
（3）二〇〇二年四月現在で、全弁護士一八八六六名のうち当番弁護士登録数は八二〇〇名であり、登録率は四三・五％に上る（ちなみに国選弁護登録率・数は五六・二％、一〇五九五名）。登録率・数とも増加している。
（4）委員会派遣は、二〇〇二年四月段階で、四一の単位会で実施されている（九単位会が検討中）。
（5）その後の当番弁護士出動申込件数は一九九八年二五五七一件、一九九九年三〇二七一件、二〇〇〇年三九六九〇件、二〇〇一年四七一四三件と増加する。被疑者弁護人援助の件数も一九九八年三一四四件、二〇〇〇年四九八二件、二〇〇一年五九〇一件に達する。なお、少年保護事件附添扶助の件数も一九九九年一二三〇件、二〇〇〇年一六〇二件、二〇〇一年二二八二件に上る。
（6）起訴前勾留理由開示は、一九九九年で請求三〇六・実施二四三と減少したが、二〇〇〇年で請求三九二・実施三三四、二〇〇一年で請求四二〇・実施三六三と増加する。
（7）勾留取消請求は、一九九九年で二七五、二〇〇〇年で三二八、二〇〇一年で三五三に上る。
（8）上田國廣「被疑者段階の刑事弁護」『平成四年版　日弁連研修叢書・現代法律実務の諸問題（下）』（第一法規、一九九三年）八二頁。
（9）私選弁護率は、一九九九年で二五・一％、二〇〇〇年で二四・四％、二〇〇一年で二四・三％となお減少傾向にある。ただし、私選弁護人が付いた被告人（第一審地裁・簡裁）の絶対数は、一九九九年で一七八一八人、二〇〇〇年で一八八二七人、二〇〇一年で一九五八三人と増加する。
（10）保釈請求数はその後、一九九九年で一七六二九、二〇〇〇年で一八九五七、二〇〇一年で一九四六一と増加傾向にある。
（11）ただし、被疑者勾留期間の長期化は九〇年代に初めて現れた特徴ではない。戦後から現在まで長期化の傾向が止まない。

たとえば、一九七〇年には五日以内の被勾留者が七・〇%、一〇日以内が七四・九%であった。勾留を延長されない者が八割を超えたのである。しかし、一九七五年にそれぞれ五・〇%、七一・三%、一九八〇年で三・三%、六八・九%、一九八五年で二・六%、六三・九%となる。

(12)　一一日以上二〇日以内の被勾留者が、一九九九年で被勾留者総数の五二・六%に達し、過半数を超えた。二〇〇〇年で五三・二%に上る。

(13)　なお、検察官の事件処理について、自動車等による業務上（重）過失致死傷事件の起訴猶予率はドラスティックに増大した（一九八八年五三・〇%が一九九七年八五・一%に増加）。特別法犯（道路交通法違反を除く）の起訴猶予率も、一九九三年まで増加をつづけた（一九八八年二〇・二%、一九九三年二八・一%）。しかし、その後、減少する（一九九七年二一・八%）。九〇年代の刑法犯（交通関係業過を除く）の起訴率（約五六%）・起訴猶予率（約三八%）に傾向というべき変化はない（検察統計年報）。

(14)　戦後の刑事訴訟法改正で新たに付与された捜査上の権限は、対人的・対物的強制処分の請求・執行権限（刑訴一九九条、二〇四条、二〇五条、二一〇条、二一八条、二二〇条など）、被疑者・参考人の取調べ権限（刑訴一九八条、二二三条）、接見指定処分権限（刑訴三九条三項）などであった。捜査実務上、身体拘束中の被疑者には取調べ受忍義務（出頭・滞留義務）さえ課された（刑訴一九八条一項）。司法警察職員・検察官が捜査段階で録取した供述調書は一定の要件で証拠能力をもつものとされた（刑訴三二一条、三二二条一項二、三号、三二二条）。検察官は起訴・不起訴、起訴猶予を決定する裁量権限（刑訴二四八条）を付与され、正式裁判の請求権限も与えられた。これらに比較する限り、被疑者・弁護人の防禦権保障は不十分であったといわなければならない。

起訴前の弁護人依頼権（刑訴三〇条）、接見交通権（刑訴三九条）、証拠保全請求権（刑訴一七九条）、勾留理由開示請求権（刑訴八二条、二〇七条）などは新たに付与された。だが、起訴前の国選弁護人選任請求権（刑訴三六条参照）はない。私選弁護費用の公的扶助制度もない。それは、日常的に捜査弁護活動が行われる状況を公的には保障しないことを意味した。身体拘束下の被疑者の権利状況はとくに不十分であった。被留置者は、警察が生活の基本条件を決定・管理する留置場（代用監獄）に収容される。起訴前は被勾留者にさえ保釈が認められない（刑訴二〇七条参照）。私選弁護人との即時接見要求も、起訴前は捜査機関の接見指定処分により拒否された。捜査実務上、「現に取調べ中」や〔一九九〇年代には〕「切迫する取調べ予定」まで接見指定理由とされた。被勾留者は接見禁止決定（刑訴八一条）にも服する。黙秘権（憲法三八条一項、刑訴一九八条二項）を行使しても、また弁護人の援助を求めても、取調べは終了せず、延期も中断もされない。弁護人はこのような身体拘束下の被疑者取調べに立ち会うことができない。それは、被疑者の供述（とくに自白、不利益事実の承認）の証拠化という防禦上もっとも重大な局面で、弁護人の関与を排除する仕組みがつくられたことを意味する。しかも、強制処分による捜査の結果も含め、捜査機関手持ちの証拠書類・証拠物の一断片も起訴前は弁護人に開示されない。起訴前は犯罪事実を争う弁護も情状弁護も困難だといわざるをえないのである。

（15）亀山継夫「刑事訴訟法五〇年と検察の課題」ジュリスト一一四八号（一九九九年）二八頁。

（16）吉田英法「平成六年の刑事警察制度の改正の概要と意義」警察学論集四七巻八号（一九九四年）五二頁以下は、刑事警察制度の改革に関し、「警察の捜査の在り方を定めるに当たっては、刑訴法に基づく捜査としての捜査の適正化の視点のみならず、警察法に基づく捜査としての捜査の効率化（犯罪の早期鎮圧、犯人の早期の割出しと検挙、捜査関係書類の作成の省力化・合理化）や刑訴法による捜査に包含されない捜査の部分を踏まえること」と提言する。

（17）刑事弁護研究会（東京弁護士会法友全期会）編『刑事弁護マニュアル』（ぎょうせい、一九八九年〔一九九七年に新版・二分冊〕）、大阪弁護士会人権擁護委員会編『捜査弁護の実務／逮捕から保釈までの弁護マニュアル』（大阪弁護士協同組合、一九九一年〔一九九六年に新版〕）、北山六郎監修『実務刑事弁護』（三省堂、一九九二年）、東京弁護士会刑事弁護委員会編『実践刑事弁護・国選弁護編』（一九九二年〔現代人文社、二〇〇二年に三訂版〕）、松本晶行ほか編『聴覚障害者と刑事手続』（ぎょうせい、一九九二年）、大出良知ほか編著『刑事弁護』（日本評論社、一九九三年）、竹澤哲夫ほか編『刑事弁護の技術（上）（下）』（第一法規、一九九四年）、東京三弁護士会当番弁護士センター編『当番弁護士統一マニュアル』（一九九五年〔非売品〕）、日弁連刑事弁護センター編『逮捕・勾留・保釈と弁護／弁護マニュアルと決定事例集』（日本評論社、一九九六年）、大木和弘ほか『外国人刑事弁護マニュアル』（現代人文社、一九九七年〔二〇〇三年に改訂版〕）、東京弁護士会刑事弁護委員会編『実践刑事弁護・当番弁護士編』（現代人文社、一九九九年）など、多数ある。

（18）試案全文が自由と正義四八巻一二号（一九九七年）一五二頁以下に掲載されている。

（19）参照、太田茂「検察実務の課題」ジュリスト一一四八号（一九九九年）二七六頁、座談会「刑事訴訟法の現実とその問題点」ジュリスト一一四八号一四四頁以下〔渡邊一弘（法務大臣官房審議官）発言部分〕など。

（20）平野龍一『捜査と人権』（有斐閣、一九八一年）七三頁。

（21）高野隆「被疑者の取調べにどのように対処するか」『刑事弁護の技術（上）』一〇一頁、財前昌和「被疑者の供述の証拠化」

季刊刑事弁護一五号（一九九八年）三五頁。
(22) なお、手続の進行や事件処理の方向を見極めた被疑者・弁護人が主体的に判断して、起訴前の検察官交渉をあえて行わないこともある。
(23) 自白があることは、弁護人にとっても手続遂行・事件処理の見極めを容易にする。捜査弁護そのものを形式化・簡易化させる。この自白事件における捜査弁護の効率性が、自白に依存した補完的捜査弁護を弁護人自身も実践しようとする内在的・経営的理由となる。
(24) 参照、拙稿「接見指定制度の問題性と違憲性——物理的不能説から違憲説へ」自由と正義五〇巻二号（一九九九年）一二〇頁〔本書第七章〕。
(25) 石松竹雄『刑事裁判の空洞化——改革への道標』（勁草書房、一九九三年）一一七頁は、「〔証拠保全〕手続を利用し、例えば、被疑者の占有するもの、第三者所持の物で当該所持者から任意に提出できる物を裁判所へ持参し、裁判官による押収を請求することはできないだろうか」「そうすることにより、起訴後第一回公判期日近くまで、弁護人が被告人や被告人に関係のある者の許から押収された証拠物、例えば被告人の会社の帳簿を閲覧謄写することもできない、という不当な事態を避けることができ、また検察官が、被告人に有利な証拠物を証拠として提出もしないし開示もしないという不都合を防止できる」、と提言した。
(26) 平野龍一『捜査と人権』五二頁は、一九六五年段階ですでに、「およそ人を拘束する以上、その証拠を示さなければ公正とはいえないのではないか」と問題提起した。身体拘束の証拠的基礎の開示について、拙稿「身体拘束と証拠開示——ドイツにおける被疑者勾留の証拠的基礎の開示」井戸田侃先生古稀祝賀論文集『転換期の刑事法学』（現代人文社、一九九九年）一一三頁以下参照〔本書第九章〕。
(27) 下村忠利「第一回公判期日までに何をするか」『刑事弁護の技術（上）』二五一頁。

第二章　刑事手続の憲法的基礎——主体的防御権の体系化の課題

一　刑事訴訟と違憲審査制

1　一九四六年一一月に公布された日本国憲法は、その三一条ないし三九条において、他国に例をみないほど詳細に、刑事手続に関する基本権保障を定める。

この憲法三一条ないし三九条の基本権条項を援用して、日本の最高裁判所や下級裁判所は刑事手続に関し違憲審査権限（憲法八一条、最大判昭和二五・二・一刑集四巻二号七三頁）を広やかに行使できるものとなった。この違憲審査権限により、警察・検察官・裁判官など刑事手続に関与する諸機関の権限が抑制され、また、それら機関の具体的処分が依拠する刑事訴訟法の条項が違憲審査の対象とされる。附随的審査制の枠内で、刮目すべき成果を挙げた判例も少なくない。(1)　とくに注目すべきは、刑事被告人に「迅速な裁判を受ける権利」を保障した憲法三七条一項について、「審理の著しい遅延の結果、迅速な裁判を受ける被告人の権利が害せられたと認められる異常な事態が生じた場合には、これに対処すべき具体的規定がなくても、もはや当該被告人に対する手続の続行を許さず、その審理を打ち切るという非常救済手段がとられるべきことをも認めている」と断じ、刑事手続の打切りという憲法上の救済を認めた「高田事件最高裁判決」（最大判昭和四七・一二・二〇刑集二六巻一〇号六三一頁）であろう。

2　他方、違憲審査制はその抑制機能とともに正統化機能をも果たす。すなわち、刑事手続に関与する諸機関の権限強化・拡大を裁判所の合憲判断によってオーソライズするという機能ももつ。わが国において、刑事手続に関し違憲審査制が現実に果たした機能としては、この正統化機能のほうが「重い」というべきであろう。捜査上の強制処分について要件を緩和したり、捜査機関の処分に対抗する防禦上の基本権について射程を限定した判例(2)のほか、新たな強制処分類型を「法創造」さえした判例(3)が注目されなければならない。

しかし、これらの合憲判断例は、被疑者の個人としての尊厳に配慮しない（最決昭和五五・一〇・二三刑集三四巻五号三〇〇頁〔強制採尿〕）、令状の事前呈示、執行立会い、準抗告など、強制処分手続に対して被疑者が主体的にアクセスできる手続的保障を軽視する（東京高判平成四・一〇・一五判時一四四三号一五四頁〔電話傍受〕）、取調べに対する被疑者の主体的対応（その現実的条件）をまったく保障しないまま、長時間・長期間の取調べを確保するための契機ないし根拠としてのみ被疑者の〔迎合的な〕対応を考慮に入れる（最決昭和五九・二・二九刑集三八巻三号四七九頁〔四夜の宿泊を伴う取調べ〕、最決平成元・七・四刑集四三巻七号五八一頁〔徹夜の取調べ〕）、というものであった。それらは、刑事手続の具体的な領域において被疑者・被告人の主体的地位の「制限」ないし「切下げ」を行うものとして、批判されなければならない。

問題の多い合憲判断例の動向について、これを深いところから根本的に批判するためには、刑事手続に関する憲法的基礎を構造的に把握することが必要となる。しかも、その構造的把握とは、被疑者・被告人の権利主体としての法的地位と尊厳を本当の意味で実現することを目指すものでなければならない(4)。刑事手続における憲法的基礎の構造がもつ意義と内容を明らかにすることによって、裁判所の合憲判断の不当さをチェックでき、また、なすべき違憲判断も明らかになる。違憲審査制が刑事手続に関して果たすべき抑制機能も活性化される。さらに、構造的な把握によって、憲法が内在させる保障内容を導き出すことも可能となる。その意味で、刑事手続に関する憲法的基礎の構造的把握は、理論的な関心だけではなく、実践的な関心に裏打ちされたものでもある。

二　刑事手続における憲法的基礎の構造

１　刑事手続の憲法的基礎の構造について考える場合、キー・ワードとなるのは「被疑者・被告人の主体的防禦活動の保障」であろう。

刑事手続に引き込まれ、応訴を強制される被疑者・被告人は、この刑事手続に客体としてなすすべなく、没主体的に関わるのではない。防禦活動を尽くすべき権利主体として、その法的地位と尊厳を保障された存在でなければならない。そのように考えるべき憲法上の根拠は、日本国憲法の第三章「国民の権利及び義務」の総則的規定である憲法一一条（刑事手続における国民たる被疑者・被告人を基本的人権の享受主体とする）、一二条（被疑者・被告人に保障された自由と権利はその主体的行使によって、不断に実現・擁護されなければならない）、一三条（被疑者・被告人も、不可侵の尊厳を担うべき個人として尊重され、独立した個人として自らの幸福を追求することができなければならない）である。この憲法一一条、一二条、一三条がすでに、被疑者・被告人に権利主体たる法的地位と尊厳を認めなければ手続の構造そのものが成り立たなくなる「当事者主義構造の刑事手続」というものを要請する。

加えて、憲法三七条二項、三項も、証人審問権や弁護人依頼権を保障し、刑事手続の追行に対する「刑事被告人」の主体的関与を認めることによって、直接的なかたちで刑事手続の当事者主義構造を要請する。

ちなみに、この当事者主義構造の基本的性格の一つは、この構造のもとでこそ国家の刑罰権の存否・内容を被疑者・被告人自身も主体的に決定でき、そのような意味で全体と個のダイナミックな関係が媒介されるということである(5)。被疑者・被告人の主体的防禦活動は、刑事司法制度の民主的なあり方というものを深いところで決定する。

２

(1)　法定手続を保障した憲法三一条、裁判を受ける権利を保障した憲法三二条について、被疑者・被告人の人権保障条項であるというその意義をいっそう明確にするならば、「生命、自由の剥奪」や「その他の科刑」について被疑者・被告人が主体的に対応できるように、すなわち、その主体的防禦活動を媒介するものとして「裁判所の手続」を保障した趣旨であると解釈すべきである。強制処分に服させ刑罰を科す刑事手続について、憲法三一条は、被疑者・被告人の主体的防禦活動を保障するためのいわばフォーラム（「明確な法的形式をもつ状況ないし場面」の意味で使う。以下、同じ）として、「法定の〔適正な〕手続」を要求する。そのようなフォーラムとしての法定手続を主宰する本来的な主体が裁判所であること、すなわち、裁判所の主宰する公正な手続こそが被疑者・被告人の主体的防禦活動を保障するフォーラムとしてもっともふさわしいことを、憲法三二条はあらためて確認したのだといえる。

(2)　憲法三三条以下では、よりいっそう具体的に、個々の強制処分について「基本的人権」と捉えられるべき手続上の保障が明らかにされる。すなわち、憲法三三条、三五条は逮捕・勾留の対人的強制処分や捜索・差押えなどの対物的強制処分について、「司法官憲が発する令状」による正当化を求める。

事前に裁判官が発する令状によって強制処分を抑制するという令状主義の保障も、やはり、捜査上の強制処分手続に被疑者が主体的に関わっていくためのいわば媒介物として「司法官憲が発する令状」を要求したものと理解すべきであろう。言い換えれば、憲法三三条、三五条による令状の要求は、それを媒介に被処分者が強制処分手続に主体的に関わっていくことができるからこそ意味がある。たとえば、令状の事前呈示、執行立会い、裁判所への準抗告などによって被処分者が強制処分をコントロールできることにこそ、その実質的な意味がある。それゆえ、令状の事前呈示、執行立会い、裁判所への準抗告などは、憲法三三条、三五条に内在する、本質的な保障内容だと捉えられなければならない。

さらに憲法三四条後段も、公開の法廷で迅速に身体拘束処分の当否を争うことを被処分者に保障した。この憲法三四条後段は、たんに「抑留又は拘禁の理由」を公開の法廷で被処分者とその弁護人に開示すれば足りるという趣旨ではない。そうではなく、身体拘束処分について被疑者・被告人の主体的な防禦活動が行われる本来的なフォーラムとして裁判所の手続を、被疑事件・被告事件の刑事手続からは独立したかたちで、保障すべきことをあらためて確認したものと解されなければならない。すなわち、被疑者・被告人が身体拘束処分の違法・不当を争い、違法・不当な処分からの救済を求めることができる独立の手続を保障すべきことを憲法上確認するものである。この裁判所の手続では、被疑者・被告人に主体的な防禦活動を尽くさせるため、身体拘束の証拠的基礎を検察官側に事前開示させてこそ、その存在意義があるといわなければならない(6)。

(3)　同時に、憲法三四条前段は、「抑留」（逮捕）と「拘禁」（施設収容を伴う留置ないし勾留(7)）の身体拘束処分について、被処分者が防禦活動を行ううえで直接の制約となるというその処分の特殊性に鑑み、「理由を直ちに告げられ、且つ、直ちに弁護人に依頼する権利を与へられ」なければならないと定める。身体拘束処分の理由が告知されて「防禦対象」が明示されること、および、具体的な「防禦方法」としては弁護人の援助を得て防禦活動を尽くすべきことを明らかにして、主体的な防禦活動を現実に行わせるために憲法上不可欠とされる二条件を確認したのである。主体的な防禦活動を現実に行わせるための条件であるのだから、少なくとも被疑者・被告人が弁護人を選任する費用負担に耐ええない場合は、身体拘束処分に先立って、国費（公費）により無償で弁護人を付さなければならない。憲法三四条前段はそのような趣旨まで含むものと解されなければならない(8)。

また、憲法三四条前段は「弁護人に依頼する権利」すなわち弁護人の実質的援助を受ける権利を、身体拘束の絶対的な前提条件として保障する。身体拘束が継続する留置のあいだも、弁護人の実質的援助を受ける権利は「直ちに」、すなわち即時に保障されなければならない。具体的には、弁護人との接見交通が権利として保障されなければならない。その意味で、身体拘束中はいつでも弁護人との即時の接見交通を保障することが、被疑者・被告人の身体拘束に合憲性を付与する絶対的な条件になる[9]。

(4)　憲法三五条までの条項は、刑事手続における対物的・対人的強制処分について人権による規制の枠組みを、令状の要求などの「積極的なかたち」で明らかにする。これに対して憲法三六条は「拷問及び残虐な刑罰は、絶対にこれを禁ずる」と定めて、被疑者・被告人に対する応訴強制や科刑について絶対的な限界があることを――禁止内容を定めるという「消極的なかたち」で――明らかにする。とくに「公務員による拷問」は、被疑者・被告人の防禦主体としての法的地位と尊厳をおよそ否定する処分であり、いままで述べた、憲法が要請する刑事手続のあり方には真っ向から反するものになる。

(5)　憲法三七条一項は、憲法三二条を受けて、自由を剥奪する「身体拘束の対人的強制処分」や刑罰を科そうとする「公訴提起の処分」に対抗し、「刑事被告人」(「身体拘束処分の対象とされた被疑者」も含むと解する[10])がもつべき「裁判所の裁判を受ける権利」の具体的な内容を明らかにする。ただし、「公平な裁判所の迅速な公開裁判を受ける」ことは刑事事件の被疑者・被告人に限らず、訴訟一般についてその当事者が当然に要求できることであろう。それゆえ、憲法がとくに独立の条項をおいて右権利を刑事事件の被疑者・被告人に保障した趣旨というものが明らかにされなければならない。

その趣旨の一つが、自力実効性をもつ規定であるということではないか。「公平な裁判所の迅速な公開裁判を受ける権利」が侵害されながら刑事訴訟法には具体的な救済規定がないという場合には、憲法三七条一項が独立の憲法上の救済を認めるものとなる。それは、被疑者・被告人に対し主体的な防禦活動を尽くさせるフォーラムを憲法自身が用意するという、その一場面なのである。この意味で、前述した「高田事件最高裁判決」は当然の判例であった。

証人審問権、証人喚問権を保障する憲法三七条二項についても、身体を拘束された被疑者も含めた「刑事被告人」に対し、防禦上の「武器」として、証人に対する反対尋問権や証人の取調べ請求権を認めたものと解すべきである。それゆえ、憲法三七条二項については、起訴後の公判手続だけを射程に入れたものと解すべきでない。起訴前の勾留理由開示手続、勾留に対する準抗告審手続のあり方が根本から見直されなければならない。

憲法三七条三項が、身体を拘束された被疑者も含めて、弁護人依頼権とくに国選弁護権を保障するのも、自由を剥奪する「身体拘束の対人的強制処分」や刑罰を科そうとする「公訴提起の処分」に否応なく服させ、応訴を強制する以上、当然のことだということができる。(11) 応訴を強制する以上、身体を拘束された被疑者や起訴された被告人が主体的な防禦活動を尽くすことができるよう、国家は現実的条件を整えなければならない。言い換えれば、主体的防禦権を実効的なかたちで保障できる条件を整えない限り、被疑者・被告人を身体拘束処分や公訴提起の処分に服させることはできないというべきなのである。

憲法三八条一項が保障する自己負罪供述の拒否権も、刑事事件の被疑者・被告人に関する場合には特別の意味をもつものとなる。憲法一一条、一二条、一三条、三七条二項、三項などの他の人権保障条項と結びついて、刑事手続の当事者主義構造の基礎を確かにするという特別な意味をもつというべきなのである。被疑者・被告人は当事者として、自己負罪供述か黙秘か、主体的に決定できる法的地位を保障されなければならない。憲法三八条一項の供述拒否権は、そのような法的地位のコロラリーとしても保障される。自己負罪供述をするか否かについて被疑者・被告人の自己決定というものを保障し、検察官や裁判官などが権力的に立ち入ってはならない内心の領域というものを被疑者・被告人に認めたのが憲法三八条一項である。その意味で被疑者・被告人の黙秘権は、「良心の自由」を侵してはならないと定める憲法一九条から由来する権利でもある。権力的に立ち入ることが許されない被疑者・被告人の内心の領域というものを承認する場合、それは当然に、被疑者・被告人の内心の領域への容喙を必要とする「自白中心の刑事手続のあり方」というものを許さず、刑事手続における糺問主義的な残滓が払拭されることを要求する。そのことを憲法三八条二項、三項が、強制などによって獲得された「自白は、これを証拠とすることができない」と定め、また、自白だけが「自己に不利益な唯一の証拠」である場合には「有罪とされ、又は刑罰を科せられない」と定めることによって確認する。

(6)「既に無罪とされた行為について」または「同一の犯罪について、重ねて」刑事責任を問われないと定める憲法三九条も、確定判決の効力と捉えられた一事不再理効などについて、その人権的性格を明らかにする。被告人であった者（確定判決を受けた者を含む）の主体的防禦活動を疲弊させる「再度の応訴強制」「再起訴」という場面で、なお防禦主体としての法的地位と尊厳を保障しつづけるために、検察官や裁判所の処分が規制されなければならないことを認めたのである。

三　憲法的刑事手続を実現するために

1　刑事手続の憲法的基礎の構造について、その内容をどのように把握するのかという実体の問題とともに、そのような構造をもつ憲法的基礎のうえに成立する刑事手続を真に実現するため、憲法上、どのような方法を用意できるかという手続の問題がある。

(1)　この手続の問題を解決する一つの方法が「消極的な規制」として違憲審査制を活用することである。とくに、「刑事訴訟法における立法の不作為の違憲性」を争うという方法が重要となる。たとえば、身体拘束下で弁護人の援助もないまま被疑者が長時間・長期間の取調べを受けつづけなければならないという捜査実務の現状は、憲法三四条前段・憲法三八条一項に違反すると断ぜられるべきものである。逮捕・勾留された被疑者が弁護人を選任する費用負担に耐ええない場合は、被疑者に費用を負わせないで弁護人を付す刑事訴訟法上の制度を創設し、また、この弁護人を身体拘束下の被疑者取調べに立ち会わせるなど、必要な立法措置を講ずることによって、現状のもつ違憲性が正されなければならない。

(2)　違憲審査制の活用という観点から検討すべきなのは、合憲限定解釈というものを許さない刑事訴訟法の領域ないし条項があるのではないか、という問題である。たとえば、応訴が強制される被疑者・被告人の市民的地位・尊厳に由来する基本的権利については、これを「一般的に」侵害する刑事訴訟法の条項に関し、基本的に合憲限定解釈が許されないと考えるべきではないか。

それゆえ、身体を拘束された被疑者の接見交通権を制限する刑事訴訟法三九条三項の接見指定処分制度について、その合憲限定解釈を行うというような「中途半端さ」は——刑事訴訟法三九条三項がその文言のままでは被疑者の法的地位を直接に「制限する」「切下げる」ものであるために——許されないというべきではないか。接見指定実務の現状を目の前にしながら、それでもなお刑事訴訟法三九条三項について合憲限定的解釈が可能かどうかを検討する——、そのような解釈論（合憲限定解釈論）を展開する余地はない、というのである。(12) 捜査実務における接見指定処分の現状を踏まえる限り、直截にその違憲性を論ずるほかない。

2　手続の問題を解決するもう一つの方法は、刑事訴訟法の解釈・適用やその運用の基準を憲法が提供するというだけでなく、憲法自身を、被疑者・被告人の基本的人権を具体的に保障するための規定として活用することである。基本的人権を保障する方向の「法創造」となる裁判所の憲法解釈・適用を、憲法自身が要求するのだともいえる。ただし、個人の尊厳という基本的人権を侵害する強制採尿令状まで「法創造」して、司法の課題を逸脱したと批判すべき最高裁判例（最決昭和五五・一〇・二三刑集三四巻五号三〇〇頁）もあった。それゆえ、「憲法そのものの活用」として何が許され、何が許されないのか、を明確にしなければならない。

「自由の剥奪」については憲法自身がその三一条で「法律の定める手続」を要求するために、裁判所に許された法創造は「自由及び権利」の侵害に対して具体的救済を認めるという片面的なものにならなければならないであろう。上述した「高田事件最高裁判決」が、そのような法創造を実践するものであった。

この「憲法そのものの活用」という観点からも、現行の刑事訴訟法には違法な逮捕に対して「独立」の不服申立方法が定められていないことが問題とされてよい。接見指定処分や押収物の還付に関する処分など、逮捕に比べれば人権侵害の程度が相対的に小さいと思われるものについて明文で準抗告が認められているのに、人権侵害の程度が大きいはずの逮捕についてなぜ準抗告を認める規定がないのか、その理由については理解しにくい。また、逮捕について独立の不服申立方法を欠いてもかまわない特別の事情——権利侵害の状態が一過性であるとか、国家賠償請求訴訟など刑事手続外に独立した〔実効的な〕救済手続が用意されているとか——があるわけではない。そのため、憲法三一条、三二条（人身の自由を侵害する身体拘束処分に対し、被疑者が主体的に対応するため、裁判所の手続を保障する）、三三条（裁判官の発する令状を媒介に、身体拘束処分に対する被処分者のコントロールを保障する）を直接の根拠規定として、「自由の侵害については法律の根拠規定が必要であるのに対し、自由の侵害からの救済は憲法が内在的に保障する」と考え、(13) 違法な逮捕、逮捕後の違法な留置の処分に対して、憲法上独立の救済を求めることができると解すべきであろう。

（1）　たとえば、余罪を実質上処罰する趣旨で重刑を科すことが憲法三一条に違反するとした裁判例（最大判昭和四二・七・五刑集二一巻六号七四八頁）、別件逮捕・勾留が憲法三四条に違反するとしたもの（金沢地七尾支判昭和四四・六・三刑月一巻六号六五七頁）、別件の身体拘束を利用した本件取調べも憲法三三条、三四条の保障する令状主義を潜脱するとした裁判例（大阪高判昭和五九・四・一九高刑集三七巻一号九八頁）などがある。対物的強制処分について、憲法三五条一項が「別件捜索・差押え」を禁止するとした裁判例（最判昭和五一・一一・一八判時八三七号一〇四頁）も重要であった。このほか、裸体姿の写真撮影は憲法一三条の利益を侵害するとしたもの（東京高判昭和四三・一・二六高刑集二一巻一号二三頁）、正当な理由のない捜査機関の写真撮影は憲法一三条の趣旨に反するとしたもの（最大判昭和四四・一二・二四刑集二三巻一二号一六二五頁。ただし、現行犯的状況で街頭行動を写真撮影した本件に違法はないとした）などが挙げられる。また、不当に長い拘禁後の自白（最大判昭和二三・七・一九刑集二巻八号九四四頁、最判昭和三二・七・一九刑集一一巻七号一八八二頁など）、切り違え尋問の偽計による自白（最大判昭和四五・一一・二五刑集二四巻一二号一六七〇頁）など、憲法三八条違反として排除すべき自白の類型を明らかにした裁判例も注目された。

（2）　前者の裁判例として、緊急逮捕を「憲法三三条規定の趣旨に反するものではない」と断じた判例（最大判昭三〇・一二・

一四刑集九巻一三号二七六〇頁）や、「本件に関係ありと思料せられる一切の文書及び物件」と付記された捜索差押許可状について憲法三五条が求める「物の明示」に欠けるところはないとしたもの（最大判昭和三三・七・二九刑集一二巻一二号二七七六頁）、緊急逮捕に着手する約二〇分前に開始された無令状の捜索・差押えを許したもの（最大判昭和三六・六・七刑集一五巻六号九一五頁。なお、本件捜索・差押えは「憲法三五条に違反する」と述べた意見が付された）などが挙げられる。さらに、捜査上の任意処分の要件を緩和した裁判例も看過できない。とくに、在宅事件で警察署近辺のホテルなどに被疑者を四夜宿泊させ、警察の監視下で「長時間の取調べに応じざるを得ない状況」に長期間おいたことを認めながら、本件の具体的状況を総合するならば「任意捜査として許容される限界を超えた違法なものであったとまでは断じ難い」、と説示した裁判例（最決昭和五九・二・二九刑集三八巻三号四七九頁）が重要であった。このような「承諾留置」というべき処分について、最高裁決定は、憲法三一条（適正手続の保障）、三三条（逮捕の司法的抑制）、三八条（黙秘権の保障、強制による自白の排除）などに違反しないとした。このほか、徹夜で約二二時間に及ぶ長時間の取調べが連続して行われたにも関わらず、被疑者の積極的承諾があった、事案の真相を明らかにする必要から取調べを続けた結果である、事案が殺人等と重大であることなどを挙げて、「社会通念上任意捜査として許容される限度を逸脱した」とは断じえない、と結論した裁判例もある（最決平成元・七・四刑集四三巻七号五八一頁）。この最高裁決定も、徹夜の長時間に及ぶ取調べが「被疑者の心身に多大の苦痛、疲労を与える」ことを認めながら、なお憲法三一条、三三条、三六条（拷問の絶対的禁止）、三八条などに違反しないと結論した。

後者の裁判例として、氏名は「原則として」憲法三八条一項にいう「不利益」な事項ではないとした判例（最大判昭和三二・二・二〇刑集一一巻二号八〇二頁）、氏名を明記しない私選弁護人選任届を無効としても憲法三七条三項に違反しないとしたもの（最決昭和四四・六・一一刑集二三巻七号九四一頁）、ポリグラフ検査そのものは憲法三八条一項の黙秘権を侵害しないと断じたもの（東京高決昭和四一・六・三〇高刑集一九巻四号四四七頁）など、被疑者・被告人の主体的な防禦活動に関わる基本的人権についてその射程を限定したものが挙げられる。

（３）　たとえば、覚せい剤自己使用事犯（覚せい剤取締法一九条、四一条の二）について最高裁は、「犯罪の捜査上真にやむを得ないと認められる場合には、最終的手段として」、捜索差押許可状の発付を得て、「被疑者の身体の安全とその人格の保護のため十分な配慮」をしたうえでカテーテルによる強制採尿もできるとした（最決昭和五五・一〇・二三刑集三四巻五号三〇〇頁）。捜査上の強制採尿権限を「法創造」したのである。しかし、被処分者の抵抗を実力で抑圧・排除してその下腹部を露出させ、排尿という生理作用を人為的に操作する強制採尿が被疑者の人間としての尊厳を著しく傷つける処分であることは否定できない。だが、最高裁決定は、憲法一三条（個人の尊重）、三一条（適正手続の保障）に違反しないと断じた。

また、電話の通話内容を検証令状によって傍受（無断盗聴）できるとした判例（東京高判平成四・一〇・一五判時一四四三号一五四頁、札幌高判平成九・五・一五判タ九六二号二七五頁）も挙げられる。この判例は、電話傍受について〔具体的事案による限り〕、憲法二一条（通信の秘密）を侵害せず、同三五条（処分対象の特定）・三一条（適正手続の保障）の法意に従った手続もとられたという。しかし、通信の秘密の絶対的保障に反する（憲法二一条違反）、被処分者の主体的関与を保障しない（憲法三一条違反）、処分対象たる将来の通話内容を特定できない（憲法三五条違反）といわざるをえない盗聴の強制処分権限について、これをあえて「法創造」するため、憲法が保障する基本権の内容そのものを切り下げた裁判例として、強く批判されなければならない。評釈として、光藤景皎「検証令状による電話の傍受」ジュリスト臨時増刊・平成九年度重要判例解説（一九九八年）一八一頁など参照。

（4）　憲法学では杉原泰雄教授が、憲法三一条の「適法手続主義」を指導理念として、その「適法手続主義によって基礎づけられる弾劾主義・当事者主義」を憲法解釈の基準とされ、憲法三三条から三九条までの人権保障条項——すなわち、憲法三一条の各則となる諸規定——を体系的なかたちで解釈された。そのなかで、「人権の不可侵性の故に、被捜索・押収者は捜索・押収による人権の過大な侵害を監視しかつ抵抗する権利をもっており」「立会権と令状提示義務の保障はこの意味で〔令状主義の保障内容として〕不可欠である」と述べられたように、極めて示唆に富んだ憲法解釈論を展開された（芦部信喜編『憲法Ⅲ人権2』〔有斐閣、一九八一年〕一七〇頁〔杉原泰雄執筆部分〕）。ただし、杉原泰雄教授の体系化の方法は、「適法手続主義」という広やかな指導理念に関係させて憲法三三条以下の人権保障条項の意味を個別に明らかにするものであり、憲法三三条以下の人権保障条項の有機的な関連を明らかにすることまではその射程に入っていない。この不足を補うものとして、刑事訴訟法学では大出良知教授が、「憲法は、被疑者・被告人の弁護権を体系化した」と理解したうえで、憲法の刑事手続に関する人権保障条項について「弁護権という視点から」構造的な把握、すなわち憲法三一条以下の人権保障条項の「有機的関連性」の解明を試みており（同「刑事弁護の憲法的基礎づけのための一試論」自由と正義四〇巻七号〔一九八九年〕一二八頁）、注目される。

（5）　この点に関連して留意すべきことがある。憲法的規制を超えた、実体的なものを憲法の人権保障条項の解釈・適用の大枠として措定することは許されないということである。たとえば、捜査手続の「本質」は糺問にある、というような実体を

——憲法的規制が及ばないという意味で——超越的に措定したうえで、憲法の解釈・適用ないしその刑事手続に関する人権保障条項の構造把握に非合理的な枠をはめようとする考え方がある。たとえば、安念潤司「憲法問題としての『手続上の権利』」ジュリスト八八四号（一九八七年）二五一頁は、「刑事訴訟が本質的に職権主義的であ」るという認識は今日も妥当する、とされる。「検察官と被疑者・被告人との関係は全体と個のそれである」という認識にたち、個に対する全体の優越というものを実体として措定されるためのようだが、もしそうであれば賛成しがたい。本文で述べたように、全体と個のダイナミックな関係を媒介する当事者主義構造の本質が捉えられていないためである。ちなみに、「憲法超越的な普遍的本質」を措定する考え方は、すでに杉原泰雄教授によっても詳細に批判された（杉原泰雄「『人身の自由』と刑事手続——具体的憲法解釈の前提問題として」法律時報四五巻二号（一九七三年）二二頁）。

(6) 身体拘束処分の理由となる捜査機関側手持証拠の開示について、拙稿「身体拘束と証拠開示——ドイツにおける被疑者勾留の証拠的基礎の開示」井戸田侃先生古稀祝賀論文集『転換期の刑事法』（現代人文社、一九九九年）一一三頁以下〔本書第九章〕を参照。

(7) 施設収容を必要とする留置処分は、本来、逮捕に付随するものではない。「勾留のための引致」を本質とする逮捕には、収容留置という「逮捕行為としての自由の拘束以上の規律、拘束を伴うものは付随できないというのである（金隆史「逮捕後の留置場所の変更」刑事訴訟法判例百選・第三版（一九七六年）四九頁）。それゆえ、逮捕後の「留置」は、刑事訴訟法二〇三条以下の規定を根拠にして逮捕に付随して許されるというべきものではない。刑事訴訟法が規定する「留置」は、「勾留による留置」、憲法上の「拘禁」を意味すると解すべきである（参照、拙稿「逮捕・勾留」法律時報六一巻一〇号〔一九八九年〕一三頁）。ただし、本稿では、さしあたり「逮捕留置」も意味するものとしておく（逮捕留置の概念について、村井敏邦編著『現代刑事訴訟法・第二版』（三省堂、一九九八年）一三八頁以下〔高田昭正〕参照）。

(8) 憲法三四条前段については、国家が身体拘束という重大な権利侵害処分をあえて行うためには、拘束しようとするすべての者に対し、その身体拘束に先立って、無償で弁護人の実質的援助を無条件に保障しなければならないことを、本来は意味すると解する。国費（公費）による被疑者国公選弁護の制度化も、この憲法三四条前段が要請するものとなる。なお、川崎英明「被疑者国公選弁護の根拠・形態・範囲」佐伯千仭先生卆寿祝賀論文集『新・生きている刑事訴訟法』（成文堂、一九九七年）七一頁以下参照。

(9) 接見交通権の保障について、拙稿「接見指定制度の問題性と違憲性——物理的不能説から違憲説へ」自由と正義五〇巻二

号（一九九九年）一二一頁参照〔本書第七章〕。

（10）憲法三七条三項英文の「accused」は「勾留質問段階の被疑者」も含む。邦文の「刑事被告人」も、明治刑事訴訟法（一八九〇年）以後の用法に倣い、「被疑者」を含む趣旨といえた。監獄法一条一項がこの伝統的用法による。現行刑事訴訟法の立案者の一部も、憲法草案三四条（現行憲法三七条三項）には「被疑者」も含まれるという見解であった、という。以上について、村井敏邦『刑事訴訟法』（日本評論社、一九九六年）一二三、一三五頁。なお、わが国の刑事訴訟法が「被疑者」「被告人」を区別することについて、その誤りと不当さを分析した五十嵐二葉「日本刑訴の被疑者・被告人を読み直す」法政理論二五巻四号（一九九三年）一二五頁〔同『刑事訴訟法を実践する』（日本評論社、一九九六年）所収〕以下も参照。

（11）被疑者国公選弁護の制度化について、拙稿「被疑者国公選弁護制度の理念をどう実現するか」季刊刑事弁護二一号（二〇〇〇年）五五頁を参照。

（12）ただし、合憲限定解釈を許す例外的場合がありうるとすれば、刑事訴訟法の条項について、①そのままの文言では「一般的な権利侵害」を惹起するため合憲限定解釈を許さないけれども、②その「一般的な権利侵害」が法執行機関の禁欲的態度によって現実化しておらず、実質的に憲法上の権利侵害がないという場合ではないか。すなわち、その場合には、禁欲的な捜査の現実をオーソライズするための合憲限定解釈も許されるのではないか。しかし、刑事訴訟法三九条三項の接見指定実務がそのような禁欲的なものでないことはいうまでもない。

（13）逮捕について、刑事訴訟法四二九条の準抗告を許そうという論者として、田宮裕「逮捕の新しい構成」植松博士還暦『刑法と科学〈法律編〉』（有斐閣、一九七一年）六四九頁〔同『捜査の構造』（有斐閣、一九七一年）所収〕、三井誠・法学教室二五号（一九八二年）一三九頁、渡辺修「逮捕に関する準抗告の可否」判例タイムズ八四二号（一九九四年）二六頁〔同『捜査と防御』（三省堂、一九九五年）所収〕など参照。しかし、最高裁決定（最決昭和五七・八・二七刑集三六巻六号七二六頁）は、「逮捕に関する裁判及びこれに基づく処分は、刑訴法四二九条一項各号所定の準抗告の対象となる裁判に含まれない」、と判示した。ただし、違法な逮捕、逮捕後の違法な留置の処分に対し、憲法三一条ないし三三条を直接援用して、刑事訴訟法から独立した憲法上の救済を求める途はなお閉ざされてはいない。

第二部

各論──被疑者の主体的防禦権の確立

第三章　ドイツにおける被疑者の強制的取調べ

一　本章の課題

１　被疑者取調べの法的現実

わが国の被疑者取調べは、自白中心の効率的な捜査、すなわち「自白を獲得することによって、事件処理の流れや結果を予測し、手続の期間を短縮して、事件処理を効率化する捜査」という基本枠組みの中で行われる。しかし、そのような捜査のあり方は、「捜査機関の予断に沿う供述を被疑者から獲得することに目的を収斂させる捜査」「糺問的な捜査」になってしまう危険をつねに内在させる。被疑者取調べについても、予断に関係した質問を繰り返して、被疑者を困惑・疲弊させ、捜査機関が求める供述を誘導するものになってしまう。外観は精密な取調べが装われるが、実質は方法・技術が拙劣な取調べでしかない。このような捜査機関の取調べであっても、これをあえて強制し、被疑者から自白を引き出すための手続上の「法的装置」が、逮捕・勾留の「身体拘束」と出頭義務・滞留義務を内容とする「取調べ受忍義務」であった。

言い換えれば、被疑者取調べにおける（拙劣な内実をいわば「表装」する）精密化と（取調べのあり方を現実に決定するという意味で「実体」的な目的である）効率化という矛盾する課題を追求するため、現実的な方策とされたのが、身体拘束中の被疑者に対し取調べ受忍義務を課し（刑訴一九八条一項但書）、弁護人の立会いを認めず、弁護人との接見交通も制限し（刑訴三九条三項）、捜査機関手持ち証拠の一片も開示しないまま、密室で一方的な取調べを行うことであったといえる。このような被疑者取調べのあり方、さらに、一方的な被疑者取調べを強制する効率的捜査の基本枠組みそのものを、われわれは批判的な検討の俎上にのぼせ、変革の対象としなければならない。

２　本章の対象

この課題を果たすうえで、比較法的な資料の提供も重要な作業となる。しかし、わが国と対照的な刑事手続の構造をもち比較法的に重要なドイツについて、その被疑者取調べの法的現実を紹介・検討した論稿はいまだ多くはない(1)。本章では、ドイツにおける被疑者の強制的取調べの問題に限定して、その法制と実態の一端を紹介・検討する。

二　裁判官・検察官による強制的取調べと黙秘権

１　被疑者の強制的取調べ

任意に出頭しない恐れがある被疑者に対し、裁判官は取調べのために召喚（Ladung）や勾引（Vofühmng）によって出頭を強制することができる（ドイツ刑訴一三三条以下）。勾引は、被疑者から供述を獲得することや被疑者を目撃証人と対質させることなどを目的として、強制的に身体を引致する処分であり、裁判官は被疑者の「強制的取調べ権限」をもつことになる。この強制的取調べ権限は、一九七四年の刑事訴訟法改正第一法律（Das erste Gesetz zur Reform des Strafverfahrensrechts）によって、検察官にも付与されることになった。すなわち、正当な理由がなく出頭しない場合は強制的に引致する、すなわち勾引することになるという警告（Androhung）を付して、被疑者を召喚することが検察官にも可能となった（刑訴一六三条ａ三項。刑訴一三三条二項の準用）。この警告を付した召喚に応じない被疑者に対して、検察官は自らの裁量で勾引命令（Vorführungsbefehl）を発することができる（刑訴一三四条の準用）[2]。

なおドイツにおいて、裁判官による被疑者取調べ[3]（刑訴一三六条、一六八条ｃ、一七三条三項）は二つの意義をもつ[4]。一つは、捜査機関に対して被疑者がした自白を確実に証拠化する手続として、裁判官による被疑者取調べ[5]が援用される（刑訴一六二条〔検察官の請求による裁判官の取調べ〕）。被疑者の自白を適式に録取した裁判官面前調書は実質証拠としての証拠能力を付与されるためである（刑訴二五四条一項）[6]。もう一つは、被疑者が自己に有利な証拠調べ（Beweiserhebungen）を請求する手続として、裁判官による被疑者取調べが援用される[7]。被疑者取調べを担当する裁判官は、被疑事実に関連して自己に有利な証拠の取調べを被疑者が請求するときは、滅失の恐れがある場合や身体拘束の理由を失わせる可能性がある場合、その証拠を取り調べなければならないからである（刑訴一六六条一項）。被疑者の証拠調べ請求を斥けるときは、理由を付さなければならない（刑訴三四条参照）[8]。

裁判官による被疑者取調べとともに、検察官による被疑者取調べ（刑訴一六三条ａ三項）も行われる。しかし、ドイツにおける検察官の被疑者取調べは、後述の警察による被疑者取調べに比較する限り、その実務上の意義は小さい。検察官が捜査を開始した被疑事件についてさえ、自らは被疑者を取り調べないで、警察に取調べを委ねること（刑訴一六一条）も少なくない[9]。また、被疑者の自白を録取した検察官面前調書[10]であっても、裁判官面前調書と違い、実質証拠としての証拠能力を付与されない。なお、検察官や警察など捜査機関の取調べにさいしても、被疑者は被疑事実に関連して自己に有利な証拠調べを請求することができ、捜査機関は重要（Bedeutung）と思料する限り、この証拠を捜査の対象としなければならない（刑訴一六三条ａ二項）[11]。

２　被疑者の召喚

被疑者に対する出頭強制は、手続的にはまず、封書により書面で召喚することから始められる（刑訴一三三条一項〔裁判官の取調べ〕、一六三条a三項二文〔検察官の取調べ〕）。この召喚状には、被疑者としての召喚であることを明記しなければならず、また、取調べの目的（Zweck der Untersuchung）を損なわない限りで被疑事実の要旨も記載しなければならない（刑事手続準則［Richtlinien für das Strafverfahren und das Bußgeldverfahren］四四条一項）。召喚にさいし、勾引の警告を付すことができる（刑訴一三三条二項、一六三条a三項二文、刑事手続準則四四条二項）。裁判官の召喚については、勾引の警告が付された場合だけでなく勾引の警告が付されない場合であっても、被疑者側は抗告（刑訴三〇四条一項）を申し立てることができる(12)。なお、検察官に対し弁護人が「被疑者は黙秘権を行使する」ことを通告してきた場合、通常は、検察官は被疑者を自ら召喚することや裁判官の召喚を求めることはしないという(13)。

被疑者の任意な出頭が見込まれる場合は、刑事訴訟法一三三条の召喚手続による必要はない。口頭で、たとえば電話で出頭を求めることや、警察に連絡（だけ）させて出頭を要請することもできる(14)。ただし、この口頭の出頭要求による裁判官、検察官の被疑者取調べは任意処分として行われ、出頭義務を課すことはできない。「書面による召喚だけが出頭義務を生じさせる(15)」。なお、出頭義務を課すことができない以上、勾引を警告することも許されない(16)。

３　被疑者の勾引

勾引の警告を付した召喚手続を前置しないでただちに勾引を命令することは、原則として、許されない(17)。勾引の命令を発するかどうかは裁判官ないし検察官の裁量にかかる事項（Ermessenssache）となる(18)。勾引命令は、被疑者を特定する事項、引致の日時と場所、被疑事実の要旨と罪名、引致の必要性などを記載した書面に基づいて執行される（刑訴一三四条二項、一六三条a三項二文）(19)。裁判官の勾引命令に対して、被疑者側は抗告（刑訴三〇四条一項）を申し立てることができる。ただし、被疑者側の抗告申立に勾引の執行を延期させる効果はない（刑訴三〇七条一項）。

そのため、勾引命令の執行が終わった後に抗告裁判所が決定を下すことになってしまうのが一般的であり、その場合は、執行ずみだという手続的な理由で抗告は不許容（unzulässig）とされ、却下されることになる。(20) 検察官の勾引命令に対しては、裁判所の裁判を請求することができる（刑訴一六三条a三項三文）。この請求にも勾引の執行を延期させる効果がないため（刑訴一六三条a三項三文、一六一条a三項三文〔三〇七条一項準用〕）、裁判官の勾引命令に対する抗告と同様に、救済方法として不十分であることは否定できない。

取調べを確保する必要が強いときは、勾留命令（Haftbefehl）の要件があると認められる場合に限って例外的に、召喚や勾引警告の手続を省略し、ただちに被疑者を勾引することもできる（刑訴一三四条一項、一六三条a三項二文）。即時勾引（sofortige Vorführung）という。なお、ドイツでは、被疑者の勾留に先立って、被疑者に質問して供述などを聴取する必要がない（刑訴三三条四項一文）。そのため、検察官の勾留請求を受理した裁判官が、勾留理由が維持できるかどうか、事前に被疑者取調べによって確認しておきたいという場合に、あえて即時勾引を行う例などがあるという。いずれにせよ、実務上の意義は小さい。(21)

裁判官ないし検察官の勾引命令について、警察がこれを執行する。(22) 勾引命令が発せられた場合、遅滞なく（unverzüglich）引致先の裁判官、検察官の許に被疑者を引致し、引致後も遅滞なく裁判官、検察官により被疑者の取調べが行われなければならない（刑訴一三五条一文、一六三条a三項二文）。勾引命令は、取調べを確保するためにだけ被疑者の自由の制限を認めたのであり、自由を剥奪するもの（Freiheitsentziehung）であってはならないからである。(23)

勾引命令の効果は、被疑者の取調べが終了するまで継続する。すなわち、取調べが終了するまで被疑者は退去できない。(24) 被疑者は引致先の取調べ場所で滞留義務を負うことになる。ただし、引致された被疑者が取調べの裁判官や検察官に対しはっきり、「被疑事実について（zur Sache）供述したくない」「黙秘権を行使する」と述べる場合、その時点で（供述の獲得を目的とする）取調べは終了したと捉えられ、身体の拘束（滞留の強制）はただちに終えられなければならない。[25]「勾引命令は、取調べが終了したときに、その効力を自動的に失う。被勾引者が供述拒否権を行使する場合には、それによって取調べは終了する。黙秘できるけれども供述するほうが有利になるだろう、という考えを被勾引者に抱かせるべく取調官があれこれ言うことについて、これを強制的に聞かされるということはもはやあり得ない」、とされた。[26]

一九七四年刑事訴訟法改正第一法律の施行前は、引致先が遠隔地にある場合には、護送に要した時間を除外して、裁判官の許に引致された時点からその翌日の二四時まで被疑者の自由を制限することができた（旧刑訴一三五条）。しかし、現行刑事訴訟法では、裁判官ないし検察官の許に引致するため被疑者の自由を制限した時点から、その翌日の二四時までには――取調べを開始したか、いつ開始したかに関係なく――被疑者を釈放しなければならない（刑訴一三五条二文）。[27]それより以前に取調べが終了した場合は、検察官の請求にもとづいて（刑訴一二五条一項。なお、急を要する場合は裁判官の職権により）勾留命令ないし収容命令（Unterbringungsbefehl 刑訴一二六条 a）が発せられない限り、ただちに被疑者を釈放しなければならない。[28]また、引致後の被疑者取調べが勾引命令による滞留の時間的限界内（翌日の二四時まで）に終了できないと思料される場合は、漫然と取調べを継続してはならず、ただちに被疑者を釈放しなければならない。[29]さらに、勾引命令による滞留の時間的限界を過ぎたときは、被疑者が供述を続けていて取調べが未了であっても、被疑者を釈放しなければならない。[30]

４　被疑者の取調べと弁護権

最初の被疑者取調べにおいては、①被疑者に対し被疑事実と罰条を告知しなければならない。さらに、②被疑者とされたこと（Beschuldigung）に対し意見を陳述するのか、被疑事実（Sache）について供述を拒否するのか、いずれも法律により被疑者の自由であること、③取調べの前であっても取調べの開始後であっても、いつでも弁護人とは接見して相談できること、④自己にかけられた疑いを晴らすため個別に証拠の取調べ（zu seiner Entlastung einzelne

Beweiserhebungen）を請求できること、⑤事案が複雑でない場合やその他適当な場合には、被疑者は口頭で陳述することに代えて供述書を提出できること、を告知しなければならない（刑訴一三六条一項二文以下）。

裁判官および検察官は、被疑者に対し、自己にかけられた疑いの理由を否定する（Verdachtsgründe zu beseitigen）機会[31]、さらに自己に有利な事実を主張する機会を与えなければならない（刑訴一三六条二項、一六三条a三項）。なお、取調べを受ける者と被疑者が同一人であることを確かめるために、身上関係（persönliche Verhältnisse）の事項のうち「姓名、生年月日、出生地、家族構成、職業、居住地、住所、国籍」（秩序違反法［Gesetz über Ordnungswidrigkeiten］一一一条一項）について、被疑者には供述義務があるものとされる。この点は、警察による被疑者取調べにおいても同様であり、詳しくは後述する（三「警察による被疑者取調べ」5参照）。その他の、被疑者の身許に関係する事項（前科・前歴、職歴、家庭環境、経済的状況など）については、事件の実体に関する取調べ（Vernehmung zur Sache）となるため、黙秘権が及ぶものとなる[32]。

裁判官および検察官による被疑者の取調べ[33]について、弁護人は立会権を保障される（刑訴一六八条c一項、刑訴一六三条a三項二文[34]）。取調べに立ち会う弁護人は自ら、被疑者に対し直接、質問することができ（刑訴二四〇条二項を準用）、取調べ中に被疑者に対して助言を与えることもできる[35]。取調べにあたる裁判官や検察官の発問が不適切であったり、被疑事実と関連しない場合は、異議を申し立てることもできる（刑訴二四一条二項を準用）。

裁判官、検察官による被疑者取調べの日時と場所は、あらかじめ（可能な限り早い時期に）、弁護人に対して通知されなければならない（刑訴一六八条c五項一文、一六三条a三項二文[36]）。ただし、「捜査の成果（Untersuchungserfolge）」を危うくするときは、取調べ日時等の通知義務はないとされる（刑訴一六八条c五項二文）。連邦最高裁の一九七九年五月二日判決（BGHSt Bd. 29 S. 1）は、「捜査の成果」の意味について、一般的には、真実に沿う供述（wahlheits-gemäßige Aussage）を獲得することであるとした。通知手続が取調べを遅延させるという理由だけでは「捜査の成果」を危うくする場合とはされない[37]。取調べに立ち会って知った情報を弁護人が、未保全の証拠資料を隠滅するなど、許されない方法で捜査を妨害するために、濫用すると認める十分な根拠（zureichende tatsächliche Anhaltspunkte）がある場合などに、「捜査の成果」を危うくするとされる。[38] なお、弁護人は、取調べ日時の延期を請求することができない（刑訴一六八条c五項一文）。弁護人が立会い可能かどうかを考慮しないこの条項については、その実務上の取扱いをめぐって、なお議論が止まない。[39]

5　黙秘権と勾引

ドイツの判例では、被疑者が黙秘権の行使をあらかじめ表明して、出頭することを拒否した場合、被疑者から供述を獲得することだけを目的として強制的に身体を引致すること、すなわち勾引まで行うことは許されない。[40] いくつかの下級審判例を紹介しておく。

(1)　裁判官の被疑者取調べに関する判例として、シュツットガルト区裁判所の一九六五年九月一日決定（AG Stuttgart, NJW 1966 S. 791）は、次のように判示した。①警察が取調べのため任意出頭を繰り返し求めたにもかかわらず、被疑者は正当な理由がなく（unentschuldigt）出頭せず、勾引の警告を付した裁判官の召喚がなされても、なお出頭しなかった場合、このような被疑者の態度は、被疑事件に関して供述することを望まない趣旨を明らかにしたものと認められなければならない。②刑事訴訟法一三三条二項の勾引は、正当な理由のない不出頭に対する制裁（Ordnungsstrafe）ではなく、裁判官の取調べを確保するための措置にすぎない。しかし、本件の事実関係の下では、裁判官の取調べは無意味であり、その目的［である供述の獲得］も達成される見込みはない。本件において、被疑者の勾引による自由の侵害を正当化することはできない。②ただし、被疑者の身許（Identität）に疑いがあって、身上関係の陳述をさせるために勾引する場合は、この限りではない、と。

(2)　また、ハノーファー・ラント裁判所の一九六六年一二月一二日決定（LG Hannover, NJW 1967 S. 791）も、被疑者の召喚が取調べによる供述の獲得だけを目的とする場合、供述を拒否する被疑者を勾引することは許されないとした。ただし、召喚が被疑者に出頭の法的義務を課すこと自体は否定されないという。事実関係は次のようであった。警察の取調べにおいて被疑者は供述を拒否し、裁判官の面前で弁護人が立ち会うのであれば供述する、と述べた。そのため、検察官の請求により、裁判官が取調べ日時（Termin zur Vernehmung）を指定して被疑者を召喚する。しかしその後、弁護人が「裁判官の面前でも被疑者は黙秘するため、出頭は不必要である」旨を連絡する。これに対し、区裁判所裁判官は、黙秘するつもりであっても被疑者は召喚により出頭義務を負うことを弁護人に対し通告する。この区裁判所裁判官の処分（Verfügung）に対し、被疑者側が抗告を申し立てる。

抗告審のハノーファー・ラント裁判所は、①被疑者が裁判官の面前でも供述はしないと言明した事実があっても、それだけでは、裁判官の召喚により被疑者に課された出頭義務を消失させない。被疑者の出頭は〔供述の獲得だけが目的ではなく〕、身許を確認し、証人と対質させ、被疑者の人物像について直接の印象を得るためにも必要とされる〔からである〕。②ただし、刑事訴訟法一三三条二項による勾引命令は、人身の自由の基本権を侵害するものであるため、比例性（Verhältnismäßigkeit）の原則によって制約される。この比例性の原則に違背するかどうかは、自由侵害の程度や処分の必要性（öffentliche Belange）などを比較し、利益衡量（Abwägung der Güter）によって判断する。③被疑者の出頭が取調べ〔による供述の獲得〕だけを目的とし、かつ、被疑者が裁判官の面前でも供述を拒否することを〔不出頭によって黙示的に供述拒否の意思を表すのではなく〕明示的に表明する場合、被疑者の勾引は、不相当に不利益を負わせ、それゆえ基本法に違反する処分（unverhältnismäßig belastende und daher grundgesetzwidrige Maßnahme）となる。④勾引命令が許されない場合には、勾引の警告を付して召喚することも許されない、と判示した。ちなみに、本件についてハノーファー・ラント裁判所は、黙秘するという被疑者の意向を区裁判所裁判官は検察官に知らせ、検察官がそれでもなお裁判官の取調べを請求するかどうかを確認すべきであった、とした。

(3) ほぼ同旨の裁判例として、ケルン・ラント裁判所一九六七年五月二二日決定（LG Köln, NJW 1967 S. 1873）がある。勾引の警告を付した召喚状を発することを検察官が求めたのに、区裁判所裁判官がこの勾引請求を棄却したため、検察官が抗告を申し立てたという事案であった。ケルン・ラント裁判所は以下のように判示し、抗告には理由がないとしてこれを棄却した。

①被疑者は召喚のさいに、理由なく出頭しない場合は供述を拒否したものと受け取られ、場合によっては公訴の提起も覚悟しなければならない旨をはっきり告知された。それゆえ、裁判官が指定した取調べ日時に出頭しなかった本件の被疑者については、自らの供述拒否権（Aussageverweigerungsrecht）を行使して出頭しなかったことが明らかである。②不出頭のかたちで被疑者が供述を拒否したことによっても、裁判官の許への被疑者の出頭義務はなくなるものではない。しかし、人身の自由という被疑者の基本権を侵害する刑事訴訟法一三三条二項の勾引命令は、比例性の原則に違背する場合には、許されない。本件において、被疑者の身許は確認されており、身上に関する被疑者の上申は必要とされない。被疑者の勾引はもっぱら、供述拒否権を行使する被疑者を取り調べるという目的で行われたといえ、比例性の原則に違背し、それゆえ基本法にも違反する処分となる。勾引命令が許されない以上、勾引の警告を付して召喚することも許されない。③この結論は、刑事訴訟法一六三条aにも違反しない。捜査終結前に被疑者の取調べを必要的と規定した刑事訴訟法一六三条aが適用される場合であっても、刑事訴訟法一三六条（被疑者の黙秘権を保障する規定）は適用されるからであり、また、法的聴聞を保障する取調べを被疑者が求めないときは刑事訴訟法一六三条aの規定の趣旨は十分に充たされたといえるからである、と。

(4)　なお、ニュールンベルク＝フュルス・ラント裁判所の一九六七年六月五日決定（LG Nürnberg=Fürth, NJW 1967 S. 2126）では、横領被疑事件について、適式な召喚がなされたにもかかわらず、裁判官が指定した取調べ日時に被疑者が出頭しなかったため、裁判官は「不出頭の事実から、被疑者は黙秘権を行使したことが明らかだ」と述べて、関係記録を検察官に返却した。検察官は被疑者の勾引を求めたが（刑訴一六二条一項）、ニュールンベルク区裁判所はこの勾引請求を却下する。検察官の異議申立を受理したニュールンベルク＝フュルス・ラント裁判所は、以下のように説示して、区裁判所決定を破棄した。

①供述を拒否することを被疑者が取調べに先立って（また、異議審でも）言明したとしても、勾引を請求するかどうかは専ら検察官の裁量に委ねられる。被疑者勾留（刑訴一一二五条）や差押え（刑訴九八条）などと異なって、勾引請求の相当性（Zweckmäßigkeit）は裁判官の審査にはかからない。②本件において捜査は被疑者自身の告発（Anzeige）により開始された経緯があり、また、他に証人が得られず被疑者の供述だけが手掛りを与えるという本件の〔特殊な〕事情に鑑みれば、被疑者を勾引して取り調べることは、事案の解明に資するだけでなく被疑者自身の利益にも適う。本件における検察官の勾引請求は、被疑者の人身の自由を不当に（unverhältnismäßig）侵害するものではない、と。

このニュールンベルク＝フュルス・ラント裁判所決定も、黙秘する被疑者を取調べ（供述獲得）の目的で勾引することは比例性の原則に違背する、という法的規制の枠組みは崩さない。その枠組みの中で、事案の特殊性に鑑み、比例性の原則に反しない例外的場合があることを認めたものであった。

以上挙げた下級裁判例はいずれも、一九七四年の刑事訴訟法改正第一法律が勾引の権限を検察官に付与する以前の裁判例であった。しかし、勾引の強制処分権限よりも黙秘権保障を優位させるドイツの法的枠組み（黙秘権を行使する被疑者を取調べ〔供述獲得〕の目的だけで勾引することは比例性の原則に違背し、基本法に違反するということ）は、検察官による強制的取調べについても当然にあてはまることであった。

三　警察による被疑者取調べ

1　警察の取調べ権限

ドイツにおける被疑者取調べは、通常、警察によって開始される(41)。この警察による被疑者取調べは、強制捜査ではない。警察の召喚(42)にもかかわらず出頭しない被疑者について、取調べのために勾引することを許す規定は、ドイツ刑事訴訟法にはない。ただし、連邦法たる刑事訴訟法の欠缺をラント（州）の警察法（Polizeigesetz）により補うことが許されるという考え方にたって、ラントの警察法に規定を設けるならば被疑者取調べのために警察にも強制処分権限を付与できるのではないか、が論ぜられた(43)。この議論の沿革を、若干、紹介しておきたい。

一八九二年五月二一日のプロイセン内務大臣回状（Zirkular）は、警察による被疑者取調べのための強制処分権限について、これを肯定する立場を明らかにし、司法大臣も同じ見解であるとした。すなわち、①検察補助機関の地位にある警察の召喚にもかかわらず出頭しない被疑者や証人・鑑定人に対し、警察自身が一八八三年七月三〇日の一般ラント行政法（Gesetz für allgemeine Landesverwaltung）一三二条の強制処分権限(44)（公権力行使にあたる命令を執行するため、やむを得ない場合、間接強制として行政罰である過料を科すことや、直接強制によることを警察機関にも認める）を行使している現状がありながら、刑事訴訟法上は検察補助機関たる警察には何らの強制処分権限も付与されてはいない。②そのため、右現状には疑問もあるけれども、警察による事件処理を円滑に行うためには、やはり一般ラント行政法による警察の強制的取調べ権限を肯定すべきである、とした(45)。

ただし、一般ラント行政法一三二条の強制処分を警察の捜査活動のために援用できるのか、文言上の疑問が払拭できなかったため(46)、一九三一年六月一日公布のプロイセン警察行政法（Polizeiverwaltungsgesez）一七条一項は、重罪または軽罪の嫌疑を抱かせる行為を捜査または解明（Ermittlung oder Aufklärung）するため必要とされる限りで警察による出頭の強制を許す、とはっきり規定した(47)。プロイセン警察行政法の注釈書によれば、刑事訴訟法一六三条により警察は――検察官の補助機関としてではなく――独立の立場で犯罪を捜査するとされたにも関わらず、刑事訴訟法は、必要な取調べを被疑者や証人・鑑定人に対して強制する権限を警察には認めておらず、このため警察行政法一七条の創設が必要になった、と説明された(48)。このプロイセン警察行政法一七条に類似する規定は、他の幾つかのラントにもあったという(49)。

2　判例による出頭強制

プロイセン上級ラント裁判所およびライヒ裁判所はいずれも、捜査上の出頭強制権限を警察がもつことをかつては肯定していた。すなわち、一般ラント行政法や警察行政法上の強制処分権限を行使して警察が、刑事訴訟法一六一条や同一六三条の捜査のため、被疑者や証人・鑑定人の出頭を強制することをかつては肯定していた。(50) 関連判例として一九三三年一一月一三日のライヒ裁判所判決（RGSt. Bd. 67 S. 351）が参照されてよい。

事実関係は、第三者がぐらつかせた交通標識（Verkehrsmast）が通行を阻害して危険となったため、被告人がこの標識を撤去した。被告人が悪戯で標識を移し変えたという通報を受けた警察官（Polizeiwachtmeister）が現場に赴いたところ、百人程の群衆に囲まれて被告人が事情を説明していた。警察官から嫌疑を告げられた被告人は、〔悪戯で〕撤去したことを争ったが、警察官は被告人の主張を認めなかった。被告人の怒りを含みつつもおどけた言葉に群衆の一部が笑った後、警察官は派出所（Wache）に同行を求めた。しかし、被告人が同行を拒否したので、警察官は実力で連行するため、被告人の腕を掴んだ。被告人は引き摺られることで抵抗し、最後は、警察官に殴りかかった。このため、被告人は公務執行妨害罪で起訴され、有罪を言い渡されたというものである。

ライヒ裁判所は、公務執行妨害罪の成立如何を判断し、「警察官が適法に職務を行使したというラント裁判所の推論（Annahme）は〔警察による保護目的の身体拘束を許すプロイセン警察行政法一五条の要件があったという理由でなく――引用者注〕、他の理由から、正当なものであるといえる。なぜなら、認定の事実関係からは、本件で警察官はプロイセン警察行政法一四条、同一七条により付与された機能を有する、すなわち、重罪の嫌疑を抱かせる行為を捜査し解明するため、強制的方法による召喚が必要な措置であるときには、これを行う権限を有するということが、導かれるからである」、と述べた（RGSt. Bd. 67 S. 354 f.）。

３　連邦最高裁判決の立場

しかし、一九六二年二月二三日の連邦最高裁判決（BGHSt NJW 1962 S. 1020）は、出頭を拒否する被疑者を取り調べるため、警察が被疑者を勾引する権限をもつことについて、これを疑問とした。事実関係は次のようである。一九六一年二月二七日に告訴（Anzeige）がなされ、同年三月七日の午後二時頃、警察官は「逮捕するため」被告人の自宅に赴いた。まもなく帰宅した被告人に対し警察官は取調べのため同行を求めたが、被告人が急ぎの仕事を理由にこれを拒否した。そのため、警察官は仮逮捕することを告知して、被告人の腕を掴み、パトカーに乗るよう求めた。被告人は警察官の手を振り払い、自分の車で警察署まで行くと言って、車に乗り込み、ハンドルに手をやった。警察官が被告人の車のイグニッション・キーを抜き取ろうとしたとき、被告人は警察官の手を押しのけて発進させ、走り去った。しかし、午後三時頃、被告人は警察署に任意に出頭し、そこで仮逮捕され、傷害、強姦、公務執行妨害などの併合罪で起訴されたのであった。ラント裁判所は、仮逮捕した職務行為の違法を理由に、公務執行妨害（刑法一一三条）については被告人を無罪としたため、検察側が上訴を申し立てる。

連邦最高裁は——仮逮捕の職務行為が適法なものと解し得るとして検察側の不服申立を認容したが——、被告人の身体拘束がプロイセン警察行政法一四条、同一七条（一九五三年一一月二七日にノルトライン＝ヴェストファーレン州は、警察の職務執行についてプロイセン警察行政法を適用するものとした）により適法であった、という検察側の主張には与しなかった。

すなわち、①人身の自由を侵害する司法警察（Kriminalpolizei）の権限は、刑事訴訟法が規定する要件を充たす限りで許容される（刑訴九八条、一〇五条、一二七条）。これらの規定による以外には警察の強制処分は許されないことも、また、連邦法たる刑事訴訟法がとくに自らの領域としている犯罪捜査手続についてラント法の二重適用が排除されることも明らかである。基本法七二条、同七四条一号により裁判所の手続（das gerichtliche Verfahren）については連邦法がラント法に優越し、連邦がその立法権を行使しない限りで、ラントも関係の法律を制定できるというにとどまる。②刑事訴訟法上、何人も警察官に対し供述義務を負わない。刑事訴訟法一六三条から、警察による取調べのため勾引する強制処分権限を引き出すことはできない。時折、被疑者や証人が供述拒否を明言しない限り警察による強制的引致も許される、と主張されるけれども、この主張は、取調べのための警察の召喚に従わないことは論理的にみて供述を拒否する意思を表明したものだ、ということを見誤っている。〔この刑事訴訟法上の制約にもかかわらず、供述強制にひとしい〕プロイセン警察行政法一七条による強制処分権限を警察に付与してよいか――傍論となるため、結論を述べることはしないが――、疑問である。③刑事訴訟法一六三条またはプロイセン警察行政法一七条により身許確認のためには連行できるかどうかも、傍論となるため言及しない、とした（〔　〕内は引用者の補足）。

この連邦最高裁判決は、警察官側に大きな動揺をひき起こしたという。(51)

4　立法の動向

さらに、立法の動向も、取調べのため警察が被疑者を勾引する権限について、これを否定するものであった。

一九七五年六月二〇日に内務大臣常設会議が公表した統一警察法模範草案(52)（Musterentwurf eines einheitlichen Polizeigesetzes）、および一九七六年六月一〇日・一一日の内務大臣常設会議で可決された統一警察法模範草案には、司法警察活動に関する規定も含まれていた。そのため、捜査手続に関わる規定を刑事訴訟法――ラントの警察法に優位して司法警察活動をもっぱら規制すべき連邦法――に移すため、必要な調整を行った統一警察法模範草案最終案が、一九七七年一一月二五日に内務大臣常設会議により可決されることになる。(53)これら統一警察法模範草案には、七五年案から最終案まで、警察による取調べのための強制的な身体の引致、すなわち勾引の強制処分を許す規定は存しなかった。このように、警察による被疑者取調べのための勾引という強制処分権限は、ラントの警察法の領域にあっても否定される趨勢にあるといえた。

ちなみに、統一警察法模範草案最終案の理由書によれば、警察の召喚にもかかわらず出頭しない者を引致すること、すなわち警察による勾引の強制処分について、連邦とラントの法制は一様でないとされた。たとえば、ニーダーザクセン（公共の安全と秩序に関する法律四条）、シュレースビッヒ＝ホルシュタイン（一般行政法一七七条）、連邦（連邦国境警備法一八条）は、勾引が許されないことを明文で規定する。バーデン＝ヴュルテンブルク（警察権限法二一条三項）、バイエルン（警察職務法一五条）は、特別な法律上の根拠規定がある場合に限り、勾引を許容する。ザールラント（警察行政法一七条）は、プロイセン警察行政法一七条と同様に、重罪または軽罪の解明に役立つ場合に限り、勾引を許す。ノルトライン＝ヴェストファーレン（警察権限法二四条）、ラインラント＝プファルツ（警察行政法五条）は指紋採取、写真撮影、身長・体重測定など、人定の措置（erkennungsdienstliche Maßnahmen）を行うため、勾引を許すにとどまる。(54)

理由書はつづけて、警察による取調べのための勾引について、従来、法律的根拠に争いがあったけれども、統一警察法模範草案はそのような勾引の規定を何ら設けなかったこと、刑事訴訟法一六三条ａが明文で検察官に勾引の強制処分権限を認めたために、（反対解釈として）警察にはそのような勾引の強制処分権限を認め得ないこと、(55)すなわち、一九七四年の刑事訴訟法改正第一法律の制定過程で、警察による取調べのための勾引の強制処分権限について論議され、結局はっきり否定されたために、刑事手続において警察が勾引の強制処分権限をもたない点は当然とされるようになったことを述べる。(56)

５　身上関係の取調べ

警察はその最初の被疑者取調べ(57)にさいし、被疑事実の詳細を告知しなければならない。ただし、この時点で罰条まで具体的に特定するのはなお困難であることに鑑み、罰条を告知する義務は警察にはないとされた(58)（刑訴一六三条ａ四項一文）。その他の告知事項は、裁判官または検察官による被疑者取調べの場合と同一である。

黙秘権、接見交通権など被疑者の権利が告知される前に、被疑者が本人であることを確認するため身上関係の取調べが行われる。(59)秩序違反法一一一条一項は、所轄機関に対し姓名、生年月日、出生地、家族構成、職業、居住地、住所、国籍を供述しない者を過料（Geldbuße）に処する、と規定しており、その限りで被疑者は身上関係の事項について、取調べ警察官に対しても供述義務を負うこととなる。また、刑事訴訟法一三六条一項も、被疑者は被疑事実に関して供述の自由をもつという告知だけを必要と規定し、身上関係の供述の自由については規定がないこと、一九六四年の刑事訴訟法改正法律（Gesetz zur Änderung der Strafprozeßordnung und des Gerichtsverfassungsgesetzes）の政府草案理由書（BT-Drucks. IV 178 S. 32）も「身上（Person）に関して必要な陳述をするという被疑者の義務について、本草案は何ら変更を加えるものではない」と述べたこと、などを理由に、被疑者は身上関係について供述義務を負うというのがドイツの通説である。(60)

6　身上関係の供述義務と判例

この立場に判例も与する。連邦最高裁の一九六七年一一月一〇日判決（BGHSt Bd. 21 S. 334）は、乗降客で混雑する駅前広場でビラを配布した被告人を鉄道公安官（Bahnpolizeibeamte）が制止し、退去を二度要求したが、被告人は配布をつづけたため、鉄道建設経営規則（Eisenbahn- Bau- und Betriebsordnung）八二条等違反の違警罪の嫌疑が生じたという事案について、捜査のため鉄道公安官は被告人に身許を明らかにするように求めることができ、被告人が拒否した場合は刑法三六〇条一項八号（所轄の官吏に対し身上に関係する一定の事項を明らかにしない者を処罰する）の違警罪の現行犯として仮逮捕（刑訴一二七条）できる、とした。この刑法三六〇条一項八号が、一九七四年三月二日の刑法典施行法（Einführungsgesetz zum Strafgesetzbuch）により、秩序違反法一一一条に変えられたのである。

また、同じ連邦最高裁の一九七二年八月二九日決定（BGHSt Bd. 25 S. 13）の事実関係は次のようである。ヘッドライトの取り付けが規則通りではないと思われたため、警察官が自動車を検査した際、妻が所有する自動車であるにもかかわらず被告人は、自分が所有者だと虚偽を申し立てた。警察官は被告人に対し、車検証（Kraftfahrzeug）を呈示し、氏名・住所等を明らかにするように求めたが、被告人はこれらを拒否したというものである。

連邦最高裁決定は、①公務員の要求があれば〔具体的な〕根拠がなくとも身上関係の事項を明らかにしなければならないという法的義務を市民は負わない。それゆえ、刑法三六〇条（所轄の官吏に対し身上に関係する一定の事項を明らかにしない者を処罰する）の違警罪の成否は、個々の事案の具体的事情により、たとえば公務員が個々の事案で身上関係の事項を明らかにさせる権限をもつか否かにより、決められる。②被疑者として捜査の対象とされる者は、氏名・住所等の身上関係（Personalien）を陳述する義務を負うのであり、捜査官は身上関係を明らかにさせる権限をもつ。秩序違反法被疑事件でも同様である、と述べた。

この他、一九六九年五月八日のバイエルン上級ラント裁判所決定（BayObLG, NJW 1969 S. 2057）は、侮辱罪（刑法七四条）と身上関係の陳述拒否の違警罪（刑法三六〇条一項八号）の併合罪で罰金刑を科された被告人が、上告の申立を行い、道路交通法違反被疑事件を捜査する警察官に対し被疑者の立場にある者は、運転免許証からはわからない家族構成（Familienstand）を陳述する義務まで負うものではないと主張したという事案において、①刑事手続上重要である限り、捜査の当初から家族構成も含め被疑者の個人的事情（persönliche Verhältnisse）を捜査の対象として差し支えはない。②刑事訴訟法一六三条は、合法性（Legalitätsprinzip）の原則を警察にも拡大した授権規定と捉えられ、身許について質問する警察の権限が認められる以上、被疑者には供述義務が生ずる。③被疑者という法的地位にあることは、身上関係の陳述拒否の違警罪に対する違法性阻却事由でも責任阻却事由でもない、と述べた[61]。

四　小括

1　黙秘権の優位

ドイツにおける被疑者の強制的取調べについて、本稿で管見できた限りでは、第一に、黙秘権を行使する被疑者を取調べ（供述の獲得）の目的だけで勾引することは、比例性の原則に違背し、基本法に違反すること、第二に、引致された被疑者が取調べの裁判官や検察官に対しはっきり「被疑事実について供述したくない」「黙秘権を行使する」

と述べる場合、その時点で取調べは終了したものとされ、行動の自由の制限（滞留の強制）もただちに終えられなければならないこと、第三に、勾引命令による滞留義務を課した取調べについて、弁護人の立会権が保障され、不当な質問を阻止するなどの弁護活動が認められること、第四に、連邦法の刑事訴訟法によっても、ラントの警察法によっても、取調べのために被疑者を勾引する警察の強制処分権限、すなわち警察の強制的取調べ権限は認められないこと、が重要であった。

ドイツの刑事手続において被疑者の黙秘権は実効的なかたちで保障されており、裁判官や検察官がもつ被疑者の強制的取調べ権限に対し優位にたつということができる。

このようなドイツにおける被疑者の強制的取調べについて、それがもつ法的意義（被疑者の主体的弁護実践との関連）について、若干の理論的検討をしておきたい。

２　検察官による「捜査の司法化」

ドイツにおいて捜査手続を主宰する検察官は、公判手続を主宰する裁判官と並ぶ法的地位をもち、ともに司法権（rechtssprechende Gewalt）を担うという考え方がある。(62) 被疑者の強制的取調べについても、「客観義務を負い、正義に依拠すべき義務を負う刑事司法機関（Organ der Strafrechtspflege）(63)」である検察官に担われた「司法的訊問の強制」という枠組みの中で、その特質が捉えられなければならない。この「検察官による捜査の司法化」という「構造的枠組み」は、糺問的性格を払拭できない捜査手続をいわば暴走・暴発させないための「安全装置」として、一九七四年の刑事訴訟法改正第一法律によって用意された。(64)

ただし、糺問的性格を措定されたドイツの捜査手続においては、被疑者に対し、主体的な防禦の権利・活動がその捜査手続の構造に内在するかたちでは保障されない。「捜査の弾劾化」を志向するものともなる「被疑者の主体的防禦権の保障」は、ドイツにおいては捜査手続の構造の外で、政策的に認められるべきものとなる。そのため、被疑者の黙秘権は、近代に普遍的な個人の「人格権（Persönlichkeitsrecht）」を根拠にするとか、あるいは、欧州人権条約（Europäische Menschenrechtskonvention）六条一項（公平な裁判の保障）、同条二項（無罪の推定）を根拠にする（ほかない）といわれることになる。(65)

３　被疑者の主体的弁護実践

しかし、このドイツの法的現実について、異なる視点から見ることもできる。弁護人に援助されて被疑者が、独立した主体的防禦活動を強め、自らの当事者たる法的地位を実質化していくとき、被疑者と検察官とのあいだで当事者的な対抗・緊張関係というものが現実に生じ、かつ、強まることになる。この対抗・緊張関係を刑事手続の「構造的枠組み」の中に取り込んで抑制し、刑事手続の安定化と効率化を図るという（政策的な）必要も生じてくる。そのために、ドイツは、一九七四年の刑事訴訟法改正第一法律によって、被疑者の利益・権利を一応は擁護できる「捜査の司法化」「司法的訊問の強制」という枠組みをなお維持したうえで、その「捜査の司法化」「司法的訊問」の主たる担い手を検察官に求めたのだといえる。

このように、被疑者の強制的取調べをめぐるドイツの刑事手続の動向は、特殊ドイツ的なかたちではあっても、被疑者側の独立した主体的な弁護実践がその規範的な論理、規範的な枠組みを要求する動きとして理解することもできる。黙秘権の優位も、この動きの中で捉えてこそその必然性を理解することができる。被疑者取調べの今後のあり方も、黙秘権を実効的に保障しようとする刑事弁護の「具体的な実践」と、それが要求する規範的な論理・枠組みの「理論的、制度的な構築」とのインタラクティブな関係の中で決まってくることだと思う。

ドイツにおけるそのような被疑者取調べをめぐる実践的課題と理論的・制度的課題は、わが国においても存するであろう。むしろ、刑事手続の当事者主義的変革がなされたわが国では、本来、被疑者の主体的な防禦の権利・活動が捜査手続の構造に内在するかたちで保障されなければならない。わが国の捜査（一方的な被疑者取調べを強制する効率的捜査）の法的現実について、これを克服する刑事弁護を「具体的に実践すること」と、その実践を構造上の必須の要素として内在させる捜査手続のあり方というものを「理論的、制度的に構築すること」が、いまもわれわれの重要な課題でありつづける。

次章以下で、限られた範囲ではあっても、この課題を果たしたいと思う。

（1）ドイツの被疑者取調べに関するわが国の文献として、井戸田侃『刑事手続の構造序説』（有斐閣、一九七一年）一七頁以下。

（2）参照、RG Bd. 56 S. 234.

（3）取調べの意義についてHaas, Vernehmung, Aussage des Beschuldigten und vernehmungsähnliche Situation—zugleich ein Beitrag zur Auslegung des §136 StPO, GA 1995 S. 230［238］など参照。

（4）Burthoff, Handbuch für das strafrechtliche Ermittlungsverfahren, 1997, Rdn. 694［S. 546］.

（5）一九七九年刑事手続法改正法律（Strafverfahrensänderungsgesetz）により被疑者の供述をテープ・レコーダーや速記などにより仮に録取しておき、取調べ終了後に遅滞なく正式の調書（Protokoll）を作成することが許されるものとなった（刑訴一六八条a二項一文）。Kurth, Beschränkung des Prozeßstoffs und Einführung des Tonbandprotokolls durch das Strafverfahrensänderungsgesetz 1979, NJW 1978 S. 2481. 刑事手続準則五条は、この仮録取の方法としてできる限りテープ・レコーダーを使用すべきことを規定する。被疑者の供述を直接そのまま録音するか、あるいは、裁判官または検察官が被疑者の供述を順序立てて口述したものを録音することもできる。Rieß in: Großkommentar/Löwe-Rosenberg, Die Strafprozeßordnung und das Gerichtsverfassungsgesetz (Ergänzungsband zur 23 Aufl.), 1979, §168a Rdn. 5. 調書化の補助手段とする限りで、テープ・レコーダーの使用を勧めるものであり、取調べ内容を書面にせず録音テープ自体を調書とすることまでは、刑事訴訟法上は、考えられていない。仮録取した書面や録音テープは、訴訟記録に添付するか、または、訴訟記録とともに保管する（同項三文）。録音テープについては、刑事手続が確定的に終結した後、または、その他のかたちで手続が終了した後、録音内容を消去することができる（同項四文）。仮録取した録音テープや書面については、弁護人も閲覧することができる（刑訴一四七条）。Rieß, a. a. O., §168a Rdn. 11.

（6）BGH, JR 1952 S. 289; Eisenberg, Zur "besonderen" Qualität" richterlicher Vernehmung im Ermittlungsverfahren, NStZ 1988 S. 488. なお、被疑者の自白を証拠化する手続として、検察官が裁判官による被疑者取調べを求める事例は少なくないのに対し、弁護人側から裁判官の取調べを求めるという実践には問題があるとされる。なぜなら、弁護人立会いの下で裁判官が録取した自白調書は、高い信用性を肯定されてしまう。また、大抵の事案で検察官が立ち会うことはないため、事件の実体について、踏み込んだ検討ないし交渉の場にはならない。さらに、裁判官が指定する取調べ日時に弁護人が立ち会えない場合には、結局、黙秘を助言するほかなくなるためである。勾留を阻止するため、自白する被疑者自身の人柄を裁判官に印象づけるべきだという場合などに、裁判官の取調べが求められてよいという。Weihrauch, Verteidigung im Ermittlungsverfahren（5., überarb. Aufl.）, 1997, Rdn. 146［S. 101］.

（7）ただし、検察官の請求（刑訴一六二条）に媒介されないで、被疑者が独立して裁判官の取調べを請求することはできないため、後者の機能は不十分なものにとどまる。参照、Schlothauer, Der Beweiserhebungspruch des Beschuldigten gegenüber dem Ermittlungsrichter（§166 Abs. 1 StPO）, StV 1995 S. 158.

（8）Perron, Das Beweisantragsrecht des Beschuldigten im deutschen Strafprozeß, 1995, S. 169. ただし、抗告の不服申立自体は認められないという。

（9）一九七〇年から一九七一年にかけてバーデン・ヴュルテンブルク州において警察と検察庁が受理した殺人（刑法二一一条ないし二一七条）、傷害致死（同二二六条）の被疑事件八二〇件について、検察官と警察の捜査の関係が調査された。Blankenburg/Sessar/Steffen, Die Staatsanwaltschaft im Prozeß strafrechtlicher Sozialkontrolle, 1978, S. 261 ff. それによれば、検察官が捜査の主導権を担うべき謀殺（既遂・未遂）、故殺（既遂・未遂）、傷害致死被疑事件（総数六三〇件）についてさえ、検察官が自ら被疑者の取調べを行った事件は全体の一割に達しない。すなわち、総数六三〇件中——検察官が自ら被疑者取調べを行った「件数」は計上されず、「百分率」の数字しか挙げられていないため、逆算したとき——少なくとも五八件（九・二％）、多くても六〇件（九・五％）でしかない。謀殺既遂被疑事件（総数七六件）に限っても、検察官による被疑者取調べが行われた割合は二二％（一七件）にすぎない。Blankenburg/Sessar/Steffen, a. a. O., S. 266.

なお刑事手続準則三条は、「①検察官は、重要な事件または法律面あるいは事実面で困難な事件について、捜査の開始から（vom ersten Zugriff）事実関係を自ら解明しなければならず、とくに犯行現場を自ら見分し、被疑者および最重要の証人については自ら取り調べなければならない。②検察官が事実関係を自ら解明せず、検察補助機関（裁判所構成法一五二条一項）、警察の機関及び警察の職員（刑訴一六一条）またはその他の機関（Stellen）に捜査を委ねる場合であっても、検察官は捜査を指揮しなければならず、少なくとも捜査の方針と範囲を決定しなければならない。そのさい、検察官は、実施される個々の捜査活動の種類と方法について、個別に具体的な指示を行うこともできる。③（省略）」、と定める。一九七七年までの条文では、第一項の第二文としてさらに、「生命に対する罪（Kapitalverbrechen）については（中略）、検察官が捜査をその開始から直接指揮する（anleiten）」と定められており、殺人、傷害致死被疑事件は検察官が主導権をとるべき捜査の対象の一つでなければならなかった。

（10）裁判官の被疑者取調べの結果は、調書（Protokoll）に録取されなければならない（刑訴一六八条一文）。検察官の被疑者取調べについても、捜査を著しく遅滞させない限り、裁判官面前調書に倣ってやはり調書が作成されなければならない（刑訴一六八条b二項）。なお、検察官および裁判官が遵守すべきものとして制定された刑事手続準則四五条二項は、取調べの重要部分については質問、（嫌疑の根拠の）提示、返答をできる限り逐語的に調書（Niederschrift）に録取すること、被疑者の自白について犯行の詳細はできる限り被疑者自身の言葉で記述すべきこと、犯人だけが知りうる事情については必ず書面にしておくよう留意すべきことを規定する。

（11）ただし、被疑者の証拠調べ請求を、捜査機関は理由も付さないで一方的に斥けることができる。被疑者を救済する法的方法も定められていない。そのため、捜査機関に対する被疑者の証拠調べ請求は「権利」としての実質をもたず、被疑者に有利な方向の捜査活動（刑訴一六〇条二項）を促すものにすぎないという捉え方もある。この捉え方を批判する論者としてKrekeler, Der Beweiserhebungsanspruch des Beschuldigten im Ermittlungsverfahren de lege lata und de lege ferenda, 1990, S. 61 f.; derselbe, Der Beweiserhebungsanspruch des Beschuldigten im Ermittlungsverfahren, NStZ 1991 S. 367［368 f.］; Nelles, Der Einfluß der Verteidigung auf Beweiserhebungen im Ermittlungsverfahren, StV 1986 S. 74［77］.

（12）Kleinknecht/Meyer-Goßner, Strafprozeßordnung mit GVG und Nebengesetzen（45., neubearb. Aufl.）, 2001, §133 Rdn. 9（以下、Kleinknecht/Meyer-Goßnerと略称）; Boujong in : Karlsruher Kommentar zur Strafprozeßordnung und zum GVG mit EG（4., neubearb. Aufl.）, 1999, §133 Rdn. 15（以下、Boujong in: K.K. StPOと略称）.

（13）Burhoff, a. a. O., Rdn. 727［S. 568］.

（14）Kleinknecht/Meyer-Goßner, §133 Rdn. 3, §163a Rdn. 18; Boujong in : K.K. StPO, §133 Rdn. 6.

（15）Hanack in: Großkommentar/Löwe-Rosenberg, Die Strafprozeßordnung und Gerichtsverfassungsgesetz（25., neubearb. Aufla., 1997）,

§133 Rdn. 7（以下、Hanack in: L.-R. StPOと略称）. なお、勾引の警告を付した召喚状で始められた取調べが終了しない場合、取調べを継続するため口頭で召喚してかまわない。勾引の警告の効力も継続するものとされる。Kleinknecht/Meyer-Goßner, §133 Rdn. 6.

（16）Hanack in: L.-R. StPO, §133 Rdn. 10.

（17）勾留中の被疑者を裁判官が取調べのため書面で召喚する場合、あわせて勾引も命令することになる（Kleinknecht/Meyer-Goßner, §119 Rdn. 35.）。同様に、検察官が被勾留者を収容場所の（司法省所轄の）刑事執行施設（Justizvollzugsanstalt）の外で取り調べる場合は、書面による召喚と併せて勾引も命令する〔刑事執行法［Strafvollzugsgesetzt］三六条二項二文を準用〕（Kleinknecht/Meyer-Goßner, §163a Rdn. 17.）。この場合、勾引命令による引致場所は検察庁に限られる（BGHSt Bd. 39 S. 96）。

なお、ドイツの勾留執行令（Untersuchungshaftvollzugsordnung）の第三章第三節「外部との交通」の四一条一項は、「①施設内で取り調べるため又は施設外へ勾引するためには、裁判官又は検察官の委託状（schriftliche Auftrag）又はその同意がなければならない。取調べは、〔二重施錠を必要とする夜間の〕入房後は原則として許されない。女子は、女子職員又はもう一人の職員が立ち会う限りで、男性の警察官により取り調べることができる。〔長時間の取調べ等のため警察側への身体の〕引渡しは、裁判官の同意がある場合に限り、許される」と定める。勾留執行令の翻訳として光藤景皎「西独勾留執行令〔試訳〕」大阪市立大学法学雑誌二四巻一号（一九七八年）一四六頁参照。

（18）BayVerfGH, MDR 1963 S. 739.

（19）Boujong in: K.K. StPO, §134 Rdn. 6.

（20）Boujong in: K.K. StPO, §134 Rdn. 9.

（21）Hanack in: L.-R. StPO, §134 Rdn. 3. このほか、検察官が適時に関与できず、遅滞の恐れがあるため、裁判官が「緊急検察官（Notstaatsanwalt）」として即時勾引を命令する場合（刑訴一六五条）や、勾留請求却下の裁判に対し検察官が抗告を申し立てた場合などに限って、即時勾引が命令されるという。

（22）なお、裁判官の勾引命令書は検察官に交付されたうえで（刑訴三六条二項一文）、検察官がこれを警察に執行させる。警察は被疑者を勾引するため、被疑者の居宅に立ち入って捜索することができる（Kleinknecht/Meyer-Goßner§134 Rdn. 5; Boujong in: K.K. StPO, §134 Rdn. 8）。ドアを破壊するなど、物理的有形力を行使することも許される（BGHSt, NStZ 1981 S. 22）。

（23）　Boujong in: K.K. StPO, §135 Rdn. 2.

（24）　Hanack in: L.-R. StPO, §134 Rdn. 10.

（25）　A. a. O.; Lampe, Grenzen des Festhaltsrechts gegenüber vorgeführten Beschuldigten und Zeugen im Ermittlungsverfahren, MDR 1974 S. 535［539］; Grünwald, Probleme der Gegenüberstellung zum Zwecke der Wiedererkennung, JZ 1981 S. 423［426］; Lesch, Strafprozessrecht, 2001, S. 124 f.

（26）　Kühne, Strafprozeßlehre（2. Aufl.）, 1982, Rdn. 226. なお、警察の任意の取調べについて、被疑者が熟慮せず性急に「供述したくない」と言う場合に、警察は被疑者に再考の時間を与えたり、嫌疑の根拠〔となる証拠〕を知らせて供述を促すことができる、とする論者もある（Müller/ Sax/ Paulus, KMR Kommentar zur Strafprozeßordnung［7. Aufla., 1980］, §163a Rdn. 15〔以下、Müller in: KMR StPOと略称〕）。

（27）　Hanack in: L.-R. StPO, §135 Rdn. 7. 被疑者の住居地が遠隔地にあり、引致までに四八時間を超える場合は、そもそも勾引自体が許されないものとなる。Ebenda.

（28）　Hanack in: L.-R. StPO, §135 Rdn. 8.

（29）　Müller in: KMR StPO, §135 Rdn. 2; Hanack in: L.-R. StPO, §135 Rdn. 8.

（30）　ハナックは、被疑者取調べは休憩や夜間の就寝により中断されることもあるのに、取調べ終了までは滞留を義務づけてよいとしてしまっては、刑事訴訟法一三五条二文の厳格な時間的制約を潜脱することになるため――たとえば、事情によっては取調べの打切りが被疑者に不利になる場合であっても――釈放を必要とする、とした（Hanack in: L.-R. StPO, §135 Rdn. 8）。

（31）　被疑者を犯人と疑うに足りる理由（証拠的基礎）について、相応の開示を受けたことが前提となる。Hanack in: L.-R. StPO, §136 Rdn. 34.

（32）　Lesch, a. a. O., S. 124.

（33）　裁判官による共犯者（Mitbeschuldigter）の取調べについて連邦最高裁は（BGHSt Bd. 42 S. 391）、一六八条c二項（裁判官による証人、鑑定人の取調べには検察官、被疑者および弁護人が立会権をもつ）の準用を認めず、弁護人に立会権はないと断じた。一六八条c一項、二項の文言に反するほか、弁護人に立ち会わせるために共犯関係にある他の被疑者全員の取調べ期日を事前通知することは捜査を遅延させ、審問目的を阻害することなどが、その理由とされた。ただし、ドイツの通説は、裁判官による共犯者の取調べについて、弁護人の立会いを権利として認めるべきだとする。Burhoff, a. a. O., Rdn. 881［S.

692〕.

（34）　検察官の被疑者取調べに対し弁護人の立会権を保障した刑事訴訟法一六三条a三項二文の立法経過について、拙稿「西ドイツ刑事訴訟法一九七四年改正管見」大阪市立大学法学雑誌二三巻四号（一九七七年）一五一頁以下を参照。なお、警察の被疑者取調べについてまで弁護人の立会権は保障されない。ただし、立会権を解釈により認める論者として、Sieg, Zur Anwesenheit des Verteidigers bei Vernehmungen des Beschuldigten im Ermittlungsverfahren, NJW 1975 S. 1009; Schäfer, Zum Anwesenheitsrecht des Verteidigers bei polizeilichen Vernehmungen des Beschuldigten, MDR 1977 S. 980. ちなみにドイツでは、テロ結社罪（刑法一二九条a）の被疑者は、弁護人接見も含め一切の接見を遮断する措置を受ける場合がある（裁判所構成法導入法三一条）。接見遮断の措置を受けた被疑者について、その取調べは、被疑者も弁護人もともに弁護人立会権を放棄した場合に限って、許される（裁判所構成法導入法〔Einführungsgesetz zum GVG〕三四条三項三号）。

（35）　Dahs, Handbuch des Strafverteidigers, 1977, S. 162; Kleinknecht/Meyer-Goßner, §168c Rdn. 1; Nelles, Der Einfluß der Verteidigung auf Beweiserhebungen im Ermittlungsverfahren, StV 1986 S. 74〔S. 76〕. 被疑者側にとって弁護人立会いのメリットは、①弁護人が被疑者取調べをコントロールする可能性をもつ、②（積極的）発問や（消極的）弾劾によって、取調べの経過、内容について左右できる、③取調官の発問の内容、範囲などから捜査の進捗状況を推測できることだとされた。Burhoff, a. a. O., Rdn. 878〔S. 688〕. ちなみにデメリットは、①弁護人立会いの下でした被疑者の供述の証明力が高く評価される、②弁護人自身が「伝聞証人」として召喚される法的可能性を残す、③弁護人自身の発問・弾劾によって、捜査機関側に弁護方針などを推測させてしまうことだとされた。Ebenda.

（36）　Wache in: K.K. StPO, §168c Rdn. 16.

（37）　BGHSt Bd. 29 S. 1［3］; Wache in: K.K. StPO, §168c Rdn. 17.「捜査の目的」を危うくすると判断した理由は記録に明記されなければならない（BGHSt Bd. 31 S. 140［142］）。

（38）　Wache in: K.K. StPO, §168c Rdn. 17. ちなみに、裁判官による証人、鑑定人取調べについて被疑者自身も立会権をもつため（刑訴一六八条c二項）、被疑者の立会いが証人の供述態度に不当な影響を及ぼすとか未保全の証拠資料の隠滅を誘発するとかいう、具体的な疑いがある場合が「捜査の成果」を危うくする典型的なケースだとされる。

（39）　Burhoff, a. a. O., Rdn. 697, 725〔S. 547, 567〕.

（40）　ただし、本文で紹介するハノーファー・ラント裁判所決定などの判例でも述べられたように、被疑者の勾引は取調べ（供述獲得）以外の目的でも行われるため、出頭義務自体は否定されないと考えられた。たとえば、①被疑者も供述義務を負うとされる身上関係を取り調べるために（後述の二「警察による被疑者取調べ」5参照）、また、②被疑者と犯人の同一性について目撃証人等が供述できるように、被疑者を証人等と対質させるために、さらに、③被疑者個人の人物像について直接の印象を得るために、勾引が必要とされる場合があるという。Hanack in: L.-R. StPO, §133 Rdn. 8. 刑事訴訟法改正第一法律の草案理由書（Gesetzentwurf der Bundesregierung, Entwurf eines Ersten Gesetzes zur Reform des Strafverfahrensrechts〔1. StVRG〕in Deutcher Bundestag Drucksache 7/551, S. 75.）も、検察官による被疑者の強制的取調べを規定する刑事訴訟法一六三条aについて、「被疑者が供述したくない旨を表明する場合であっても、個々の事案においては――たとえば被疑者を証人と対質させるため、被疑者の身許を確認させるため、被疑者に関する人物像を得るため――召喚が必要とされ、また、出頭を拒否するときは勾引も必要とされる場合があり得る」、とした。

（41）Kleinknecht/Meyer-Goßner, §163a Rdn. 2. 警察の被疑者取調べの実態について、Wurf, Strafprozessuale und kriminalpraktische Frage der polizeilichen Beschuldigtenvernehmung auf der Grundlage empirischer Untersuchungen, 1984参照。

（42）警察も、責任あるかたちで取調べをするためには、被疑者としての出頭要請であることを明記し、可能な限りで被疑事実の要旨も記載した書面によって、被疑者を召喚（Ladung）すべきだとされる。Burhoff, a. a. O., Rdn. 660〔S. 518〕.

（43）Krause/Nehring, Strafverfahrensrecht in der Polizeipraxis, 1978, S. 91 f.

（44）Gesetz=Sammlung für die Königlichen Preußischen Staaten 1883, S. 195（Nr. 8951）. 一般ラント行政法一三二条は、「政府長官（Regierungspräsident）、ラント顧問官、地区警察機関（Ortpolizebehörde）……は、公権力を行使するものとなる命令であって、かつ法律上の権能によって正当化される命令を、以下の強制手段によって、執行する権限をもつ。1）……2）……機関は罰金刑（Geldstrafe）を警告したうえでこれを科す。3)直接強制（Unmittelbarer Zwang）は、命令がそれなしには執行できないときに限り、これを行うことが許される」、と規定した。警察による被疑者取調べのために直接強制さえ許すものとなった。

（45）参照、Henne, Ladung und Vernehmung: Kriminalpolizeiliche Zwangsrechte?, Kriminalistik 1957 S. 2 f.

（46）Gay, Ladung und Vernehmung: Kriminalpolizeiliche Zwangsrechte?, Kriminalistik 1957 S. 50.

（47）Preußische Gesetzsammlung 1931, S. 77（Nr. 13604）. なお、プロイセン警察行政法五五条は、強制金（Zwangsgeld）を科すことや直接強制を行うことを認める。

(48) Klausener/Kersteins/Kempner, Kommentar zum Polizei-Verw. Ges. v. 1. 6. 31（参照、Gay, a. a. O., S. 50）.

(49) Schwabe, Soll die Polizei das Erscheinen von Vorgeladenen erzwingen können?, Kriminalistik 1957 S. 438. たとえば、シュレースビッヒ＝ホルシュタイン州も、プロイセン警察行政法一七条に倣った規定を、一九四九年三月二三日警察法六条として立法した。

(50) Hennes, a. a. O., S. 3. ただし、それら判例を具体的には確認できなかった。

(51) Schmidt, Das Vorführungsrecht der Polizei, NJW 1962 S. 2190.

(52) 草案の条文訳として、中森喜彦「西ドイツ一九七五年統一警察法模範草案」法学論叢一〇〇巻五＝六号（一九七七年）三四一頁。理由書も翻訳して紹介したものとして、土屋正三「西ドイツの統一警察法草案（上）（中）（下）」警察学論集二九巻一二号（一九七六年）五一頁、同三〇巻一号（一九七七年）一三一頁、同五号（同年）一二一頁参照。

(53) Musterentwurf eines einheitlichen Polizeigesetzes mit Begründung u. Anm. von Heise u. Riegel（2. neubearb. Aufl.）, 1978, S. 5. 参照、川崎英明「西ドイツ警察の動向——『統一警察法模範草案』をめぐって」ジュリスト七三三号（一九八一年）五七頁。

(54) Musterentwurf, a. a. O., S. 57.

(55) Ebenda.

(56) Musterentwurf, a. a. O., S. 58. なお、統一警察法模範草案最終案によれば、警察の召喚にもかかわらず十分な理由がなく出頭しない者について、身体、生命、人身の自由に対する危険を防止するためその者の供述が必要な場合には、または人定の措置を行うためであれば、強制金（Zwangsgeld）を科すことができるとされた（一一条三項）。しかし、供述を獲得するために直接強制によること——すなわち取調べのための勾引——は、明文で、無条件に禁止された（三三条二項）。

(57) なお、警察官が刑事訴訟法一二七条一項の現行犯逮捕や同条二項の仮逮捕をした場合には、遅滞なく、遅くとも逮捕の翌日中には、被疑者を簡易裁判所の裁判官の許に引致しなければならない（刑訴一二八条一項）。この引致前に、通常、警察官の取調べ（刑訴一六三条a四項）が行われる。警察官は取調べの結果、逮捕理由を欠くと判断するときは、裁判官に引致することなく、ただちに被疑者を釈放しなければならない。Kleinknecht/Meyer-Goßner §128 Rdn. 1; Müller in: KMR StPO §127 Rdn. 22; RGSt, Bd. 67 S. 299. 勾留命令を獲得するのに十分な証拠資料を身体拘束下で収集するために、または、別事件について被疑者を取り調べるために、引致を遅らせることがあってはならない。Eb. Schmidt, Lehrkommentar zur Strafprozeßordnung und zum Gerichtsverfassungsgesetz（Teil II）, 1957, §114b Rdn. 7（以下、Eb. Schmidtと略称）; RGZ Bd. 135 S. 161［165］.

しかし、捜査実務上、引致できる客観的状況があるにもかかわらず警察は引致を遅らせ、法定された引致の時間的限界まで身体拘束下で被疑者取調べや証人の取調べを行うことが多いという。Dvorak, Unverzüglichkeit der Vorführung vor dem zuständigen Richter—nur eine unverbindliche Empführung für die Behandlung vorläufig festgenommener Personen?, StV 1983 S. 514. そのような捜査の典型的な経過は、「犯人が夜間（現行犯人として拘束され）、警察により仮逮捕される（刑訴一二七条二項）。遅滞の虞れ、明白な嫌疑、および勾留理由があるものとされ、身許確認（刑訴一六三条b）後も釈放はまだ必要でないと考えられる。ついで警察の捜査および証人の取調べ、証跡の保全――が行われ、ようやく逮捕の翌日に被疑者は裁判官の許に引致されるか（刑訴一二八条一項）、あるいは釈放される。これにより、事実としては『遅くとも逮捕の翌日には』引致が行われたのではあるが、引致が客観的に可能であった時点からはおよそ二四時間を経過してしまっている」、と描写される。この捜査経過は、大筋において、幾つかの警察管区（Polizeibezirke）における普通の実務だという。Ebenda.

（58）　Kleinknecht/Meyer-Goßner, §163a Rdn. 4.

（59）　Müller in: KMR StPO, §136 Rdn. 1.

（60）　参照、Hanack in; L.-R. StPO, §136 Rdn. 12. エーベルハルト・シュミットは、①身上関係の事項について被疑者の供述義務を認めるつもりであれば、立法者は刑事訴訟法一三六条三項（「身上関係の捜査にも配慮しなければならない」としか規定しない）でその旨をもっと明確に規定したはずである。②身上関係の陳述は、被疑者と犯人との同一性を明らかにし、被疑事実に関して被疑者に不利益にはたらくこともある。そのため、身上関係事項の供述義務を課すことは、被疑者の黙秘権を侵害するものとなりうる、と論じた。Eb. Schmidt §136, Rdn. 17. その他、身上関係の事項について供述義務を課すことを否定する論者として、Peters, Strafprozeß: ein Lehrbuch（3., völlig erw. Aufl., 1981）, S. 196なども挙げられる。

（61）　このバイエルン上級ラント裁判所決定を評釈したミュールハウス（Mühlhaus, Anmerkung, NJW 1969 S. 2057）は、判例の立場を批判し、①刑法三六〇条の違警罪は、身許に関する陳述を拒否する者は身許を問う国家の高権（hoheitliches Recht）に違背するという趣旨で立法された（RGSt Bd. 72 S. 30）。警察官の捜査活動を定める刑事訴訟法一六三条は警察の責務を定めた規定にすぎず、その責務を果たす手段として第三者の権利を侵害する〔強制処分〕権限まで付与した規定ではない〔すなわち、警察による身許の取調べは強制処分ではないため、陳述拒否は国家の高権を侵害するものではない〕、②家族構成も含め被疑者の個人的事情は、被疑者に不利益な事実となりうる以上、被疑者の黙秘権の保障の射程内に入るものである、と論じた。

（62）Kohlhaas, Stellung der Staatsanwaltschaft als Teil der rechtssprechenden Gewalt, 1963, S. 46.
（63）Amtl. Begr., BT-Drucks. 7/551, S. 68.
（64）詳細は、拙稿「西ドイツの犯罪捜査——一九七四年改正後の捜査構造について」法律時報五四巻一一号（一九八二年）一二八頁以下。
（65）Rogall, Der Beschuldigte als Beweismittel gegen sich selbst, 1977, S. 109, 139.

第四章　ドイツにおける実効的捜査弁護
──被疑者供述の証拠化と取調べ

一　実効的捜査弁護の課題

刑事手続における弁護活動の実効性を「測定する基準」は、「刑事手続・事件の迅速で円滑な処理、すなわち効率的な処理に資するかどうか」という外在的・政策的なものでもありうる。しかし、本来の基準は、「刑事弁護の基本課題それ自体を適正・確実・迅速に達成するかどうか」であろう。

捜査弁護の基本課題としては、「被疑者取調べをコントロールする」「事件の内容（捜査の証拠的基礎）を知る」「被疑者を身体拘束から解放する」「検察官の事件処理に関与する」などを挙げることができる。本章のもともとの問題意識は、「被疑者取調べをコントロールする」という捜査弁護の課題がドイツではどのような制度ないし実践の下で達成されるのか、を明らかにすることであった。この作業とともに、「事件の内容（捜査の証拠的基礎）を知る」などの課題とその達成段階にも言及して、ドイツにおける実効的捜査弁護の基本枠組みはなんであるのか、考察したいと思う。本章二で依拠する資料は、再審で著名な刑事弁護人クラウス・ヴァッサーブルク（Dr. Klaus Wasserburg）(1)

の回答「ドイツの捜査弁護(2)」である。本章のテーマと関係する部分を二で抜粋して紹介し、三で考察を加える。

二　ヴァッサーブルク弁護士の捜査弁護活動――ドイツ捜査弁護の課題とその達成手段

1「逮捕直後の弁護人による援助」について尋ねた質問とその回答の詳細は、つぎのようであった（回答本文の〔　〕部分、および回答に付した註は筆者の補足である。以下、同じ）。

――依頼人の逮捕の直後に、弁護人は依頼人のために何ができますか。

捜査弁護の依頼は、身体拘束事件では、次のように始まります。逮捕された被疑者自身、あるいは被疑者の関係者、そうでなければ警察や検察官が、法律事務所や自宅に電話連絡してきて、こういう被疑者の弁護を引き受ける用意があるかどうかを問い合わせてきます。この問い合わせがあって、依頼を受けるわけです。最初の通話のさいに弁護人は、電話連絡してきた者の氏名、いま被疑者が留置されている場所をメモしておく必要があります。また、この最初の電話のときから、被疑者と直接話しができるように努めなければなりません。弁護人は、電話口で被疑者に対し氏名を確かめた後、直ちにかつはっきりと言わなければなりません――「今から後は、すぐ口を閉ざさなければならない。もはや供述してはいけない」、と。次いで、「今からすぐあなたのところに行く」と告げることになります。そのさい、やはり間髪入れず、「黙秘を通すという指示（Vorgabe）を守らないときは、依頼は引き受けられない」と警告しておくべきです。そうしてから、弁護人は〔電話口の〕被疑者に対し、「取調官にもう一度電話をつないでくれ」と頼みます。〔電話口に出た〕取調官に対して弁護人は、「自分はすぐに取調べ場所に駆けつけるので、それまでは取調べを中断しておかねばならない」と告げておきます。〔ドイツの実務では〕捜査官はこのことを問題なく保証します。

依頼人〔である被疑者〕は大きな不安に囚われている場合が多いために、弁護人は直ちに依頼人のところに駆けつけるべく、できるだけ急ぐ必要があります。なぜなら、被疑者の非常に多くは、そういう状態では黙秘を貫くことなどできそうにないからです。取調官はたいていは逮捕した被疑者にコーヒーを一杯飲ませ、あれこれ話しをします。この段階で、非公式に〔すなわち、被疑事実や権利の告知（ドイツ刑訴一六三条a四項、一三六条一項）や取調べ内容の調書化（刑訴一六八条b二項）が必要な正式の取調べ手続には踏み込まないで〕取調官は重要な事柄――弁護の側からみれば、被疑者が本来打ち明けてはならないこと――を知るわけです。

逮捕のあとに弁護人が依頼を受ける場合、通常は、取調官からまず事実関係（Sachlage）について簡潔にその概要を述べた報告というもの（einen ersten Bericht）を受けます。この報告で弁護人はあらかじめ、〔捜査状況について〕大まかな（in groben Umrissen）情報を得ることになります。次いで、依頼人〔である被疑者〕と秘密に〔捜査機関の立会いなしに〕話しをすることができる機会を得ます。大多数の事件で、この〔接見の〕場所について問題が生ずることはありません。

依頼人〔である被疑者〕と最初に話しをするさい、被疑者自身にはなにが重要と思われるのか、被疑者の口から語らせるべきでしょう。被疑者が、とりあえず、他人〔である弁護人〕に対し動揺せず平静に〔被疑事件について〕事情を打ち明けたということがあれば、自ずと被疑者は気持ちを軽くし、それによって、〔誰かに何かを〕喋らなければならないという強迫観念に囚われることもなくなります。弁護人は〔被疑者から得た〕情報についてメモを作成します。この〔被疑者から得た〕情報が弁護の上ではつねに決定的だというものでは必ずしもありません。証拠〔収集〕の状況がその後どうなるのか、に左右されることだからです。弁護人は被疑者に対し、黙秘する権利について教示し、この権利を行使するようしつこく（dringend）助言しておきます。被疑者がこの弁護人の助言に従うことは、弁護人と依頼人〔である被疑者〕との信頼関係――弁護が奏功するため絶対必要な信頼関係――を築くために、なんとしても（in aller Regel）必要なことなのです。

弁護人は、勾留命令を下される恐れがあるという問題に踏み込んで依頼人〔である被疑者〕と話し合いを尽くし、やむを得ない場合は被疑者はこのリスクを負い勾留命令に服さなければならないことを告げます。自白〔すべきかどうか〕に関して、〔事前の捜査〕書類の閲覧がないまま被疑者に助言するというようなことは〔勾留を避けるためであっても〕考えられません。

この後で、弁護人は依頼人〔である被疑者〕をもう一度取調官の許に返します。弁護人は取調官に対し、被疑者は口を閉ざすということを告げます。それから、おそらくは立会いの検察官が、勾留を請求すると脅し、「勾留を避けることができるのは、被疑者が自白する場合だけだ」と言うでしょう。弁護人は取調官らを前にして被疑者に対し、「自白する場合は、あなたを弁護できない。なぜなら、弁護〔の目的〕を遂げるために〔黙秘権行使の〕助言〔に従うこと〕が決定的に重要なのだから」と述べます。被疑者は、自白させようとする検察官と、弁護人――それまでの人生で一面識もなかった弁護人――を目の前にして、自分はこんな状況でどう行動すべきなのか、途方にくれます。依頼人は、〔勾留を避けるために〕取調べを受けたい、場合によっては自白すると申し出たい思い（Angebot）と、まずいとしか思えない弁護人の助言――「そうせずに勾留に服しなさい。捜査書類の閲覧なしに弁護はできないのだから」という助言――との間で、揺れ動くでしょう。そのような状況で被疑者はまさに捨て鉢になります。怒鳴ったり、なじったりし始めます。比較的軽微な事案であれば〔被疑者が黙秘を通す限り〕、自白しなければ勾留すると脅すことを検察官は止めて、「もう自宅に帰ってもよい」と告げます。事件が重大な場合は、当然、そうはなりません。その場合、とくに勾留のはじめは、弁護人は被疑者の接見に足繁く通わなければなりません。また、この〔身体拘束の〕状況をできるかぎり短縮すべく、検察官とも恒常的にコンタクトをとらなければなりません。

この回答から、ドイツ捜査弁護においては被疑者の黙秘権と弁護人の書類閲覧権が重要な「防禦上の武器」だ、ということをあらためて教えられた。そのことは、つぎの「捜査手続における最も重要な弁護手段」に関する質問とその回答からも明らかであった。

——あなたのお考えでは、捜査手続においてなにが最も重要な弁護手段でしょうか。たとえば、証拠開示、依頼人との口頭・書面の交通、証拠調べ請求、あるいはその他の手段でしょうか。

第一位にくるのが、黙秘権の行使です。ですから、この点について依頼人〔である被疑者〕に対し詳細な助言をします。ひとしく重要なのが、書類閲覧権（Akteneinsichtsrecht）〔すなわち、捜査機関手持ち証拠の開示請求権〕であり、およそ弁護の基礎となるものです。捜査書類の〔事前〕閲覧を断念することは、けっして（regelmäßig）あってはなりません。捜査書類の閲覧なしには、事件について〔踏み込んだ弁護〕活動を弁護人は何も行うことができません。このことは、被疑者が勾留されているケースでは、とくにあてはまることです。この場合、弁護人が試みうるのは、勾留理由を争うことだけです。しかし、そのためには、弁護人は捜査書類〔の開示〕を必要とします。この理由から弁護人は、直ちに検察官とコンタクトを取って、拘禁施設に収容された被疑者を集中的にサポートしなければなりません。弁護人が捜査書類を閲覧しないで弁護する場合は、〔事件・手続を〕見極められない部分が残り、その結果、被疑者〔の利益〕を大きく損なってしまうこともありえます。そのことは、遅くとも訴訟〔つまり、起訴後の公判手続〕で明らかにされます。捜査書類の〔事前〕閲覧は刑事弁護にとって基本的なものです。これに対し、被疑者との〔接見や書面による〕交通は、法律的側面からはそれほどの意味がない場合が多いのです。というのは、弁護活動はたいていの場合、捜査書類に記録化された証拠状況（Beweislage）に対して組み立てるべきものだからです。しかし、いずれにせよ、〔捜査結果・証拠状況を評価し、手続中止や身体拘束からの解放を求める〕意見書（Stellungsnahmen）の提出や〔勾留取消や勾留審査、証拠調べなどの〕請求（Anträge）を行う場合は、それらの提出・請求の前に被疑者は〔弁護人から〕つねに、これからどんな措置をとるのか、告げられるべきです。被疑者が弁護人の助言を得て自ら〔提出・請求について〕決定すべきなのです。決定するのは弁護人ではありません。そうでなければ、被疑者は捜査手続の単なる客体になってしまうでしょう。しかも、弁護人がそうさせてしまうことになります。無視されることによって、被疑者が「やる気を失う」ことになってはなりません。そうでないと、弁護人との信頼関係が成立することさえ不可能になるかもしれません。被疑者はつねに能動的に（aktiv）捜査弁護の中に引き入れられなければなりません。被疑者にも証拠状況を理解させなければなりません。法律問題についても、被疑者が分かる限り、話し合う必要がありますし、〔これからの弁護上の〕措置について被疑者の納得のいくように詳しく説明しなければなりません。

証拠調べ請求権は、多くの場合、捜査手続よりも公判手続におけるほうがずっと重要なものです。しかし、それも個々の事件によります。鑑定を求める〔証拠調べ〕請求は、捜査手続において最も重要な弁護手段の一つとなることがあります。

2　ついで直截に、「警察の被疑者取調べと弁護人の関係」を問うた。

――警察による被疑者の取調べについて、あなたはどの程度影響を与えることができますか。たとえば、警察の取調べの時点、内容などを、あなたの刑事弁護実践において実際に自ら決定することができますか。

原則的にいえば、私は、被疑者が警察によって取り調べられることを〔弁護上の〕失敗だと考えています。とくに、捜査がなお十分に進展しておらず、弁護人もまだ捜査書類を閲覧していないか、捜査書類の一部しか開示されないために、事件全体〔の事実関係〕について弁護人が判断できないという場合に、そう考えています。これは次のことを意味します。依頼人〔である被疑者〕を警察や検察官、裁判官に取り調べさせることを拒否するのが、私には〔弁護上の〕準則になるということです。〔もちろん〕極めて例外的なケースというものはあります。たとえば、〔自分自身のものではない〕他の法益の侵害が切迫しておりそれを未然に防ぐために、被疑者が取調べを受けたいという場合が、その例外〔になるケース〕です。具体例を言えば、依頼人〔である被疑者〕が誘拐に関与したという嫌疑を受け、誘拐された被害者がまだ発見されていない場合、弁護人は、被害者を救出するために〔捜査機関に〕取調べを行わせることが必要かどうか、突っ込んで考えなければなりません。被疑者自身と十分に話し合ったあとで、被疑者の情報（Hinweise）によって、誘拐された被害者を発見できると思われるときは、取調べを受けなさいという助言を是非とも行うべきでしょう――その取調べで被疑者が、場合によっては、不利益を負うことがあるとしても。そのような犯罪の解明や誘拐された被害者の発見に被疑者も助力したことは、どんな場合でも後で、刑の量定にさいし極めて有利に斟酌されます。このことは、免責証人法（Kronzeugengesetz）一条の範囲内の取調べについても当てはまることです。その規定によれば、特定の犯罪の行為者（Täter）または関与者（Teilnehmer）が法定の要件の下で自己の知りえた事実を明らかにするときは、場合によって刑事訴追を免れることができます。刑法二六一条にも、行為者が同条の定める要件の下で犯行について〔自ら〕適時に（rechtzeitig）申告したときは、刑を免除されるか、大きく減軽されるという規定が含まれています。これらのケースでは、被疑者を取り調べさせないという刑事弁護の重要原則について、これを必ずしも遵守しなくてもかまわないのです。さらに、〔被疑者の供述に〕関連した〔刑事司法〕取引（Deal）の範囲においても、被疑者を取り調べさせないという原則からの例外が必要になることがあります。実際のところ、この〔刑事司法取引の〕場合は、例外が必要となるケースがほとんどでしょう。

通常の場合、警察、検察官または裁判官による取調べの時機（Zeitpunkt）を〔弁護人との〕合意のうえで取り決めることについて、何の問題もありません。毎回の取調べの時間についても、もちろん何の問題もなく、調整のうえ決定する（abstimmen）ことができます。たとえば、被疑者が決まった時間だけ取調べを受けたいというような場合は、そのことが必ず（regelmäßig）考慮に入れられます。また、被疑者は黙秘権をもっていますので、取調べのテーマを限定することも、また特定の事項（Komplexe）についてだけ被疑者に供述させることもできます――たとえば、〔特定の質問以外の〕他の質問に対する答えは拒否できると〔被疑者に助言します〕。この部分的な供述〔をするかどうか〕は、被疑事実（Vorwürfe）が複数あって〔それぞれ刑法上の〕評価を異にすべきものであるときは、考慮に値します。こういうわけで、弁護側は警察の取調べの時機、内容、範囲などを完全に（durchaus）限定することができますし、それらに関しすべての点で影響を及ぼすことができます。しかしながら、これらのケースについて重要なことは、被疑者が弁護人に嘘をついていないということです。法律上の有利なことを何か一つ得たいために、取調べを受ける用意があると被疑者が告げて、〔取調べでは〕虚偽の供述をしたとしますと、そのこと自体は通常の場合処罰の対象にはならないでしょうけれども、その後の訴訟において被疑者に相当な不利益を与えることになります。ですから弁護人は、被疑者を信頼できるかどうか、熟考しなければなりません。弁護人は被疑者に対し、嘘をついた場合に生じる結果についてはっきり指摘しておく必要があります。

依頼人〔である被疑者〕を、捜査機関の何らかの「反対給付」なしに闇雲に取り調べさせるというのは、〔弁護上の〕重大な失敗だといえます。取調べを行わせること、つまり黙秘権を放棄することは、検察官や裁判所との〔刑事司法〕取引という枠組みの中で、事情によっては非常に有利な特典（Vergünstigungen）も付いて、満足のいくかたちで「売却される（verkauft）」ことができるものなのです。連邦最高裁判所が〔刑事司法〕取引について特定の要件の下でこれを許容するとしましたので、(3) これ以後は、黙秘権を相応の反対給付でもって「買い取る（abkaufen）」ようにさせるというのも、〔刑事司法〕取引の枠組み内での刑事弁護〔の課題〕となるわけです。〔ただし、〕個人的には私は、法治国家において〔刑事司法〕取引というものは不可能であり、排除されなければならないものだと考えています。なぜなら、刑事事件〔の処理〕はただ専ら法律の定めるルールに従って行われてよいものだからです。〔しかし、刑事司法〕取引を許容すると宣言したことによって、刑事法でも多くの事件において市場（バザー）のように取引が行われるということを、連邦最高裁判所自身も受け入れてしまったわけです。

関連して、「被疑者に対する警察の取調べのさいの立会い」を問うた。その回答はつぎのような、簡潔かつ明快なものであった。

——警察の取調べにはしばしば立ち会いますか、あるいは稀にしか立ち会いませんか。立ち会う場合は、何が立会いの主目的になりますか。

すでに詳しく述べたように、私の依頼人〔たる被疑者〕は警察、検察官、裁判官による取調べについて、前に挙げためったにない例外的な場合に該当するまでは、これを必要とはしません（nicht zur Verfügung）。しかし、そのような例外的なケースが問題になっている場合、私はもちろん取調べにはつねに、まったく例外なく立ち会います。

そのような取調べに弁護人として関与しないのは、間違い（Fehler）だといえます。ほとんどあらゆる取調べにさいし被疑者は――〔取調官の〕質問に答える前に、あるいは、さらに取調べを受けるという前に――、弁護人とともに四つの目で、外の廊下や別の部屋で、特定の問題について話し合いたい、と弁護人に対し要請しなければならない状況が生じます。そのような取調べに弁護人が関与しないのは、依頼人〔である被疑者〕を見捨てるものであり、その弁護契約に違反することなのです。

三　ドイツにおける実効的捜査弁護の枠組み

１　被疑者供述の証拠化をコントロールする

主体的地位と尊厳を保障されるべき被疑者は、自らの供述について証拠化する目的・方法・時期（またはタイミング）・内容などを自己決定できなければならない。そのために捜査弁護も、被疑者供述の適正な証拠化を基本課題とすることになる。具体的には、捜査権限・事件処理権限をもつ警察・検察官に対抗して、弁護人が被疑者供述の証拠化をコントロールできなければならない。ちなみに、この供述を証拠化する「手続ないし過程」は捜査機関の被疑者取調べであってもよいが、そうである必要はない。被疑者供述の証拠化の手続ないし過程が捜査機関の取調べに限定ないし独占されなければならない理由は本来ない、というのである。

ヴァッサーブルク弁護士の回答から窺えるように、ドイツでは「被疑者取調べをコントロールする」という捜査弁護の課題も、この「被疑者供述の証拠化を弁護人がコントロールする」という基本課題の中で追求されるべきものであった。被疑者供述の証拠化をコントロールするために、被疑者取調べをコントロールする――という場合、具体的には、被疑者に黙秘させることが喫緊の課題となる。とくに、身体を拘束された被疑者は、身体拘束から解放されたいという内在的理由からも、また身体拘束の供述強要的雰囲気という外在的理由からも、「喋りたい」「喋らなければならない」と思うケースが少なくない(4)。そのため、被疑者が黙秘を通さない限り、その供述の証拠化の過程は、取調べにあたる捜査機関のコントロール下に入ってしまう。捜査弁護の基本課題が果たせないものとなる。

ドイツでは「弁護人が被疑者取調べをコントロールできる」、すなわち被疑者取調べの時機・時間・対象などを弁護人が――被疑者の黙秘権や弁護人自身の立会権を武器として――決定できるという現状は、ヴァッサーブルク弁護士の回答からも確認できた(5)。しかし、被疑者供述の証拠化をコントロールするという捜査弁護の基本課題からは、警察による被疑者取調べはそもそも拒否すべきものになる。なぜなら、警察の取調べには弁護人の立会権がない、取調技術に長けた警察の心理的優位が揺らがない、供述の調書化がどうしても警察主導になる、被疑者の供述録取が逐語的でない、不相当な取調べ手段であっても違法な威迫行為や無権限の約束とならない限り許される、などの現実があるためであった。弁護人が立ち会わない限り「被疑者を（ひとりで）警察に取り調べさせることは、止めるべきだ」と準則化する刑事弁護マニュアルもある(6)。警察の取調べを拒否することは(7)、ヴァッサーブルク弁護士の「個人的実践」にとどまらず、ドイツの実効的捜査弁護の「典型的実践」だといえる。

ドイツ捜査弁護の現実において、「黙秘を通す」「取調べを拒否する」ように弁護人が助言するのは、被疑者自身に「供述書」を作成させるか、弁護人が「被疑者の供述録取書(8)」や自己の「意見書(9)」を作成して検察官――事件処理権限をもつ検察官――に提出する意図をもつ場合が多いという(10)。捜査機関面前における被疑者の供述に代えて――それゆえ、取調べに対する黙秘貫徹の一方法としても――、不利益な事実を承認または否認する供述を被疑者自身に書面化させる（被疑者の供述書）、あるいは弁護人が書面化する（被疑者の供述録取書）こと、また、捜査の理由や手続に関して――必要な場合は、被疑者に完全黙秘を通させたうえで――被疑者の主張や事実を組み入れた弁護人自身の意見を書面で表明することが、捜査弁護の重要な課題になるわけであった(11)。

2　ドイツ捜査弁護の基本枠組み

被疑者は黙秘を通すのか供述するのか、被疑者はどのような範囲で自己に不利益な事実を承認するのか、弁護人自身の意見書にはどのような被疑者の主張や事実を組み込むのか――、これら捜査弁護上の「転轍点」について弁護人自身が的確に判断でき、被疑者に助言できるためには、欠かせない前提条件というものがある。ヴァッサーブルク弁護士も回答の中でくり返し強調されたように、「捜査機関手持ち証拠を事前開示させること」である。被疑者を捜査や強制処分の対象としたその証拠的基礎を知らなければ、黙秘か供述かという捜査弁護上の基本的な「戦略」の選択についてさえ、十分な助言はできない[12]。「捜査書類の事前開示なければ、被疑者の自白なし」「捜査書類の事前開示なければ、弁護人の意見表明なし」という実践上の準則を定立する刑事弁護人もある[13]。ドイツにおける実効的捜査弁護の現実的条件が、捜査書類の事前開示なのであった。その事前開示があるまでは、被疑者供述を適正に証拠化することも、弁護人が事件処理の方向を見極めたうえで主張を組み立てることも、現実にはできないのである。

ドイツでは、起訴前・捜査段階であっても弁護人は、捜査機関手持ち証拠の開示を受ける権利をもつ（刑訴一四七条一項）。ただし検察官は、捜査の終結を捜査記録上に明記する（刑訴一六九条ａ）までは、事案の解明に支障となる恐れがある限り――捜査の目的（Untersuchungszweck）を阻害するという理由で――、弁護人に対する捜査書類開示を拒否することができる（同条二項）。捜査終結の後は――起訴・不起訴決定の前であっても――手持ち証拠をすべて弁護人に開示しなければならない。しかし、捜査弁護の実践上は、捜査機関手持ち証拠の開示時期は早いほどよい。それゆえ、捜査書類をできるだけ早期に開示させること[14]、開示の対象もできるだけ広いものとすることが[15]、ドイツにおける実効的捜査弁護の「決定的指標」になる。捜査書類を早期に開示させる捜査弁護の実践としては、被疑者の黙秘権行使を「武器」に検察官と交渉することが有効な方策であるとされる[16]。なお、被疑者勾留の証拠的基礎となった捜査書類については、実務上、捜査の早い時期に弁護人に開示されることになろうという[17]。

このように、ドイツにおける実効的捜査弁護の基本枠組みは、「黙秘の貫徹による取調べ排除」のもとで「捜査書類の早期開示」を獲得し「被疑者供述書や弁護人意見書の提出」によって不起訴処分の獲得や身体拘束処分からの解放を目指す、というものであった。

ちなみに、被疑者取調べに弁護人が立ち会うことについても、その意義はこの基本枠組みの下で捉えられる必要がある。たとえば、弁護人立会いの頻度を単純に重要視することはできない。ヴァッサーブルク弁護士の回答からも分かるように、弁護人立会いの回数の多さは実効的捜査弁護の「決定的指標」ではないというのである。捜査弁護の実効性からは、被疑者供述の証拠化の過程を捜査機関主導の取調べに委ねないこと――、捜査書類の事前開示がなく捜査の証拠的基礎を検討できないまま、被疑者取調べに立ち会うことを余儀なくされるような事態そのものを避けること――、が重要だからである。もちろん、そのような取調べを余儀なくされた場合、「被疑者供述の証拠化を弁護人がコントロールする」という基本課題を果たすために、取調べには弁護人自身が必ず立ち会うべきものとなる(18)。

3　被疑者取調べの二つのモデル

このような実効的捜査弁護の基本枠組みの下で、ドイツの被疑者取調べはどのような意義・機能をもつのか。この点と関連し、被疑者供述の「基本性格」には二つの類型がありうることを確認しておきたい。一つは、被疑者を証拠方法とし、被疑者供述を証拠資料として扱うものである。もう一つは、被疑者に主体的地位を保障し、被疑者供述の基本性格を「訴訟主体の主張」――被疑事実の認否、犯罪阻却事由や訴訟障碍事由の主張など――と捉えるものである(19)。この二類型のうちいずれによるかによって、被疑者取調べの機能も決定される。

ドイツにおいて捜査機関の被疑者取調べ、とくに警察の取調べは、被疑者から不利益な事実の承認など供述証拠を獲得する、証拠収集目的の手続となっている現実がなおある（被疑者取調べにおける証拠収集モデル）(20)。自白は決定的な証拠資料であるほか、事件の具体的処理やその処理期間などを予測させる基礎資料ともなるために、捜査機関が

イニシアティブをとる取調べを被疑者に受忍させ、早い時期に不利益な事実を承認させることが捜査の重要な課題となる。(21)

しかし、捜査段階で弁護人が付されたケースでは、この取調べの現実に対抗して、被疑者の供述について「訴訟主体の主張」という基本性格を付与することがドイツの捜査弁護の基本課題になる。「訴訟主体の主張」の実質を確保するためには、被疑者の供述——被疑事実の認否、犯罪阻却事由や訴訟障碍事由の主張など——は、本来、捜査機関手持ち証拠の事前開示を受けた後に行われるべきものとなる。捜査機関の取調べについても、弁護人の立会いを必須条件として、被疑者が主体的に被疑事実の認否や犯罪阻却事由の主張などを行うことができる機会とならなければならない（被疑者取調べにおける主張聴取モデル）。捜査機関の取調べについて、被疑事実の認否など被疑者の主張を聴取させる機会として純化させることが捜査弁護の課題になる。それは、捜査機関の取調べが被疑者供述を証拠化する手続ないし過程となることそのものを拒否するという、弁護実践のバリエーションにあたるものであった。

ただし、捜査機関の被疑者取調べについて、証拠収集目的——不利益な事実の承認を被疑者から獲得する目的——が優先してしまう現実がなおあった。また、「被疑者取調べを主張聴取の機会に純化させる」という捜査弁護の課題を——「被疑者取調べを捜査機関主導の供述証拠化の手続に純化させる」という捜査の課題に対抗して——現実にどの程度達成できるかは、弁護人の個人的力量にかかってくる部分もある。そのため、実効的捜査弁護の基本枠組みとしてはやはり、被疑者の黙秘権行使を「武器」にして、証拠収集目的を払拭できない捜査機関の被疑者取調べについてはこれを拒否し、できる限り早期に捜査機関手持ち証拠の事前開示を行わせたうえで、捜査の理由や手続に関する被疑者の供述——被疑事実の認否、犯罪阻却事由や訴訟障碍事由の主張など——を、被疑者自身の供述書や弁護人の被疑者供述録取書・意見書のかたちで具体化して提出すべきものとなるわけである。

四　わが国における実効的捜査弁護の現実化のために

ドイツの実効的捜査弁護の基本枠組みは、「黙秘の貫徹による取調べ排除」のもとで「捜査書類の早期開示」を獲得し「被疑者供述書や弁護人意見書の提出」によって不起訴処分の獲得や身体拘束処分からの解放を目指す、というものであった。この枠組みの下で、弁護人が付く事件においては、捜査機関の取調べを「被疑事実の認否など被疑者の主張を聴取させる機会」という意義・機能をもつものに純化させることが、捜査弁護の課題の一つとなる。

捜査手続の法制やその現実の機能、また捜査弁護を担う弁護士層の状況などが大きく異なるわが国とドイツについて、単純な比較は許されないであろう。しかし、被疑者の主体的地位と尊厳を保障するという捜査弁護の「普遍的課題」に鑑みたとき、たとえば、①被疑者供述を証拠化する過程（とくに身体拘束中の被疑者取調べ）とその結果（捜査機関の被疑者供述調書）について、弁護人がおよそコントロールできないというわが国の現実や、②捜査機関手持ち証拠——被疑者・共犯者・被害者の供述調書、押収された証拠物、鑑定書など——の一切が、起訴前・捜査段階においては弁護人に開示されないというわが国の現状は、やはり異常だというほかないのではないか。この異常な状況の下でわが国の弁護人は、a事件の種類、選任の時期、身体拘束の有無、被疑者の供述態度、捜査機関の対応など多くの客観的・主観的要素に左右されながら、b照会（弁護士法二三条の二）、証拠保全（刑訴一七九条、民訴三四三条以下）、関係者面談調査、被疑者接見などによって獲得した自己情報や、窺い知ることができた捜査状況・捜査資料などを手掛りに（捜査とは独立に証拠を収集・保全する弁護活動と、捜査機関手持ち証拠の不開示をカバーする弁護活動）、c被害弁償・示談、検察官との交渉、釈放や不起訴を求める意見書提出など（捜査結果・防禦結果を総括し、具体的成果に結びつける弁護活動）、非常な努力と工夫を余儀なくされている。(22)

この努力と工夫の「非常さ」に鑑みても、「被疑者供述の証拠化を弁護人がコントロールできない」「捜査機関手持ち証拠の起訴前開示がない」というわが国の捜査の現状は、それ自体、被疑者の主体的地位と尊厳を貶め、その主体的防禦権に対する重大な侵害にあたる——ということを、あらためて確認しなければならないと思う。

また、その確認——ないし問題意識——がない限り、〈捜査機関の取調べが被疑者供述を証拠化する「本来の手続」であり、かつ実体的真実発見のために「必要な手続」なのだ〉とか、〈捜査機関が主導権をもつ取調べで被疑者の自白を証拠化し、捜査・事件の定型的で効率的な処理を果たすことが、捜査手続の「機能的枠組み」なのだ〉というような「不当な呪縛」から解放されないであろう。そのような呪縛に囚われることは、実効的捜査弁護の基本枠組みを構築するうえで大きな内在的制約になる。

われわれの内なる呪縛を克服するとともに、わが国の——「日本的特殊性」に制約されながらも、被疑者の主体的地位と尊厳を保障するという「普遍的課題」を果たすべき——捜査弁護について、その実効性を確保するために、なにが具体的方法ないし現実的条件でなければならないのかを明らかにしなければならない。本章はその準備作業となるものである。

（1）ヴァッサーブルク弁護士は一九七八年に法曹資格を得て、マインツ大学公法学講座研究助手を務めた後、一九八一年にラインラント＝プファルツ州の首都マインツで弁護士業務を開始した。「刑事法専門弁護士（Fachanwalt für Strafrecht）」であり、依頼事件の多くは経済犯罪・医事犯罪だが、「刑事事件はすべて引き受けるのが原則だ」とされ、とくに「法律問題に興味を引かれた事件は、重大事案でもすすんで引き受けてしまう」のだと言う。現在、コブレンツ・ツヴァイブリュッケン弁護士会の刑事法専門委員会議長。再審法（Die Wiederaufnahme des Strafverfahrens, 1984）、証拠開示（Das Einsichtsrecht des Anwalts in die kriminalpolizeilichen Spurenakten, NJW 1980 S. 2440）、誤判原因（Fehlerquellen im Ermittlungsverfahren, Kriminalistik 1993 S. 57）など多数の著書・論稿がある。

（2）筆者は在外研究のため、一九九七年三月末からドイツに出張した。在外研究のテーマは「ドイツの刑事弁護」であった。半年間滞在したマインツでヴァッサーブルク弁護士を紹介され、何度かドイツ刑事弁護の実状についてインタビューを行った。捜査弁護に関する私の質問に対しヴァッサーブルク弁護士は「書面で遺漏なく回答したい」と約束し、帰国の二週間前にその約束は果たされた。ドイツの捜査弁護、とくに実効的捜査弁護の内容というものを的確に描写したその回答は、紹介とコメントに値するものであった。なお、質問は「刑事弁護人としてのキャリア」「活動の重点」「刑事弁護の個性」「捜査弁護の目的」「最重要な捜査弁護手段」「身体拘束の阻止・取消」「逮捕直後の援助」「警察取調べと弁護人」「被疑者の黙秘」「警察取調べへの立会い」「警察・検察との司法取引」の一一項目に及ぶ。この一一項目のうちから本稿のテーマに関係する部分を抜粋し、また順序も一部代えて紹介する。

（3）　刑事判決に関する司法取引を事実上許した一九九一年の連邦最高裁判決（BGHSt Bd. 37 S. 298; NStZ 1991 S. 346）を指す（参照、Zschockelt, Die Urteilabsprache in der Rechtsprechung des BVerfG und des BGH, NStZ 1991 S. 305）。一九九六年には刑事司法取引の実務が、判例上も、真正面から肯定された（BGHSt, NJW 1996 S. 1763）。捜査段階の司法取引について、Landau, Verfahrensabsprachen in Ermittlungsverfahren, DRiZ 1995 S. 132; Dahs, Absprachen im Strafprozeß -Chancen und Risiken-, NStZ 1988 S. 153 ; Rückel, Verteidigertaktik bei Verständigungen und Vereinbarungen im Strafverfahren, NStZ 1987 S. 297を参照。

（4）　参照、Weihrauch, Verteidigung im Ermittlungsverfahren (5., überarb. Aufl.), 1997, Rdn. 144〔S. 100〕. ヴァイラウフ弁護士のこの著作は、ドイツで最も優れた捜査弁護マニュアルであろう。

（5）　ヴァッサーブルク弁護士の回答のほか、Weihrauch, a. a. O., Rdn. 145〔S. 100〕.

（6）　Weihrauch, a. a. O., Rdn. 144〔S. 99〕. なお、警察の被疑者供述調書には、証拠能力がない（BGHSt Bd. 1 S. 337［339］; BGHSt Bd. 14 S. 310［314］）。しかし、勾留や運転免許証仮停止など強制処分の証拠的根拠とされるほか、起訴後も弾劾証拠としては許容されるなど、警察の被疑者供述調書が実務上もつ意味は大きい（Weihrauch, a. a. O., S. 97）。起訴後には、取調べ警察官の——捜査段階の自白を内容とする——公判廷の伝聞供述も実質証拠として許容される（BGHSt Bd. 3 S. 149［150］; BGHSt Bd. 14 S. 310）。

（7）　検察官と裁判官の被疑者取調べについてはどうか。検察官の取調べについては、弁護人の立会権が保障される（刑訴一六三条a三項、六八条c一項）、検察官は被疑者に有利な事実についても取調べ義務を負う（刑訴一六〇条二項）、自白などは一問一答式ないし逐語的に調書化される（刑事手続準則[Richtlinien für das Strafverfahren und das Bußgeldverfahren] 四五条二項）。そのため警察の取調べに比較して、問題は少ないとされる。また、検察官は事件処理権限をもつために、取調べに立ち会う弁護人が司法取引を行うという可能性もある。それゆえ、検察官面前で不利益な事実を承認するときは被疑者に有利な事件処理が確実となるようなケースでは、捜査弁護実践として例外的に、検察官の取調べを求めることもあるという

（Weihrauch, a. a. O., Rdn. 145〔S. 100〕）。

裁判官の取調べについては、裁判官面前調書が——警察や検察官の供述調書とは異なり——実質証拠として証拠能力を付与され（刑訴二五四条）、事実上高い証拠価値をもってしまう。裁判官は事件の全容ないし捜査経過の全体を把握せず、事件処理権限も有しない。問題が少なくはないため、裁判官の取調べを求める捜査弁護の実践は稀だ、とされた（Weihrauch, a. a. O., Rdn. 146〔S. 101〕）。

（８）「被疑者自身の供述書」と「被疑者の供述録取書」との違いは、前者（供述書）は証拠能力をもつのに対し（刑訴二四九条）、後者（供述録取書）は排除される点にある（BGHSt B. 39 S. 305; OLG Celle, NJW 1989 S. 992; Kleinknecht/Meyer-Goßner, Strafprozeßordnung mit GVG und Nebengesetzen〔45., neubearb. Aufl.〕, 2001, §163a Rdn. 14〔以下、Kleinknecht/Meyer-Goßnerと略称〕）。ただし、「直接話法」で記述した供述録取書は、供述書と同視される可能性があるとされた（Weihrauch, a. a. O., Rdn. 147〔S. 103〕）。

（９）捜査段階において弁護人は、いつでも書面で「意見表明」を行うことができる（Weihrauch, a. a. O., Rdn. 167〔S. 132〕; Hamm, Die Verteidigungsschrift im Verfahren bis zur Hauptverhandlung, StV 1982 S. 490 ff.）。ちなみに、弁護人が作成・提出する書面としては、被疑者の供述を——弁護人自身のコメントは付さないで——記述したもの（「被疑者の供述録取書」。本来の意味の「弁護人意見書」には当たらない）や、弁護側から——被疑者の供述やそれまでの捜査結果を援用して——具体的な証拠調べを請求するもの、捜査機関手持ち証拠を評価して手続中止（刑訴一七〇条二項、一五三条、一五三条ａ）を求めるものなど（本来の「弁護人意見書」）が挙げられる。供述録取書か意見書か——、弁護人がどのような形式・内容の書面を提出すべきなのか——、はケースの個別事情に依拠する。ただし、「捜査機関手持ち証拠の事前開示がない限り、弁護側書面、とくに弁護人の意見書を提出してはならない」「事件処理について被疑者側に何らか得るところがある場合にのみ、弁護側書面を提出する」「被疑者に有利な証拠——罪責を軽減ないし否定する証拠——の滅失が懸念される場合には、弁護側書面を提出する」「訴訟障碍事由が存するときは、弁護側書面を提出する」「不起訴方向の事件処理を検察官と交渉し一致があったときは、交渉内容を確認した弁護側書面を提出する」「捜査書類の精査、被疑者との意見交換・討議など、徹底的な準備を終えたのちに、弁護側書面を提出する」ことが、捜査弁護実践上の準則になるとされた（Weihrauch, a. a. O., Rdn. 172〔S. 136f.〕）。

（10）Vogtherr, Rechtswirklichkeit und Effizienz der Strafverteidigung, 1990, S. 135.

（11）なお、規模の大きい複雑な事件では、弁護人の被疑者供述録取書や意見書の再提出、再々提出を検察官が求める場合も少なくない。そのようなケースでは、「被疑者供述の証拠化」を検察官取調べに委ねるという例外――捜査弁護実践上の例外――があってよいという。ただし、「弁護人の立会い」「表現に巧みな被疑者」「弁護人と被疑者の綿密な準備」が前提になるとされた（Weihrauch, a. a. O., Rdn. 147〔S. 102f.〕）。

（12）一九七九年の連邦最高裁判所の判決（BGHSt Bd. 29 S. 99）は、テロ組織を幇助したという嫌疑がかけられた弁護人（嫌疑の根拠は、裁判官尋問調書の写しを依頼人たる被告人に送付したこと。その調書の内容がテロ組織内部での口裏合わせに利用されうる内容のものであった）について、「刑事弁護の活動は、被疑者・被告人が公訴を提起されないよう、勾留の処分に服さないよう、有罪の言渡しを受けないように〔被疑者・被告人を〕擁護するものである。調書の写しを被疑者・被告人に交付するということも、そのような弁護活動の一つである。それが結果として、犯罪結社の他の構成員に捜査機関・訴追機関の追及の手が伸びることを困難にし、犯罪結社の存続やその〔犯罪的〕企図の実現に資するということはある。〔しかし、〕被疑者・被告人に対し嫌疑の理由（その証拠的基礎）を知らせること、〔その嫌疑の理由について〕どのように供述〔承認ないし否認〕するのか被疑者・被告人が弁護人に明らかにすることは、実効的な弁護活動の前提となる。そのため、通常の場合、弁護人は捜査書類・訴訟書類から知った事実を被疑者・被告人に伝えることができる。内容を伝えてよい範囲では、当該書類の写しを被疑者・被告人に交付することも差し支えない」「捜査書類・訴訟書類の内容、とくに参考人・証人の供述内容について、被疑者・被告人がこれを知ってしまうと、罪証の隠滅〔たとえば、虚偽供述の作出〕に利用されるという可能性――しばしば存する可能性――がある、というだけでは、〔書類の内容教示や写しの交付を禁止する理由としては〕不十分である」、とした。黙秘か供述かという防禦上の基本的な「戦略」を被疑者自身に選択ないし自己決定させることが、弁護人に対する証拠開示の重要な目的・機能であり、開示のあり方もその目的・機能によって決定されるのだといえる。

（13）Weihrauch, a. a. O., Rdn. 56〔S. 44〕.

（14）捜査弁護上、捜査機関手持ち証拠を開示させる時期は「早ければ早いほどよい」（Weihrauch, a. a. O., Rdn. 62〔S. 48〕）。捜査機関手持ち証拠を早期開示させるには、警察自身による開示が必要となる。しかし、証拠開示の権限は検察官だけがもつ（刑訴一四七条五項）。検察官の同意なしには、警察は手持ち証拠を――取調べのさい被疑者に提示する資料としても――開示できない（Kleinknecht/Meyer-Goßner, §147 Rdn. 34）。このほかにも制度上の隘路がある。事案の解明に支障となるという理由で、捜査終結前の開示請求を検察官が斥けた場合、弁護人は実効的な不服申立手段をもたない。開示拒否の不当を争う不文の法的手段として、上司の検察官に申し立てる「職務監督上の異議（Dienstaufsichtsbeschwerde）」や、請求を斥けた検察官自身に申し立てる「再考案（Gegenvorstellung）」はある。しかし、「検察庁内部で問題とさせる」「検察官自身に再考させる」という救済方法には限界がある。ただし、裁判所構成法施行法二三条以下の——基本権侵害について、法的救済の欠缺を補充する機能を果たす——上級ラント裁判所に対する不服申立が、限られたケースで認められてはいる。たとえば、捜査終結の前後を問わず弁護人の開示請求を斥けることができない捜査書類——被疑者の供述録取書、裁判官の証人尋問調書や検証調書、鑑定書など（刑訴一四七条三項）——について、検察官が開示を拒否したケース（OLG Celle, StV 1983 S. 192; OLG Hamm, StV 1987 S. 479）や、捜査が未了のまま五年余にも及ぶのに、なお検察官が（特定の部分の）捜査書類の開示請求を拒否しつづけたケース（OLG Hamm, StV 1993 S. 299）などである。

（15）　起訴後に裁判所に宛て送付されることになる捜査書類や、職務上保管する証拠物が開示対象となる（刑訴一四七条一項）。証拠物は、書面であっても、保管場所で閲覧・謄写する（Kleinknecht/Meyer-Goßner,§147 Rdn. 19）。捜査書類は、郵送か直接交付され、法律事務所で閲覧・謄写する（Weihrauch, a. a. O., Rdn. 75〔S. 60〕）。典型的には、被疑者の供述録取書や手書き文書類、共犯者や証人の供述録取書のほか、写真、録音テープ、すべての——検察官が内容上関連性がないとした電話通話も含む——電話盗聴調書、電磁的に記録されたデータ・プログラム類、被疑者の身上書・前科調書などである（Burhoff, Handbuch für das strafrechtliche Ermittlungsverfahren, 1997, S. 70f.）。ただし、開示対象となる捜査書類の詳細を具体的に定めた規定はない。そのため、開示の対象はなにか、問題となる。

　正規の捜査書類ではなく、検察官の手控え（Handakten）となる職務上の内部書類——たとえば、裁判官取調べに立ち会って作成したメモ、上司の検察官からの指揮監督文書、予備としてコピーした捜査書類謄本など——は、開示の対象外だとされる（刑事手続準則一八七条二項）（Kleinknecht, Die Handakten der Staatsanwaltschaft, in: Festschrift für Dreher, 1977, S. 721）。これに対し、被疑者を特定する過程で警察が作成した「捜査関係記録（Spurenakten）」は、検察官の手控えになるものではないため、開示の対象から当然に外されるというものではない。しかし、被疑者を特定する過程で嫌疑の対象からふるい落とされた第三者の「捜査関係記録」まで開示すべきか、議論がある（本稿冒頭のヴァッサーブルク回答のほか、Meyer-Goßner, Die Behandlung kriminalpolizeilicher Spurenakten im Strafverfahren, NStZ 1982 S. 353; BGH, StV 1981 S. 500 mit Anm. Dünnebier［504］）。そのような「捜査関係記録」が、ある誘拐事件では約七千も作成された。別の幼女誘拐殺人事件では、約一万の指紋が採取され、ほぼ同数の自動車保有者が調査され、市民から約五千の通報ないし情報を得たという（Meyer-Goßner, a. a. O., S. 353）。その捜査結果すべてが「捜査関係記録」とされたわけである。第三者をふるい落とし、嫌疑の対象を被疑者に絞っていく捜査の過程と理由を知ることは捜査弁護上も大きな意義をもつ。しかし、一九八一年連邦最高裁判決はこの第三者の「捜査関係記録」——誘拐被疑事件で電話盗聴の対象とされた重要参考人一四人の電話盗聴調書などを含む——について、被疑事実に関係した捜査記録だ（すなわちTatbezogenheitがある）というだけでは開示対象にはならず、被告人自身の処罰根拠となる具体的事実または被告人に適用すべき法律に関連する（すなわちSchuldspruch- oder Rechtsfolgenrelevanzがある）ものだけが開示対象となる、とした（BGHSt Bd. 30 S. 131［139］; BVerfG, NJW 1983 S. 1043）。

(16)　捜査書類の早期開示を得るための具体的な弁護実践としては、事前開示がない限り被疑者は黙秘を通す、と検察官に告げることが有効だという。捜査書類の開示後に被疑者から自白など不利益な事実の承認が得られるのであれば、検察官も捜査終結前の開示を認めることが多いとされた（Kunigk, Prozeßführung und Strafverteidigung, 2. Aufl., 1979, S. 171; Weihrauch, a. a. O., Rdn. 72〔S. 58〕）。開示拒否について争う現実的な防禦手段が「供述の拒否」なのであった（Weihrauch, a. a. O., Rdn. 72〔S. 58〕）。

(17)　Schlothauer, Die Verteidigung des inhaftierten Mandanten, StraFo 1995 S. 6. 一九九四年連邦憲法裁判所判決（BVerfG, NJW 1994 S. 3219）は、勾留審査（mündliche Haftprüfung）の請求（刑訴一一七条一項、一一八条一項）や準抗告（Haftbeschwerde）の申立（刑訴三〇四条）を受理した裁判所が勾留に関し判断を下すためには、勾留の裁判の基礎とされた具体的事実や証拠資料について——被疑者側に争う機会を保障するため——弁護人にあらかじめ開示しなければならないこと、しかし検察官があえて手持ち証拠を事前開示しない場合は——被疑者の法的聴聞権（基本法一〇三条一項）などを侵害するために——勾留の裁判は取り消されること、を明らかにした。この判例の影響で、勾留の証拠的基礎に限って早期開示が期待されたのであった。

(18)　弁護人の立会いが警察の取調べを直接コントロールできる重要な捜査弁護実践だということは、ドイツの実務上も肯定される。参照、Burhoff, a. a. O., S. 688. 警察の被疑者取調べについて弁護人は立会権をもたない。しかし、弁護人の立会いなしに被疑者は供述しないと告げれば、警察も立会いを許す場合がほとんどだという（Weihrauch, a. a. O., Rdn. 152〔S. 111〕）。取調べに立ち会う弁護人は被疑者に対し自らも質問でき、示唆や助言を与え、供述内容について弾劾することもできる（Weihrauch, a. a. O., Rdn. 152〔S. 111〕; Burhoff, a. a. O., S. 519）。すなわち、立会いの弁護人は取調べの適正を監視するだけの消極的な役割を果たすものではない。「単なる聞き役」に終始させることは弁護人の機能と矛盾する、とされた（Kleinknecht/Meyer-Goßner, §163 Rdn. 16）。

(19)　井戸田侃教授も、被疑者取調べを「弁解・主張を聴取する」機会と考えられた（井戸田侃「取調べの理論と現実・序論」刑法雑誌二七巻一号（一九八六年）一六八頁）。井戸田教授は、被疑者取調べは証拠収集手段＝自白獲得手段ではないとされ（同右一六六頁）、わが国の刑事訴訟法一九八条の被疑者取調べは起訴・不起訴決定のためのnoiticeとhearing、弁解と主張を聴取する手続だとされた（同右一六七頁以下）。訴訟的捜査の構造論による論理的帰結でもあった。参照、同「捜査の構造序説」立命館法学三九・四〇号（一九六一年）一二九頁（同『刑事手続の構造序説』（有斐閣、一九七一年）所収）、同「取調の法的規制」熊谷ほか編『捜査法大系I』（日本評論社、一九七二年）二四五頁（同『刑事手続構造論の展開』（有斐閣、一九八二年）所収）。しかし、直截に、被疑者に保障すべき主体的地位のコロラリーだ、というべきではないか。

(20)　Amelung, Die Einlassung des Mandanten im Strafprozeß, Strafverteidigung und Strafprozeß, in: Festgabe für Koch, 1989, S. 145.

(21)　最近も、謀殺被疑事件で逮捕したイタリア人被疑者に対し、取調べを奏功させるため弁護人選任について「実効ある援助」をしないまま警察が取り調べ、供述させたケースがある。ちなみに、このケースで一九九六年連邦最高裁判決は、「当直弁護士」に電話する機会を与えないまま警察が被逮捕者の取調べを始めたことを違法とし、供述排除事由にあたると判示した（BGHSt. NStZ 1996 S. 291）。詳細は、本書第八章参照。ドイツの刑事当直弁護制度については、拙稿「フランクフルトの刑事当直弁護」季刊刑事弁護一二号（一九九七年）一〇頁以下を参照。

(22)　わが国の捜査弁護実践の現状ないし到達点を記述したものとして、大阪弁護士協同組合『新版・捜査弁護の実務』（一九九六年）が重要である。

第五章　被疑者の取調べと黙秘権

一　黙秘権の行使による取調べの終了

1　近代法と黙秘権

憲法三八条一項は、「何人も、自己に不利益な供述を強要されない」と定める。そのため、捜査手続の被疑者も、起訴後の公判手続における被告人も、自己の刑事上の責任を承認するような供述を強要されない。被疑者・被告人も自己負罪の供述を拒否する権利をもつのである。この権利を黙秘権と呼ぶ。黙秘権は一般の理解を得にくい権利かもしれない。しかし、近代法において当然に保障されなければならない権利である。その理由はこうである。

被疑者・被告人に対し、自らに刑事上の罪責を負わせるような「自己犠牲」を、脅したり小突いたり、あるいは法的に義務づけたりして、権力的に強要することは人格の尊厳に対する冒瀆になる。そのような自己犠牲を決断し行動する、すなわち、黙秘権を放棄して自白するかどうかは、個人が自らの良心に従って選択すべきことであり、それは、権力的に踏み入ってはならない個人の内心の領域の問題である。そのような人格の尊厳さえ権力的に踏みにじられては、国家が個人を主体として取り扱うという近代法の基本原則が踏みにじられてしまうことになる。このように黙秘権は、近代法の基本原則から由来する個人の基本的権利である。それゆえ、黙秘権の保障の内容は、その国の刑事訴訟の「近代化」の度合いを測る尺度にもなる。

わが国の憲法上の黙秘権は、「不利益な供述」を強要されない権利であった。刑事訴訟法も一四六条で、具体的に、「何人も、自己が刑事訴追を受け、又は有罪判決を受ける虞のある証言を拒むことができる」と定める。ただし、この規定は証人尋問に関するものである。証人は供述する義務を負うが、不利益な事項（最判昭和三二・二・二〇刑集一一巻二号八〇二頁は「刑事上の責任を問われる虞ある事項」と敷衍した）については供述義務を免れるわけである。証言を拒絶する証人は、その理由を示さなければならない（刑訴規一二二条）。もっとも、裁判官が証言拒絶の適否を判断できる最小限の理由を示せばよく、疎明までする必要はない。拒絶の理由を示さないで証言を拒んだときは、過料などの制裁が加えられることもある（刑訴一六〇条、一六一条）。このように、証人については、「不利益な供述」だけを拒絶させる手立てが講じられる。

これに対し、被疑者・被告人に刑事訴訟法が保障する黙秘権は、「不利益な供述」だけでなく、およそすべての供述を強要されないというものである（刑訴一九八条二項、三一一条）。包括的な供述拒否権が保障される。黙秘の理由を示す必要もまったくない。

2　黙秘権行使と取調べ

刑事訴訟法は、公判で被告人が終始「沈黙」するというかたちで黙秘権を行使することを認める（刑訴三一一条一項）。質問にさらされながら、沈黙を続けるわけである。それは、裁判官が主宰し弁護人も立ち会う公開の法廷で、質問によっては任意に「供述する権利」を被告人に保障しつつ、「黙秘する権利」もあわせ保障したためである。もちろん、被告人としては被告人質問そのものを拒否するというかたちで黙秘権を行使することもできる。黙秘権行使の態様としては、それが本来のかたちであろう。「沈黙」は、公判で供述権を行使する具体的機会がないまま、個々の質問に対し黙秘権を行使し続けた「不本意な結果」であった。その「不本意な結果」をあえて被告人が選択することがあってもよい、と刑事訴訟法はいう。供述権を保障するため被告人の選択の幅を広げたのである。

被告人の供述権を保障する公判手続での「被告人質問」は、憲法三七条一項の「裁判を受ける権利」の内容でもある。これに対し、捜査における取調べそのものは被疑者の権利のコロラリーとして捉えられるような性格のものではない。被疑者が自己の供述を証拠化するうえで、一つの選択肢になるものにすぎない。それゆえ、被疑者については「取調べ官の質問にさらされながら沈黙を続ける」というようなことを、もともと刑事訴訟法は考えていないはずである。

しかし、わが国の捜査の現実(1)では、そのように解釈・運用されてはいない。捜査実務家は、「黙秘は法律で認められた被疑者の権利だが、取調をやめる必要はない(2)」という。そのために、被疑者が取調警察官の発問ごとに「黙秘する」「黙秘」と繰り返す悲喜劇さえ演じられる。黙秘する被疑者に対し取調べを続けても、それだけでは供述の強要にはならず、差し支えはないとした下級裁の裁判例もかつてあった（高松地判昭和三九・五・一八下刑集六巻五＝六号六八一頁(3)）。

ただし、「逮捕又は勾留されている場合を除いて」、被疑者は取調べのため出頭を求められても拒否でき、また、いったん出頭してもいつでも退去できる（刑訴一九八条一項）。少なくとも刑事訴訟法上、身体を拘束されない被疑者は取調べ室への出頭義務や取調べ終了までの滞留義務、すなわち、取調べ受忍義務を負わない。しかし、実務上、逮捕・勾留された場合は取調べ受忍義務を負うと解釈・運用された。それゆえ、黙秘権を行使する被疑者に対しても取調べは続けられる。「黙秘する理由があるのか」「黙秘権を放棄して自白せよ」という説得が執拗に繰り返される。だが、それでよいのか。

むしろ、憲法が国民の基本権として保障した黙秘権によって、被疑者取調べはその内容を規制ないしコントロールされなければならない。

３　黙秘権主導型の被疑者取調べ

では、「黙秘権によってその内容を規制される被疑者取調べのあり方」とはどのようなものか。アメリカ合衆国において、一九六四年の連邦最高裁マロイ判決（Malloy v. Hogan, 378 U. S. 1）は、黙秘権の意味について、「何の制約も受けない〔被疑者・被告人の自由な〕意思の行使（unfettered exercise of his own will）として供述する途を選択する場合を除いて、沈黙をまもる」という権利であると敷衍した（Id. at 8）。言い換えれば、黙秘権は「何の制約も受けない自由な意思の行使」として供述できるフォーラム（明確な法的形式をもつ状況ないし場面、という趣旨で使う）を求めるのである。

一九六六年の連邦最高裁ミランダ判決（Miranda v. State of Arizona, 384 U. S. 436）は、この黙秘権の基本的要求を果たすため、身体拘束下の取調べのあり方自体を変革すべきものとした。すなわち、身体拘束下の取調べを「何の制約も受けない自由な意思の行使」として供述できるフォーラムとするために、特別のルールを定立した。

そのルールによれば、①被疑者による黙秘権の行使は直ちに取調べを終了させることを前提に（ミランダ判決では、「取調べを終了させる（cut off）権利を認めないときは、身体拘束中の取調べという枠組み（setting of in-custody interrogation）が——黙秘権は行使されていながら——供述するかどうか選択する〔被疑者〕個人の自由を押し潰すものとなってしまう」と判示された〔384 U. S. at 474〕。以下、「　」内はミランダ判決の引用）、②身体拘束下の取調べでは最初に黙秘権を告知すること（身体拘束下の「取調べが本来もつ〔強制的〕雰囲気の圧力を押さえ込むには、黙秘権の告知が必須条件となる」〔384 U. S. at 468 参照、384 U. S. at 471〕）、③被疑者が供述を望むときは、取調べに先立ち弁護人と接見できるだけでなく、取調べに弁護人を立ち会わせることもできること（取調べ前の接見で弁護人から助言を得ても、密室の取調べはその助言を無力化する。取調べに弁護人を立ち会わせる「目的は、沈黙か供述か、選択する個人の〔主体的〕権利が、取調べのあいだ、なんの制限も受けず保障されることを確保するためである」〔384 U. S. at 469〕)、④弁護人の接見や立会いがなされるまで、取調べは中断ないし延期されなければならないこと、⑤被疑者が自己の費用で弁護人を依頼できないときは、公的費用で弁護人を付すこと、が必要だとされた。

このように、黙秘権が保障される以上、被疑者・被告人は何の制約も受けずに自らの自由な意思の行使として供述できることが前提とされなければならない。それゆえ、供述の自由をそもそも享受できないと考える場合も、被疑者・被告人は当然に黙秘でき、かつ、黙秘すべき理由がある。すなわち、黙秘権は、「何の制約も受けない自由な意思の行使」として供述できるフォーラムを求め、捜査機関や司法機関の取調べにおいてそのようなフォーラムが得られない場合には、被疑者・被告人は無条件に黙秘できる、という意味内容をもつ。そのフォーラムを用意することは国家の責務であり、本来、その責務を果たさない限り、「被疑者・被告人に供述を求めること」「取調べを行うこと」自体が国家には許されない。そのようなフォーラムを保障する結果として、被疑者取調べは、警察・検察の一方的な権限行使にまかせるべき処分ではなくなり、取調べの可否や時期（またはタイミング）や時間、内容などについて、被疑者自身によるコントロールを認めることになる。それが、黙秘権を保障する近代刑事訴訟法の本来的な帰結だといえる。

では、そのようなフォーラムはどのようなかたちで実現されるのか。具体的にはこうである。たとえば、黙秘権行使は取調べを無条件に終了させなければならない。黙秘権の行使はそれだけで取調べを無条件に終了させる、ということが認められてこそ、身体拘束下であっても被疑者は「何の制約も受けない自由な意思の行使」として供述することができる。取調べの時期や時間、内容などについて、被疑者自身によるコントロールも可能となる。連邦最高裁の一九七五年モースリイ判決（State of Michigan v. Mosley, 423 U.S. 96）も、取調べの継続か終了か、被疑者の選択に委ねられるからこそ、「被疑者は、取調べ開始の時期（time）、取調べの事項、取調べの〔継続〕時間をコントロールすることができる」、と判示した（423 U.S. at 103-4）。

また、黙秘権を行使されたときは取調べを無条件に終了しなければならない、という法的制約があるからこそ、取調べを確保するためには被疑者に対し手厚い手続的保障、つまり弁護権の保障が必要なのだということを、捜査機関に対しても納得させられる。

二　取調べ受忍義務の否定

黙秘権は、このような脈絡（黙秘権は、取調べを無条件に終了させて、取調べの時期や時間、内容などを被疑者自身にコントロールさせる）においても、取調べ受忍義務を排除すべき権利となる。「黙秘権によってその内容を規制される被疑者取調べ」は、被疑者の取調べ受忍義務を否定するのである(4)。

1　取調べ受忍義務肯定説

しかし、わが国では、身体を拘束された被疑者に対し取調べ受忍義務が課される。

一つには、逮捕・勾留の目的は被疑者の取調べにあるという考え方をとるためであった。「被疑者の逮捕・勾留は主として捜査のために被疑者の身体を確保することを目的とする」ため、被疑者が出頭・滞留義務を負うことは「当然に逮捕・勾留の趣旨の中に包含されている(5)」と解された。そこでいう「捜査のため」とは「積極的に被疑者の取調べを目的として」と同じ意味である（受忍義務肯定説その1）。

この考え方は、「捜査は、本来、捜査機関が、被疑者を取り調べるための手続であって、強制が認められるのもそのためである(6)」というものであり、「糺問的捜査観(7)」と呼ばれた(8)。この糺問的捜査観を支える制度的根拠もある。たとえば、わが国では、逮捕された被疑者を遅滞なく裁判官のもとに引致する制度（英米法では「予備出頭」という）がない。逮捕された被疑者は、司法警察員など捜査機関の許に引致される。さらに、権利の告知、弁解の聴取、留置の要否の判断なども、すべて捜査機関が行う（刑訴二〇三条ないし二〇五条）。そのさい、身体拘束時間を捜査機関が被疑者の取調べに使うことがないようにするとか、事実上あっても極小にするというような手立ては全く講じられない。そのためもあって、逮捕・勾留中の留置期間は被疑者取調べのための捜査機関の持ち時間になっている実状がある。このような身体拘束と被疑者取調べの糺問的な実状は、現行刑事訴訟法が施行されて約五〇年を経過した現在も、基本的には変わっていない。

もう一つは、刑事訴訟法一九八条一項の文言を解釈して、逮捕・勾留されている被疑者は取調べ室に出頭する義務を負い、捜査機関が取調べを終えるまで取調べ室に留まっていなければならないとされるためであった（受忍義務肯定説その２）。

刑事訴訟法一九八条一項本文は、身体不拘束（在宅事件）の被疑者に対し、取調べ室への出頭拒否権・取調べ室からの退去権というかたちで、取調べを拒否する権利を保障する。しかし、但書は「逮捕又は勾留されている場合を除いて」と定めるため、身体拘束中の被疑者には取調べ室への出頭義務と取調べ室での滞留義務を負わせた、という解釈が主張された。つまり、捜査機関の取調べに対し、身体拘束中の被疑者は出頭を拒むことも、自由に退去することもできない、と解された。取調べ実務はこの解釈（取調べ受忍義務肯定説）に依拠する。それが一九八条一項の素直な文理解釈だ、という。

２　取調べ受忍義務否定説

しかし、「身体拘束の目的は取調べだ」という考え方は、被疑者にも黙秘権を保障する憲法三八条一項に反する。「黙秘権を放棄させ、供述させるために、身体を拘束する」「黙秘権を放棄して供述しない限り、身体拘束を続ける」というのは、黙秘権の侵害だというほかないためである（受忍義務否定説その１）。また、「身体拘束の目的は取調べだ」という考え方は、捜査には責任を負わない令状係裁判官に逮捕・勾留のコントロールを委ねた憲法三三条、刑事訴訟法一九九条、二〇七条、六〇条などの趣旨にも反する（受忍義務否定説その２）。

受忍義務肯定説は、供述義務まで負わせるのであれば黙秘権侵害になるけれども、出頭・滞留義務を課すだけではまだ憲法問題は生じないという形式論で答える。これに対し、「これでは、供述の義務はないといっても、実質的には供述を強いるのと異ならない(9)」という実質論が対置される。この実質論は、刑事訴訟法一九八条一項但書が逮捕・勾留された被疑者に出頭・滞留義務を課したと読むほかないのであれば、同条項は憲法三八条一項に違反する、という考え方に立つ。

受忍義務肯定説による刑事訴訟法一九八条一項の文理解釈についても、与することはできない。もし、身体を拘束した被疑者に対し、取調べ受忍義務――身体拘束とは本来異質な内容の義務――を課すというのであれば、その趣旨の義務賦課を積極的に明示する規定を、刑事訴訟法におくべきものである。それが、法定手続を保障する憲法三一条、あるいは強制処分法定主義を定める刑事訴訟法三一七条一項但書の趣旨（刑事手続に関わる国民の法的義務の内容について、刑事訴訟法の明文規定によって明示することを要請する）である。刑事訴訟法一九八条一項の「但書」の文言から、しかもその「反対解釈」によって、被拘束者の取調べ受忍義務という重大な義務を引き出すことは、刑事訴訟法の文理解釈としても無理があるだけでなく、憲法三一条、刑事訴訟法三一七条一項但書にも違反するといわなければならない（受忍義務否定説その３）。

刑事訴訟法一九八条一項但書については、その文言上も取調べ受忍義務を根拠づけるものではないこと、取調べ受忍義務を肯定する解釈・運用は憲法に違反すること、が確認されなければならない。そのうえで、「逮捕又は勾留されている場合を除いて」という文言の意味については、取調べ室への出頭拒否権や取調べ室からの退去権があるからといって身体拘束の効力自体を否定する趣旨ではないことを確認したものにすぎない(10)、と解しておけば足りる。

三　弁護人立会権の保障

１　弁護人立会権の憲法的基礎

被疑者の取調べを「何の制約も受けない自由な意思の行使」として供述できるフォーラムにするうえで、身体拘束下の取調べが本来もつ強制的雰囲気は決定的な阻害要因となる。強制的雰囲気を払拭するためには、取調べの「一方的性格」「秘密性」を打破しなければならない。具体的には、身体拘束下の被疑者取調べの過程に弁護人が積極的に関与できることが必要となる。わが国において、身体拘束の絶対的条件とされた憲法三四条の弁護人依頼権（弁護人の援助を受ける権利）は、このような憲法三八条一項の黙秘権の基本的要求（何の制約も受けない自由な意思の行使として供述できるフォーラムの形成・実現）を実現すべき権利としても捉えられなければならない。

このような憲法上の位置づけをもつ弁護権は、その具体的内容として、身体拘束下の被疑者取調べにおける弁護人の立会いまで含むべきものとなる。そうでないと、上述したフォーラムを実現するような内容の弁護権にはならないためである。それゆえ、被疑者取調べにおける弁護人立会権の憲法的基礎は、憲法三四条と憲法三八条一項の両方にある。憲法三四条と憲法三八条一項は有機的に連関して、弁護人立会権を保障する。この弁護人立会権の基本目的は、被疑者の意思で取調べを終了させる、あるいは、取調べの続行か終了かを被疑者の意思にかからしめることにこそある(11)。すなわち、弁護人はあくまでも、取調べを被疑者が主体的に供述できるフォーラムとするために立ち会う。それゆえ、逆説的だが、弁護人は、いつでも被疑者に黙秘権を行使させて取調べを止めさせるために立ち会うものでなければならない。その場合にこそ、被疑者が取調べをコントロールしつつ供述するという枠組みの中に弁護人立会いが位置づけられる。捜査機関に取調べを行わせるという主体的決断を被疑者がした場合（憲法三四条、三八条一項）、つぎに、弁護人の助言・立会いによる援助の下で（憲法三四条）、何を、どのように供述するのか、被疑者自身が主体的に決断することになる（憲法三八条一項）。

ただし、現行刑事訴訟法には、身体拘束下の被疑者取調べについて弁護人の立会いを認める明文規定はない。しかし、そのことは弁護人立会いを否定する理由にはならない。むしろ、刑事訴訟法に弁護人立会いを否定する明文規定がない事実こそ重要である。また、取調べについて弁護人や親権者等の立会いを定めた——いずれも警察の内規だが——少年警察活動要項九条三項や犯罪捜査規範一七七条もある。現行刑事訴訟法を立案した当局者も、「時宜により、捜査機関が被疑者の弁護人を立ち会わせることは、勿論差支えない」、とした(12)。

2　被疑者の権利としての弁護人立会い

現行刑事訴訟法に明文の権利規定がない以上、権利としての弁護人立会いは認められないという論者もある。しかし、弁護人立会いが被疑者の権利だという趣旨は、少なくとも、被疑者の弁護人立会要求が捜査機関の一方的裁量で排除されないことを意味する。被疑者取調べへの弁護人立会いが、捜査機関の裁量的判断では扱いえない法的価値を担っている場合には、やはり、「立会要求を捜査機関がその裁量で排除する」ことは許されない。その意味で、弁護人立会いは被疑者の権利としての性格をもつことになる。では、弁護人立会いはそのような法的価値を担うか。

すでに述べたように、弁護人立会いは、憲法三八条一項の保障する被疑者の黙秘権、および憲法三四条が保障する身体拘束下の被疑者の弁護権の内容として要求される。そのような憲法的価値を担う弁護人立会いは、捜査機関の裁量的判断（取調べの密行性・効率・迅速さを確保するための裁量的判断）に優越すべき手続的保障である。弁護人立会いは、やはり、被疑者の権利として認められるべきものである。

ただし、たしかに現行刑事訴訟法には弁護人立会いの明文規定がない。そのため、たとえば、身体拘束事件か在宅事件かを問わずすべての被疑者取調べにさいし弁護人立会権を告知せよ——とまでは、捜査機関に要求できないというべきであろう。しかし、身体拘束下の被疑者取調べについては、身体拘束下にある被疑者の黙秘権・弁護権の当然のコロラリーとして、弁護人立会権が保障されなければならなかった。それゆえ、その告知も捜査機関の義務になるといわなければならない。要するに、在宅事件では弁護人立会権を告知する義務が捜査機関にはないという意味で、立会権の明文規定がないことが制約的に働く。これに対し、逮捕・勾留された被疑者に対しては、弁護人を取調べに立ち会わせることができる旨を告知し、弁護人立会いの要求があったときは、立会いが実現するまで捜査機関は取調べを延期しなければならない。

四 「自白を必要としない捜査モデル」の確立

1 自白を必要としない捜査モデル

「取調べにより被疑者の自白・供述を得ることは、犯罪の解明に必要である」という基本的前提にたって、密室で行われる被疑者取調べの現状に法的規制を加えようとする考え方がある。(13) ちなみに、渡辺修教授は「詳細・綿密な自白がない」場合、「従来よりも全体としてあらい証拠構造による有罪認定も覚悟しなければならなくなるのではないか」という不安を表明された。(14)

しかし、被疑者の自白の存在が「真実に沿った事件処理」を可能にするというのは、一つの思い込みにすぎず、しかも、捜査機関の徹底した取調べを正当化する根拠となる「観念」である。自白中心の効率的な捜査のあり方というものを克服することは、わが国の刑事訴訟法の基本課題である。その課題は、「自白を必要としない捜査モデル」というものを確立することによってこそ果たされる。すでに述べたように、被疑者による黙秘権の行使は、現実に捜査機関の取調べを終了させるものでなければならない。なぜなら、黙秘権行使による取調べの無条件終了が保障されることによって、被疑者自身が取調べを現実にコントロールでき、取調べに対する被疑者の主体的関与というものが確保されるからである。この黙秘権保障の趣旨に鑑みても、「自白を必要としない捜査モデル」の確立が求められる。

たしかに、このモデルは、被疑者の自白がないことによる情報の制限というものを、捜査機関側に課す結果となる。しかし、自白の欠如（それによる事実上の情報制限と事件処理の困難）を埋めるものを、このモデルは用意する。

自白の欠如を埋めるものは、弁護人の積極的な関与であり、この弁護人の関与に媒介された被疑者自身の主体的関与の強化である。捜査手続の進行、被疑事件の処理に被疑者・弁護人が主体的・積極的に関与することによって、本当の意味で「適正な刑事手続の進行・被疑事件の処理」が実現される。「手続進行・事件処理に対する被疑者の主体的関与を保障する」という方法によって、「事案の真相を明らかにする」という課題も果たされる。

「真相解明に自白が必要だ」という呪縛から解き放たれたときに、被疑者取調べの確保を課題とした捜査モデルからも解放されることになる。(15)

2　「自白中心の捜査モデル」の残滓

この呪縛に囚われた考え方は、被疑者取調べの場を捜査機関に確保するためには身体拘束中の被疑者に「出頭義務・滞留義務」を課しても合理的だという結論に達する。(16)この見解では、取調べの確保を課題とするために、「被疑者の黙秘権行使が取調べを終了させる」とはいわない。黙秘権は「消極的に国家に情報提供をしないことを法的に保護するだけ」である、と強調される。(17)ただし、「被疑者の接見請求は取調べ中断効を有している」という。(18)しかし、この場合にも、捜査機関には取調べ権限があるため弁護人との接見請求に「取調べ禁止効〔まで〕はない」とする。(19)実質上、被疑者の供述の準備として弁護人接見を許そうという考え方だといえる。

この論者も、憲法の保障として被疑者取調べにおける弁護人立会権が認められるという。(20)ただし、弁護人「立会の目的は主に暴行、脅迫、長時間の取調べなど、外形上不当な方法で自白が強制されないように監視することにあると限定して考えるべきである」とされた。(21)被疑者の意思で取調べを終了させる（あるいは、取調べの続行か終了かを被疑者の意思にかからしめる）ために弁護人が立ち会う、とは考えない。そのため、被疑者が何時間も黙秘し続け、捜査機関が執拗に取調べを続行している様子を、立会いの弁護人は傍らで見守るしかないことになる。論者の説明では、「連日午前午後から深夜にわたって取調べをすることは黙秘権を侵害する」[22]ので、連日の無意味な取調べを受忍した後にようやく弁護人は取調べを中止させることができる。しかし、それでは弁護人は自らの無力さに呆然とするほかあるまい。そのような結論を引き出す考え方は、やはり間違っている。「自白中心の効率的な捜査モデル」の残滓を引きずっているための、理論の歪みであろう。

（1）ちなみに、わが国の被疑者取調べについては、警察関係者によって、「警察活動の面からみた『主たる被疑者特定の端緒別検挙件数』のうち、被疑者の取調べによるものが全体の六〇パーセントを超えている。被疑者の取調べが、事件の検挙・解決に寄与しているところは実に大きい」、とされた（服部義己「取調べ技術」捜査研究四四七号（一九八八年）二頁）。この被疑者取調べは、きわめて「日本的特色」に満ちたやり方で行われる。わが国の警察には、罪を犯しながら自白しないために悔悟もできない被疑者の内面的葛藤を捉えて――すなわち、その内面的葛藤をえぐり出し、白日の下に晒すことによって――、被疑者の良心を喚起し、真実を供述させること、それが取調べ技術の精髄だという考え方がある（綱川政雄『被疑者の取調技術』〔立花書房、一九七七年〕三二頁）。そのような被疑者取調べの道徳的な意義・機能が「日本的特色」だとされる。それは、たんに観念的なものとか、正当化のための理屈にとどまるものではない。むしろ、被疑者取調べのあり方を現実に決定する。すなわち、この「日本的特色」を維持するため、捜査の「糾問化」も必要とされ、身体拘束下で弁護人の立会いを排した秘密の取調べが行われる。なお、被疑者の取調べに道徳的意義・機能をもたせるのは、それによって自白採取を容易にし、捜査を効率化するという打算があることも看過してはならない。

しかし、被疑者個々人の内面の悔悟の有無とか、道徳的救済の成否というものを判断できる客観的な基準などはあり得ないはずである。それにもかかわらず（あるいは、それだからこそ）、自白獲得という「事実」があれば、それにより被疑者の悔悟・救済が徴表されると決めつけて取調べを行うことになる。悔悟・救済という道徳的目的をもたされた被疑者取調べは、簡単に、「愛の鞭」としての「強要」や「拷問」によるものに堕してしまう。その転落に歯止めをかける内在的な論理はない。そのために、違法・不当な取調べはわが国の刑事手続の現状においては、例外的・病理的な現象ではなく、原則的・生理的な現象になってしまう。

国家の道徳的な優越を措定し、それに媒介されて行われる特殊な、その意味で「日本的」な被疑者取調べのあり方を否定するためには、最初に、それが近代国家のなすべき課題を逸脱するものであり、侵してはならない個人の内心的領域にまで踏み込むものであるという認識が必要である。そのうえで、法解釈論の課題としては、身体拘束下の被疑者取調べを規制する論理として、身体拘束や取調べなど捜査上の処分に対抗する「被疑者の主体的防禦権」の内容を豊かなものにしなければならない。

(2) 綱川・前掲書一二七頁。このほか、被疑者が黙秘権を行使する場合でも、捜査機関には取調べ権限（刑訴一九八条一項）がある以上、「取調べに応ずるよう熱心かつ合理的な説得をすることは許されよう」という（田宮裕・多田辰也『セミナー刑事手続法・捜査編』〔啓正社、一九九〇年〕一三〇頁。同旨、渡辺修「接見交通権と刑訴法三九条三項の『捜査のため必要』の解釈」神戸学院法学二〇巻三=四号〔一九九〇年〕一八六頁）。もちろん、行き過ぎた説得行為が黙秘権を侵害するものとなることはある。たとえば、「捜査官が満足する別の答え方をするまで何時間も、何日も、孤立無援の状態の中で『説得』を受ける――。これは『任意』な答えを促す『説得』の範囲をはるかに超えている」といえる（後藤昭「取調べ受忍義務否定論の展開」『平野龍一先生古稀祝賀論文集下巻』〔有斐閣、一九九一年〕二九四頁〔同『捜査法の論理』〔岩波書店、二〇〇一年〕所収〕）。

しかし、黙秘権を行使しながらなぜ、被疑者は供述を促す捜査機関の説得を受けつづけなければならないのか。黙秘権の保障内容として、「行使した黙秘権を放棄して供述せよ」という説得を受けなければならない状況、法的に矛盾した状況、に被疑者をおくこと自体が許されないというべきである。被疑者が黙秘権を行使した場合、そのときから捜査官の――抽象的な取調べ権限があると解したとしても――具体的な取調べ権限は否定されると解さなければならない。被疑者の黙秘権行使は、具体的な取調べ権限を排除するために、取調べを終了させる。黙秘権を行使した被疑者は、捜査機関から取調べに応ずるようにという説得を受ける「法的な義務」や「事実上の負担」を、どのような内容・範囲のものであれ、課されることがあってはならない。

(3) 公職選挙法違反被疑事件で、検察官取調べに対し黙秘権を行使した被疑者について、連日取調べを行い、八日目以降に大部の供述調書が作成されたというケースで、高松地判昭和三九・五・一八下刑集六巻五=六号六八一頁は、憲法三八条一項（自己負罪拒否特権）や刑事訴訟法一九八条二項（供述拒否権の告知）の趣旨は、「国家機関とりわけ捜査機関に対し、何人に対しても、不利益な供述を強要することを禁止しかつこれを実質的に保障せんとするところにあると解されるので、被疑者が黙否権〔ママ〕を行使したからといって捜査機関は直ちに爾後全く被疑者を取り調べることができなくなるものではなく、いやしくも被疑者の供述を強要することにならない限り取調を続行し、或いは日を改めて取調をなすことはなんらさしつかえない」、とした。

（4）すでに述べたように、「捜査における取調べそのものは、被疑者が自己の供述を証拠化するうえで一つの選択肢になるものにすぎない」。この取調べは「黙秘権によってその内容を規制される」。このように考えるために、刑事訴訟法一九八条についても、捜査機関が被疑者取調べを自ら要求してよい（自らが被疑者供述を証拠化する端緒となってよい）ことを認めたうえで（刑訴一九八条一項）、捜査機関が被疑者から求められてその供述を証拠化する場合にも、適正化のため法的規制（同条二項ないし五項）がかかることを確認した規定と解するべきであろう。

（5）団藤重光『条解刑事訴訟法上』（弘文堂、一九五〇年）三六五頁。

（6）平野龍一『刑事訴訟法』（有斐閣、一九五八年）八三頁。

（7）平野・前掲書八三頁。

（8）わが国の逮捕・勾留に関する多くの問題が、「取調べ目的の逮捕・勾留」という枠組みの中で起きている。この「取調べ目的の逮捕・勾留」という枠組みは、「効率的な捜査」というさらに大きな枠組みに包摂される。軽微事件や自白事件などに典型的に現れる定型的・画一的な捜査、つまり、きまりきった型にあてはめて事件を画一的・効率的に捜査し、処理しようという実務もその枠組みに包摂される。この「捜査の効率化」は、黙秘・否認事件では、被疑者を逮捕・勾留し、身体拘束が本来もつ強制的雰囲気を利用して被疑者から自白を獲得することを目指す。自白は証拠価値・信用力の大きな直接証拠として有罪認定の決定的資料となるほか、事件の具体的処理を見通すことを可能とし、処理期間などを予測させる基礎資料になる。そのような証拠として自白は、警察・検察官の事件処理を効率化・簡素化する重要な条件となるからである。

「効率的な捜査」が「自白中心の捜査」として現れる場合、それは、予断に導かれて被疑者に自白を迫るという取調べのやり方を積極的に肯定するものとなる。そのため、取調べはもはや、訊問に対し応答する被疑者の供述を捜査官が聴取するという域を超えてしまう。被疑者取調べは、捜査官が求める（すなわち、捜査官自身の予断に沿う）供述をするまで、執拗に同趣旨の質問を繰り返すという類のものとなる。そのような類の執拗な訊問は、それ自体が供述の強要になるといわなければならない。しかし、わが国の捜査実務では問題にもされない。このような取調べは、「供述を引き出す」のではなく、「被疑者の供述を捜査官が加工・作出する」というほかないものになる。この「被疑者の供述を捜査官が加工・作出する」

という、本来は異様というほかない取調べを敢行するために、被疑者の身体を拘束し、弁護人や家族との日常的なアクセスを切断して、被疑者と捜査官だけが日常的に対峙する状況をつくりだすことが必須の前提になってしまう。

（9）平野・前掲書一〇六頁。

（10）平野・前掲書一〇六頁。

（11）弁護人立会いは、取調べにおいて被疑者の「何の制約も受けない自由な意思の行使」を可能とする目的で行われなければならない。それは、取調べ受忍義務を負うことに対する「見返り」であってはならない。もし「見返り」であれば、「黙秘権を行使し、弁護人の立会いも得ながら、被疑者は、供述を促す捜査機関の説得を何日も受け続けなければならない」ということになってしまう。また、取調べ受忍義務の「見返り」であれば、立会いの機会を与えられながら弁護人が立ち会わないことは「権利の放棄ないし喪失」とされて、（本来、弁護人立会いの如何に関わらず続行すべきものとされる）取調べを続行してかまわないことになる。取調べ受忍義務の枠組みを残す限り、弁護人が立ち会うことは、「弁護人が立ち会う以上、取調べの任意処分的性格は担保されている」という理由で、取調べを長期化するモメント（取調べ長期化を正当化する拠り所）にさえなる。弁護人立会いは、取調べ受忍義務の「見返り」としてではなく、憲法三八条一項の保障する黙秘権、および憲法三四条が保障する身体拘束下の弁護権の内容として、被疑者に保障される権利なのだといわなければならない。

（12）野木新一・宮下明義・横井大三『新刑事訴訟法概説』（立花書房、一九四八年）一一二頁。

（13）渡辺修『被疑者取調べの法的規制』（三省堂、一九九二年）はしがきⅰ頁。

（14）渡辺修「被疑者取調べと弁護人の立会権について」神戸学院法学二三巻四号（一九九三年）八九頁（同『捜査と防御』（三省堂、一九九五年）所収）。

（15）現実の刑事事件では、被疑者が黙秘権を行使しても、それだけでは取調べは終了しない。このような現実を前に、「供述を望む被疑者に対してまで、黙秘を勧め、取調べを拒否させることは、無意味だ」と考える弁護人も多いであろう。また、被疑者自身にとっても、たんに黙秘を続けるというのは、消極的・受動的でしかない態度となるために、難しい場合が多いであろう。

しかし、被疑者は自己の供述を正確に証拠化したいと考えているのであって、取調べ官のいわば「加工・作出」が避けられない「調書化」を望んでいるのではない。そうであれば、自白しようとする被疑者に対しても、捜査機関の取調べでは黙秘を貫くよう助言すべき場合があるといわなければならない。黙秘させたうえで、被疑者自身に供述書を作成させるか、弁護人が被疑者の供述録取書を作成して、必要な場合、これを検察官に提出することになる。被疑者が黙秘を貫く限り、この書面を検察官は受理せざるをえない。また、自ら供述書を作成する、あるいは、弁護人に対して供述することは、被疑者にとって積極的・能動的に、それゆえ主体的に行動するということを意味する。そのような主体的行動をとる機会があることは、被疑者にとって、捜査機関の取調べに抗して黙秘するという態度を貫くうえで、重要な拠り所にもなる。そのような機会を被疑者に対して確保することは、捜査弁護の重要な実践になる。

被疑者の供述を証拠化する方法として、「被疑者の供述書ないし弁護人の供述録取書」か、あるいは「弁護人立会いを条件とした捜査機関の取調べ」か、いずれによるにせよ、身体拘束中の被疑者について留意すべきことがある。身体拘束中は、被疑者自身が関係者・関係資料にあたって事実を確認するということができないか著しく困難であるため、記憶だけに頼ったその供述が不十分なものとなる恐れは拭えない。それゆえ、被疑者に代わる弁護人の十分な準備が、証拠化の前提となる。したがって、捜査機関が収集し、捜査上の処分の理由とした捜査資料（捜査機関の手持ち証拠）、少なくとも、身体拘束処分の理由とされた資料は、弁護人に対し（捜査段階で、被疑者供述の証拠化の前に）開示されなければならない。

（16）渡辺『被疑者取調べの法的規制』二一一頁。
（17）渡辺・前掲書二一二頁。
（18）渡辺・前掲書二一八頁。
（19）渡辺・前掲書二一九頁。
（20）渡辺・前掲書二一六頁以下。
（21）渡辺・前掲書二一三頁。
（22）渡辺・前掲書二一一頁。

第六章　被疑者取調べと自己決定

一　ドイツにおける実効的捜査弁護

1　ドイツで一九九七年に刑事専門弁護士にインタビューしたさい、被疑者の取調べについて、次のような説明を受けた。(1)

「通常の場合、警察、検察官または裁判官による取調べの時期を、〔弁護人との〕合意の上で取り決めることについて、何の問題もない。毎回の取調べの時間についても、もちろん何の問題もなく、調整のうえ決定することができる。たとえば、被疑者が決まった時間だけ取調べを受けたいというような場合は、そのことが必ず考慮に入れられる。また、被疑者は黙秘権をもっているので、取調べのテーマを限定することも、また特定の事項についてだけ供述することもできる」、と。

このドイツにおいても警察の取調べは、被疑者から自白を得ようとする証拠収集目的の手続になっている現実がある。被疑者の自白は決定的な不利益証拠であり、事件の具体的処理やその処理期間を予測させる基礎資料として、刑事手続の効率化にも大きく資するものだからである。

そのため、捜査段階で弁護人が選任されるケースでは、この警察の取調べの現実に対抗して、被疑者の供述について「手続主体の主張」という基本性格を付与することがドイツの捜査弁護の基本課題になるといえる。ちなみに、ドイツ刑事訴訟法一三六条二項は、被疑者取調べの目的について、「被疑者に対し、自己に提起された嫌疑についてその理由を除去し、自己に有利となる事実についてこれを主張する機会を与える」ものであると定める。また、刑事訴訟法一六三条ａの一項は、捜査終結前の被疑者取調べを検察官の義務としており、さらにその二項で、被疑者に証拠調べ請求権を保障する。このような規定も、刑事訴訟法上は、取調べが「法的聴聞」の機会、すなわち主張を展開し、その理由を提示する機会を被疑者に保障するものとなるべきことを窺わせる。このような「手続主体の主張」たる実質を確保するために、被疑者の供述、すなわち被疑事実の認否、犯罪阻却事由や訴訟障碍事由の主張などは、捜査機関側からその手持ち証拠の開示を受けた後に行うべきものとなる。すなわち、被疑者があえて捜査機関の取調べを受けるという場合、捜査弁護の実践としては、捜査機関手持ち証拠の開示を受けたうえで、援助者の弁護人が立ち会うことを必須条件にして、被疑事実の認否など被疑者の主張を聴取させる機会として被疑者取調べを純化させることが課題となるわけである(2)。

言い換えれば、ドイツの弁護人にとって、通常の場合、捜査機関の取調べは被疑者の供述を「証拠化」する手続であってはならない。冒頭の刑事専門弁護人は、「依頼人の被疑者が警察によって取り調べられることは、弁護上の失敗だと考えている」、とさえ言う(3)。

２　それゆえ、ドイツにおける実効的な捜査弁護のあり方としては、①黙秘権の行使による被疑者の包括的な供述拒否を武器にして、②証拠収集目的を払拭できない警察の取調べについてはそれ自体を拒否し、③できる限り早期に捜査機関手持ち証拠の事前開示を行わせたうえで、④捜査の理由や手続に関する被疑者の供述・主張を、被疑者自身の供述書、弁護人自身の被疑者供述録取書・意見書などのかたちで証拠化・書面化し、⑤事件処理の権限をもつ検察官に対しこれら書面を提出する、というものになる。

このように、被疑者の供述・主張を弁護人自身のイニシアティブによって証拠化・書面化して、必要な場合に、訴追機関に提出するという捜査弁護の実践は、同時に、捜査機関の取調べが被疑者の供述を独占的・排他的に証拠化することを認めないということを意味する。(4)

この「被疑者の供述・主張を弁護人自身のイニシアティブによって証拠化・書面化する」というのは、考えれば当たり前のことであろう。依頼人である被疑者の供述をどのように証拠化するのか、それは、被疑者の主体的地位と尊厳を擁護するため選任された弁護人がそのイニシアティブを発揮しなければならない場面、発揮して当然の場面、だからである。

被疑者供述の証拠化を警察や検察に独占させない、そのために生ずる警察・検察の情報不足・情報制限は、弁護人にとっては、手続進行・事件処理について対等の交渉を行うための現実的な条件となる――。これがドイツ捜査弁護のあり方を理解するうえで重要なキーであろう。

二　被疑者・被告人の自己決定

１　この「被疑者供述の証拠化を捜査機関に独占させず、弁護人の援助を得て、被疑者自身がコントロールする」という課題は、被疑者・被告人の自己決定を実現するという上位の課題に包摂される。(5)わが国との関係で、考えてみる。

わが国においては刑事訴訟法一九八条一項が、警察・検察の被疑者取調べ権限を肯定するという文言になっているために、被疑者の法的地位や権利は、この捜査機関の取調べ権限との対抗という関係の中でいわば相対的な意義づけがなされた。すなわち、捜査手続における他方の法的主体である警察・検察との「権利と権限の調整」によって、被疑者の権利保障の内容も決まるという相対的な枠組みがつくられたといえる。この相対的枠組みを破るためには、たんに「主体性を保障する必要」をいうだけでは足りない。被疑者・被告人の権利について、それ自体として自律・独立した、その意味で非相対的な保障の枠組みが新たにつくられなければならないと思う(6)。

また、これまでは、とくに一九八〇年代までは、労働・公安事件などの――権力によるフレームアップにさえ対抗しなければならないために必要とされた――集団的な弁護活動が、刑事弁護の実践上も理論上も、主導的な役割を果たしてきた。しかし、集団的な弁護活動の中では、一人一人の被疑者・被告人の個別利益を擁護することにどうしても限界があったといわなければならない。これに対し、一九九〇年代における当番弁護士制度の展開の中で、一般刑事事件においても広く起訴前の弁護活動が行われるようになる。一人一人の被疑者・被告人の個別利益を擁護し、権利保障の個別性を追及・実現すべき時期になったといえる。

そのさい、たんに被疑者・被告人の主体性保障をいうだけでなく、その実質的・実体的な意義内容を明確にし、一人一人の被疑者・被告人について、その権利保障の個別性を真正面から捉えるようにしなければならないと思う。被疑者・被告人の権利保障の自律的枠組みをつくり、また、その権利保障の個別性を実現しようとする場合、キーとなる概念が「被疑者・被告人の自己決定」である。

2

「自己決定」という場合、いくつかの内容をもつ概念として捉えられなければならない。

被疑者・被告人の自己決定を肯定する考え方は、第一に、主体的防禦の地位や権利は、本来、被疑者・被告人自身から、すなわちその個人としてのあり方から由来するものであり、他の何ものからも、すなわち国家的な政策とか刑事訴訟の構造からも、由来しないということを認める考え方である。個人の尊厳から、幸福を追求する個人としての価値それ自体から、自己決定の権利が出てくる。そして、それは集団的なもの、政策的なものに埋没してはならないものである。

第二に、憲法や刑事訴訟法によって法的地位と権限を創設され、かつ制限される裁判官・検察官・弁護人などは、個人の尊厳・幸福追求権に由来する被疑者・被告人の自己決定を制限できるような地位・権限を、本来、その固有のものとしてはもたないと考える。もし、自己決定を制限できる法的地位や権限を裁判官などがもつという場合、そのためには特別な正当化事由が必要とされなければならない。おそらく、軽率で明らかに誤った自己決定をチェックするというような、後見的理由による制限しか認められないであろう。

しかし、第三に、この被疑者・被告人の自己決定も、それが実現される場合には、現実の法的条件の制約というものを受ける。個人の尊厳・幸福追求権にのみ由来する自己決定ではあっても、その現実化のためには、具体的な制度的担保を必要とするためである。それゆえ、被疑者・被告人の自己決定といっても、現実の訴訟構造を超越するような無限定・無条件なものではありえない。しかし、だからこそ、被疑者・被告人の自己決定は、自らをより深く、広やかに実現できるように、制約となる現実の法的条件について、その変革を不断に求めるものとなる。

なお、この点、すなわち現実の法的条件の中で自己決定も実現（そのため、制約も）されざるをえないという点で、わが国ではとくに厳しい現実があるといわなければならない。わが国の捜査機関・訴追機関は事件の効率的処理のため、被疑者・被告人の自白獲得にとくに強い関心をもつ。さらに、捜査機関は公的費用の裏付けの下で、組織的に捜査活動を行い、必要があれば強制処分権限も駆使できる。現実には「武器の優越」があるために、捜査機関・訴追機関は被疑者・被告人側の知り得ない情報を獲得し、この情報をコントロールすることができる。このように、自白に依存した効率的な事件処理、権限や情報の偏りという法的現実の下で、被疑者・被告人はたんなる「情報源」、たんなる「証拠方法」として扱われることになりかねない。その扱いは、事案の真相を解明するという（それ自体として正当な）公的な課題設定の下で、いっそう徹底したものになる。

このような現実の法的条件に鑑み、被疑者・被告人の自己決定が外在的に制約される危険は、わが国では大きいといわなければならない。被疑者・被告人の自己決定を可能とする規範的な保障や制度的な担保、すなわち自己決定のための基盤の確保が、わが国においてはとくに必要となる。自己決定を実現するため取り組むべき課題は重大だ、といわなければならない。

三　供述の証拠化における自己決定

1　すでに述べたように、被疑者・被告人は自己の供述を証拠化するプロセスや証拠化の内容・結果を積極的にコントロールできなければならない。それが、被疑者・被告人の自己決定の当然の内容になるというべきであった。このことからいくつかの帰結が導かれる。

たとえば、捜査機関の取調べが、被疑者によって、あえて自己の供述を証拠化する手続として利用される場合、その手続は供述に関する被疑者の自己決定を可能とする基盤を備えたものでなければならない。すなわち、被疑者が「何の制約も受けない自由な意思の行使」として供述できるような手続でなければならない[7]。

その基盤（自己決定の規範的保障や制度的担保）となるのが、黙秘権の保障である。黙秘権の意義・機能はあらためて捉え直される必要がある。黙秘権は、たんに「国家に情報提供をしないことを法的に保障する消極的な権利」にすぎないものではない。黙秘権の保障は、「供述か、黙秘か」、供述する場合は「何を供述するのか」について、被疑者・被告人の自己決定を実現させる。そのことによって黙秘権は、供述を証拠化するプロセスで被疑者・被告人に自らの尊厳とその主体的力量を回復させる機能をもつと捉えるべきである。同時に、黙秘権保障は、捜査機関の取調べには依存しない証拠化の独立したルート――弁護人が主導するルート、つまり、「弁護人に対し存分に供述させる」「弁護人が被疑者自身に供述書を書かせる」「弁護人が被疑者の供述を調書に録取する」など――を、被疑者・被告人側が確保できるようにするという機能ももつことになる。そのため、自己決定から捉え直した黙秘権の意義・機能を貫徹するためには、黙秘権の保障内容の中に、被疑者取調べを直ちに終了させることも入ってこなければならない。(8)取調べ受忍義務を課すことは、法律上も事実上も、許されてはならない。

2　また、被疑者取調べに弁護人を立ち会わせることも必要となる。この弁護人の取調べ立会いについては、矛盾して聞こえるかもしれないが、捜査機関による取調べを即時かつ確実に終了させるために立ち会うというべきである。言い換えれば、弁護人は、捜査機関の取調べに被疑者供述の証拠化をとりあえず委ねるのか、あるいは、捜査機関による取調べに依存せず自ら被疑者供述を証拠化する必要があるのか、判断するために立ち会うのである。後者の判断をした場合、立会弁護人は捜査機関の取調べを即時かつ確実に終了させなければならない。

3　自己の供述の証拠化について、被疑者・被告人自身の自己決定を実現できるためには、わが国の捜査モデルが根本から変革される必要もある。新たな捜査モデルでは、捜査手続における真相解明は、被疑者の自白に依存せずに行われるものでなければならない。

この自白の欠如、自白に固執しないことは、たしかに、間接事実による認定を工夫したとしても、なお警察の捜査や検察官の事件処理を困難にするであろう。しかし、被疑事実に関連する証拠方法・証拠資料に関する情報、被疑者の主張・供述に関する情報、被疑者の個人的事情に関する情報、犯行後の被疑者の行動に関する情報などについて、弁護人の援助を得て被疑者が、必要と考える限りで、捜査機関や訴追機関に対しこれを提供する。このような被疑者・弁護人の積極的な関与によって、捜査手続における情報不足・情報制限は補充される。その点で、被疑者・弁護人も主導的な役割を果たす捜査モデル、すなわち事件処理における「共同決定」モデルというものが成立する。

いわゆる司法取引の問題も、このような被疑者・弁護人が主体的に関与する事件処理の「共同決定」モデルの中に位置づけることができる限りで、許される余地があるといえる。なお、事件処理の「共同決定」モデルという実質をもつためには、前提として、捜査機関の取調べが被疑者供述を独占的・排他的に証拠化することを許さず、また、現実に行われる捜査機関の取調べからは強制的契機をおよそ排除しなければならない。そのうえで、検察官側手持ち証拠の起訴前開示による情報の対等と、事件処理基準の（実体的な）合理化およびその（手続的な）透明化・客観化が、「共同決定」モデルの実質を形成するうえで、不可欠の条件になる。

4　最後に、違法な取調べに対するサンクションとしての証拠排除が、事後的な救済手段として、十分に機能するということが、取調べにおける被疑者の自己決定を実現するうえで重要な条件になるということも確認しておきたい。

この点で、自白がなされることによって適法な権限行使の要件が生ずるという場合に、その権限行使による「利益」を裁判官などが「約束」したために獲得された自白について、これを許容する余地があるかどうか、検討されてよい。たとえば、自白がなされるならば、逃亡の相当な疑いの勾留理由が消滅して、勾留を取り消すことになるという約束を——手続の予測を超えて——勾留理由開示公判で裁判官がしたために、被疑者が自白したという場合である。法的な現実として「被疑者が自白することによって、裁判官などの権限は被疑者に有利に行使される」というルールが実質的に存するのであれば、そのルールの下で「約束による自白」がなされても、それは被疑者の自己決定を不当に歪めるものではないために、起訴後の公判手続において許容される余地がある。

これに対し、検察官の不起訴の約束については、検察官の訴追裁量権（とくに起訴猶予裁量権）の行使のさいに考慮すべき事項が現実には極めて多岐にわたっており、自白したことが「訴追の必要」を直ちに消滅させるという関係は、一般的にも、存しない。検察官の不透明な裁量権行使による不起訴の約束は、被疑者の主体的な判断や事件処理への主体的関与をむしろ制限し、歪めるものとなる（その意味で、「検察官の不透明な裁量権行使による不起訴の約束」は、司法取引の実質——「共同決定」モデルの枠組みの中で許されることがある司法取引の実質——をもたない）。それゆえ、検察官が不起訴を約束して自白を獲得したことは、たんに約束に違反して起訴したという処分の欺罔性だけでなく、現状では、被疑者・被告人の自己決定もないがしろにしたものとして、起訴後の公判手続において自白排除の理由になるといわなければならない。

四　刑事手続における自己決定と市民的連帯

以上のような、被疑者・被告人の自己決定の強調に対しては、捜査・訴追・裁判という権力作用に対抗しなければならない被疑者・被告人の権利がもつ「共同性」あるいは「市民的連帯の機能」を見失わせる、という批判が可能であろう(9)。

たしかに、わが国における被疑者・被告人の権利保障は、現実にはなお、社会的連帯に媒介されなければその保障を貫徹することは困難であるという認識を、筆者も共有する。しかし、現行刑事訴訟法が施行されてから五〇年以上が経過して、なお被疑者・被告人の主体性が確立されない現状を考える場合、主体性の実質的・実体的内容としての自己決定の議論を深めることは、やはり、それ自体として必要なことだと思われてならない。

被疑者・被告人に権利としての自己決定を保障する考え方は、共同性や社会的連帯を喪失したばらばらな個人を予定してはいない。犯罪の疑いをかけられた被疑者・被告人も、不可侵の尊厳を担うべき個人として市民社会の構成員(共同性や社会的連帯の担い手)である。この、深いところから来る信頼と尊重が、刑事訴訟における「無罪の推定」原則、「無辜の不処罰」原理を要求するとともに、「個人の尊厳」「幸福を追求する個人としての価値」に基礎をおく被疑者・被告人の自己決定について、これを市民的な権利として捉え、保障することを、国家に対して要求するものとなる。

このような被疑者・被告人の自己決定の議論と内容を深めてこそ、被疑者・被告人の権利がもつ「共同性」あるいは「市民的連帯の機能」を実現することもできると思われてならないのである。

（1）拙稿「ドイツにおける実効的捜査弁護――被疑者供述の証拠化と取調べ」竹澤哲夫先生古稀祝賀記念論文集『誤判の防止と救済』（現代人文社、一九九八年）一六〇頁〔本書第四章〕。

（2）以上について、拙稿・前掲論文一六二頁以下。

（3）拙稿・前掲論文一五九、一六一頁。

（4）拙稿「ドイツの捜査弁護」刑法雑誌三九巻一号（一九九九年）八一頁〔本書第一〇章〕。

（5）弁護人が主導して被疑者の供述を「証拠化」すべきことについて、実定法上の正当化根拠は、わが国の刑事訴訟法三二二条に求めることができる。被疑者の供述録取書の証拠能力について、三二二条は、不利益性、特信性、そして不利益事実の承認を内容とする場合は、任意性を要件として、これを肯定する。三二二条は、供述録取の主体、すなわち被疑者供述の相手方をとくに限定しない。この規定の含意について、あらためて捉え直す必要がある。三二一条と違い、三二二条は捜査機関を特別扱いにしない。弁護人が録取した被疑者供述書面も、三二二条の要件の下でひとしく許容される。むしろ、不利益な事実の承認を内容とする場合に任意性の要件を加重した点で、三二二条は、捜査機関主導の被疑者供述の証拠化には慎重な姿勢を明らかにし、反対に、弁護人主導の証拠化には積極的であるということができる。三二二条は、被疑者・被告人に対し、自己の供述について、起訴前の段階から多様な証拠化の機会を保障しようとする規定として捉え直すべきであろう。

（6）わが国では、当事者主義のあり方について、先ず、裁判官の権限論（職権の制限・委譲、訴訟対象など）が問われ、次いで、検察官の権限論（検察官の法的地位、公訴権濫用、証拠開示など）が問題にされた。その後、被疑者・被告人の手続主体としての権利論（接見交通など）が直接に問題にされるようになる。しかし、この点の議論はなお緒についた段階だといわなければならないように思う。

（7）アメリカ合衆国の連邦最高裁一九六四年マロイ判決（Malloy v. Hogan, 378 U.S. 1, 84 S.Ct. 1489）は、黙秘権の意味について、「何の制約も受けない〔被疑者・被告人の自由な〕意思の行使として供述する途を選択する場合を除いて、沈黙をまもる」という権利であると敷衍した（378 U.S. at 8）。言い換えれば、黙秘権は「何の制約も受けない自由な意思の行使」として供述できるいわばフォーラム（明確な法的形式をもつ状況ないし場面）を求める。黙秘か供述か、被疑者個人の自由な選択を可能とするフォーラムが保障されない限り、被疑者・被告人の「自己負罪供述としての自白」は個人のモラル（内心の道徳）に基づく主体的決断の結果だとはいえないためである。そのようなフォーラムを用意することは国家の責務であり、本来、その責務を果たさない限り被疑者・被告人に供述を求めること自体が国家には許されない。

（8）アメリカ合衆国の連邦最高裁一九六六年ミランダ判決（Miranda v. State of Arizona, 384 U.S. 436）は、尋問を開始する前であれ尋問の途中であれ、被疑者が何らかのかたちで黙秘する意向を示した場合、取調べは止められなければならない（must cease）、とした。「取調べを止めさせる（cut off）権利がなくては、身体拘束中の取調べという枠組みが〔その供述強制的雰囲気のゆえに〕、供述するかどうか選択する被疑者個人の自由を押しつぶすものとなってしまう」ためである（384 U.S. at 474）。連邦最高裁の一九七五年モースリイ判決（State of Michigan v. Mosley, 423 U.S. 96）も、取調べの継続か終了か、被疑者の選択に委ねられるからこそ、「被疑者は、取調べ開始の時期（time）、取調べの事項、取調べの〔継続〕時間をコントロールすることができる」、と判示した（423 U.S. at 103-4）。

（9）小田中聰樹教授は、「人権というものは、連帯とか共同とか言う社会的契機を本質的に含んでいると思う。その意味で、人権は社会的なもので、私としては人権の社会性を強調したい。人権が個人による自己決定という概念に矮小化されたときに、ときに、人権のもっている連帯性、共同性、社会性も切り捨てられ逆のものになっていく危険性がある」と発言された（上田國廣・川崎英明「小田中聡樹氏に聞く・刑事司法改革の鍵をどう発見するか」季刊刑事弁護八号〔一九九六年〕一六三頁）。この発言に対する筆者の答えは、本文で叙述した。

また、福島至「刑事司法改革の理念――司法取引・有罪の答弁導入の是非など」法律時報七四巻七号（二〇〇二年）二七頁以下は、①刑事手続における自己決定とは「公判審理を受ける権利」を放棄するか、刑罰など「刑事法上のスティグマ」を負うことを意味し、権利性を肯定できるのか疑問であるうえ、有罪方向の事件処理に関与（共同決定）するというのでは、そもそも無辜の不処罰原理と相容れない、②人身の自由や生命まで取引材料とすることを強いられる被疑者・被告人は、任意で真摯な自己決定などできず、対等の当事者として「司法取引」に臨むことはできない、③有罪答弁制度を支持するような自己決定の考え方は、無辜の不処罰原理を内包しない論理であり、デュー・プロセスの理論とも内在的な関係をもたない、と批判される。この批判は、刑事手続における自己決定について、「有罪の答弁制度」に関係させて狭く捉えたうえで、その意義や価値を疑問だとし、その疑問を自己決定の考え方全体に及ぼそうとするものである。しかし、そのような批判は、「個人の尊厳」「幸福を追求する個人としての価値」に基礎をおく被疑者・被告人の自己決定について、国家的な政策や権限から独立・自律し、国家的な政策や権限を規制・制限するという、その深い意義・広やかな射程を正しく捉えたものではない。また、被疑者・被告人の自己決定について、これを市民的権利として擁護するように要求するわれわれの考え方は、有罪答弁制度を無条件に正当化するものではない。むしろ、事件処理に関する国家の権限独占を否定し、被疑者・被告人の主体的・積極的な関与を求めるという点で、（国家の刑罰権を効率的・一方的に実現する梃子とされる危険がある）有罪答弁制度について、その現実のあり方を、否定も含めて、決定しようというものなのである。

第七章

接見指定制度の問題性と違憲性——物理的不能説から違憲説へ

一　最高裁杉山判決の意義——接見保障の枠組みの再構築

１　一九七八年の最高裁杉山判決（最一判昭和五三・七・一〇民集三二巻五号八二〇頁）は、弱点——被疑者の取調べまで接見指定理由にしたという弱点や、被疑者の現状（身体に対する具体的な処分・処遇）を把握しない「捜査主任官」（被疑者留置規則二九条二項）に接見指定の可否の判断を委ねてしまったという弱点——をもちながらも、基本的には、身体を拘束された被疑者と弁護人の接見交通について、権利保障の枠組みの再構築を目指したというべき重要な判例であった。

この最高裁杉山判決の基本的意義は、第一に、接見交通権について、「弁護人に依頼する権利」の保障を「抑留又は拘禁」の絶対的な前提条件とした憲法三四条の保障に「由来するもの」と説示し、その憲法との関係を明らかにしたことである。(1) 憲法三四条は、「抑留」（逮捕）だけでなく「拘禁」（施設収容を伴う留置ないし勾留）の絶対的な前提条件として、「弁護人に依頼する権利」すなわち弁護人の実質的援助を受ける権利を保障する。憲法三四条は、身体拘束が継続する留置のあいだも、弁護人の実質的援助を受ける権利を「直ちに」すなわち即時に保障するというのである。それは、弁護人との接見交通権を保障しつづけなければならないことを意味する。その意味で、身体拘束中はいつでも弁護人との即時の接見交通を保障することが、被疑者の身体拘束に合憲性を付与する絶対的な条件となる。この第一の意義は看過されがちであり、あえて強調しておきたい。

最高裁杉山判決の第二の意義は、弁護人接見による「捜査の中断」「中断による顕著な支障」が接見指定の理由だとして、いわゆる「物理的限定」説に与したことである。最高裁杉山判決のいう、弁護人の接見により「中断」する捜査活動とは、被疑者の取調べや検証立会いなど、被疑者の身体を現実に必要とする捜査活動にほかならない。物理的限定説は、被疑者の身体を現実に利用する捜査活動が弁護人接見と物理的に競合する場合に限定して、刑事訴訟法三九条三項の接見指定理由があるとする考え方であった。身体に対する処遇・処分の物理的競合という、弁護人も争わない客観的事実にもとづき機械的・形式的基準で接見指定理由の存否を判断させる——、というのが物理的限定説の考え方である(2)。このような物理的限定説の本領は「捜査機関の裁量排除」にこそある。これに対し非限定説（捜査全般の必要説）は、罪証隠滅の恐れを含む捜査全般の必要を理由とする接見指定を許し、接見指定を捜査機関の裁量に委ねるものであった。この非限定説（捜査全般の必要説）を最高裁杉山判決は排斥した(3)。ちなみに、最高裁杉山判決以後、下級裁判例も物理的限定説にたった。たとえば、京都地判平成元・五・一六判時一三二八号九六頁は、「昭和六一年七月当時最高裁判所及び下級裁判所において、〔物理的〕限定説が確立されていた」と述べる。浦和地判平成四・三・二三判時一四四〇号一一六頁は、「罪証隠滅の防止の目的で指定権を行使することは許されない」とする。札幌高判平成五・五・一九判時一四六二号一〇七頁は、一九八三（昭和五八）年一一月に接見指定処分を行った検察官に対し、非限定説（捜査全般の必要説）に従った点で過失を認定した。

最高裁杉山判決の第三の意義は、捜査機関に対し、被疑者と弁護人の即時接見を保障する措置をとるように義務づけたことであり（最高裁杉山判決は、「捜査機関は、弁護人等から被疑者との接見の申出があったときには、原則として何時でも接見の機会を与えなければならない」と説示する）、刑事訴訟法三九条三項の接見指定処分についてさえ、迅速な接見確保の措置となる実質をもつべきものとしたことである（接見指定理由がある場合には、「弁護人等と協議してできる限り速やかな接見のための日時等を指定し、被疑者が防御のため弁護人等と打ち合わせることができるような措置をとるべきである」と説示する）。この第三点に踏み込んだことで、最高裁杉山判決は接見交通権保障の枠組みの再構築を目指すものになったといえる。(4) 捜査機関の接見指定処分権限について――「円滑で効率的な捜査活動を確保するため被疑者の防禦権を制限できる権限」などではなく――、即時接見を保障できない場合に、次善の方策として、「迅速な接見を確保する具体的措置をとるため捜査機関が自らの捜査活動を抑制・統制すべき権限」と捉えなおされる必要があったといえる。

2　しかし、この最高裁杉山判決による「接見交通権保障の枠組みの変化」は、最高裁判所自身によっても十分には自覚されることがなかったといわなければならない。

たとえば、一九九一年の最高裁浅井判決（最三判平成三・五・一〇民集四五巻五号九一九頁）は、被疑者取調べの予定時刻の約二〇分前に弁護人が接見を申し出ながら――すなわち、取調べ中ではないのに――、具体的指定書を持参しないことを理由に接見を拒否されたというケースで、間近い時に取調べ等をする確実な予定があることも接見指定理由になる場合がある、とした。切迫するとはいえ将来の――しかも捜査機関の欲する密度で日常的に行われる――被疑者取調べの「予定」まで接見制限理由に含めた最高裁浅井判決は、被疑者取調べを接見制限理由にした最高裁杉山判決の弱点を拡大するものであった。(5) 捜査機関の即時接見保障義務の内容について、重大な後退があったことを意味する。(6)

3　ただし、一九九八年七月八日に最高裁判所は「安藤・斉藤事件」において、刑事訴訟法三九条三項の違憲性の問題について、大法廷に「論点回付」（裁判所法一〇条一号、最高裁判所裁判事務処理規則九条二項、同三項）を行った。

この安藤・斉藤事件では、弁護人の事前の接見申出に対し、被疑者取調べの予定を理由に検察官が接見指定処分を繰り返した。たとえば、一九八七年一二月九日午後一時に弁護人が申し出た接見希望日時は、同日午後四時以降ないし一〇日午前中〔検察官の指定日時は一〇日午後四時以降〕。一一日午前九時半に申し出た接見希望日時・時間は、一二日午前・午後の一時間〔指定日時・時間は一三日午前一〇時から同一一時五〇分の間の一時間〕。一四日午後四時四〇分に申し出た接見希望日時・時間は一六日午後一時から同六時までか一七日午前・午後のうちの一時間〔指定日時・時間は一七日午前九時から同一〇時の間の四五分間〕、などである。

接見希望日時まで十分な時間的余裕を捜査機関側に与えた――その意味で捜査機関側に配慮した――事前の接見申出があったにもかかわらず、検察官は、被疑者取調べの予定を円滑に消化することを最優先した。即時接見を保障する具体的措置をとるとか、接見指定処分が迅速な接見確保の措置となる実質をもつように捜査活動を自ら抑制・統制するということはなかった。このような検察官の接見指定処分は、最高裁杉山判決による「接見保障の枠組みの変更」をまったく顧慮しないものとして、不当・違法というほかない。安藤・斉藤事件の無配慮な接見制限処分を適法とした仙台高裁判決（仙台高判平成五・四・一四判時一四六三号七〇頁）も、最高裁杉山判決の枠組みから大きく後退したものとなった。

それゆえ、安藤・斉藤事件における最高裁判所の大法廷論点回付については、最高裁杉山判決による「接見保障の枠組みの変更」に関する不十分な理解を正し、接見指定制度の問題性・違憲性を真正面から検討の俎上にのぼせることが課題になるといわなければならなかった。

二　最高裁杉山判決の射程と物理的不能説

1　大法廷論点回付の課題を敷衍するためにも、最高裁杉山判決が示した接見実務改革の方向をあらためて確認しておく。

最高裁杉山判決によれば、被疑者の身体に対する処遇・処分を行う捜査機関は、即時接見を保障する具体的措置をとって、被疑者と弁護人の接見交通権を実効化すべき義務を負う。この義務を捜査機関が免れるのは、即時の接見が物理的に不可能であるため義務を履行できない場合に限定されるはずであった。しかし、この場合も、本来の留置場所での即時接見を保障できないという点で、被疑者・弁護人の接見交通権を侵害してしまう事実には変わりがない。そのため、たとえば、被疑者が検証立会い中で不在であって、弁護人も検証現場に駆けつけることができない場合は、留置施設の担当官は直ちに検証実施中の捜査官などに連絡し、弁護人と協議のうえで検証の終了時点を早めさせたり、検証現場から被疑者を本来の留置場所に戻すなどの措置によって、迅速な接見を確保できる日時と場所と時間を確定しなければならない。確定した接見の日時等については、被疑者の身体を必要とする捜査上の処分を行ってはならない――。すなわち、捜査機関は捜査上の処分を抑制・統制して、迅速な接見を確保できる日時・場所・時間を指定し、これを弁護人に対し通知すべきものとなる。このような接見指定処分であれば、「即時接見保障義務に違反する接見交通権侵害の処分」という実質をもたないものになる――。

このような接見指定制度の内容を、筆者は「物理的不能説」として敷衍した(7)。それは、即時接見の実効的保障の枠組みの中に接見指定処分も位置づけるという最高裁杉山判決の基本的なアイデアを、論理的に押し進めたものであった。

2

しかし、最高裁杉山判決は「現に被疑者を取調べ中」であることが接見指定理由になるという。だが、接見中出場所で被疑者を取り調べている場合は、即時の接見を保障できない物理上の障害はない。それゆえ、被疑者取調べを理由に即時接見を拒否することは、即時接見保障義務に違反する接見交通権侵害の処分というほかない。

また、任意処分でしかない被疑者取調べは、本来、接見交通権侵害を正当化できる事由にはならない。この点は後藤昭教授により詳述された。「取調べ受忍義務のないことを前提とすれば、取調べないしその予定と弁護人接見が競合した場合、被疑者は選択の自由を持つのである。被疑者が接見を選択したならば、取調べを強制することはできないから、取調べを理由とする接見指定はあり得ない。被疑者が、仮に本当の自由意思で取調べを選択したならば、接見を強制することはできないから、やはり接見指定の必要はない。結局、受忍義務否定説を前提とすれば、取調べの実施が接見指定の要件としての『捜査のため（の）必要』にあたるとは考えられない」、と。(8)

もともと、強制処分による捜査活動のため被疑者の身体を必要とする場合でさえも、それが接見制限を正当化する事由となることについては疑問がある。(9) なぜなら、身体捜索や身体検査など、被疑者の身体を対象とする強制処分であっても、その固有の内容として接見交通権侵害を含むものではないためである。そのような強制処分に付随する処分として接見を制限できるというのも、被疑者の基本権たる接見交通権の重要性に鑑み、不当である。また、接見制限は、令状発付のさいの司法的抑制の範囲に入ってくるものでもない。裁判官による令状発付は、強制処分の適法性・相当性を確保するためのいわば人権保障のためのものである。その令状発付が、本来は司法的抑制の射程に入ってこない「接見交通権侵害」「接見制限」について、その正当化根拠となるということはできない。すなわち、人権擁護の要求（令状発付）を権利制限の根拠（接見指定理由）に転用することはできない。それゆえ、身体捜索や身体検査などの令状による強制処分についても、それを接見制限の理由とすることは許されない。そのような強制処分の実施中であっても、処分現場で弁護人接見が物理的に可能である点に違いはないため、強制処分を中断して、即時の接見を保障しなければならないはずであった。

いずれにせよ、被疑者取調べが刑事訴訟法三九条三項の接見指定理由になることを認めた点で、最高裁杉山判決はその接見保障の枠組みの中に矛盾を抱えこんだ。しかし、最高裁杉山判決がつくろうとした「接見交通権保障の新たな枠組み」「即時接見の実効的保障の枠組み」は、同時に、その矛盾を克服できる内在的契機（捜査機関の即時接見保障義務の実質化・徹底化の要求）をもつものでもあった。

3　物理的不能説は、最高裁杉山判決の接見保障の基本枠組みに従い、その強化を目指した。ただし、この物理的不能説も——刑事訴訟法三九条三項について、その文言のままでは違憲だということを前提にしつつ——、刑事訴訟法三九条三項の接見指定制度について、合憲限定解釈を行うものであった。[10] ちなみに、憲法三四条の趣旨・要求を充たすような接見指定制度の合憲限定解釈とはどういうものか。

憲法三四条は、身体拘束中はいつでも「直ちに」すなわち即時の接見交通を保障することが、被疑者の身体拘束に合憲性を付与する絶対的条件になるとした。刑事訴訟法三九条三項の接見指定制度がこの憲法三四条の趣旨・要求に適うためには、「即時接見の実現に寄与する」ような解釈ができるのかという問題が立てられ、その問題に対し「イエス」と答えることができなければならない。言い換えれば、接見指定制度の合憲限定解釈と認められる「資格」は、その解釈が即時接見の実現を保障するかどうかである。この合憲限定解釈の基準によるならば、被疑者取調べを接見指定理由とするために即時接見を保障できない「物理的限定」説は、合憲限定解釈と認められない。

人身の自由を制限され、身体を拘束する捜査上の処分に服した被疑者が、その基本的権利である接見交通権を行使しようとするさい、強制的な取調べであれ、裁判官の令状に基づく強制処分であれ、捜査上の処分によってその権利行使を制限されるということは不当である——。むしろ捜査機関や司法機関は、それぞれの観点から被疑者の即時接見を実現する義務を負う——。このような立場をとりきれるかどうか、それが刑事訴訟法三九条三項の合憲限定解釈の基本的な出発点である。

4　この合憲限定解釈の基準による限り、合憲限定解釈というべき解釈論は限られる。管見する限りその一つが、「接見交通権優位」説であった。具体的にはこう主張された。「三九条三項は接見交通を制約する規定ではなく、捜査機関が取調べ、実況見分、検証等を実施して現実に被疑者を立ち会わせている場合など物理的に被疑者の身柄を必要とする場合であっても、なお接見の機会を確保するために、捜査官において中断のための『日時、場所、時間』を指定して接見保障を実現する規定と理解する」べきだ、と。(11)

この接見交通権〔の絶対的な〕優位説は、接見指定処分権限の実質について、「被疑者・弁護人の接見時期等を変更する権限」と捉えず、「物理的に被疑者の身体を必要とする捜査上の処分について、これを即時に中断する義務を捜査機関に課すことと引き換えに、中断の時間を指定――接見を現実に保障する時間を制限――できる権限」と理解する。「即時接見を保障しなければならないが、接見時間は〔指定して〕制限できる」というのが接見交通権優位説の結論であった。これに対し物理的不能説は、「接見が物理的に可能である場合はそもそも、即時接見の申出を拒否できるような接見指定理由がない」とし、捜査機関はおよそ例外なく、弁護人に対し即時接見を保障しなければならないと主張する。接見交通権優位説と異なる点は、「接見時間だけは指定して、制限できる」ということさえ許さない点であった。

この接見交通権優位説や物理的不能説のほか、最近では、移動中・入浴中・食事中などのように「形式的・物理的事情により接見が不能」であり、かつ「接見の制限が積極的な捜査上の成果につながる可能性がない場合」に限って接見指定が許されるという主張もある。(12) この解釈も「捜査上の処分と物理的に競合する場合でも、即時の弁護人接見を例外なく保障する」という合憲限定解釈の条件を充たすものであった。

三　合憲限定解釈としての物理的不能説の意義と限界

1　物理的不能説は、刑事訴訟法三九条三項の接見指定処分について、「即時接見保障の義務に違反する接見交通権侵害の処分」という実質をもつ以上、それは憲法三四条に違反すると考える。そのうえで、即時接見保障の義務違反を問うことができないケースであれば、捜査機関の接見指定処分についても迅速な接見を確保する措置という実質をもちうるため、かろうじて憲法違反の謗りを免れるのではないか、と考えたのである。そのような意味で、物理的不能説は刑事訴訟法三九条三項の接見指定理由について、ぎりぎりの合憲限定解釈を模索した。

合憲限定解釈をあえてした理由の一つは、最高裁杉山判決が「接見保障の基本枠組みの変更」を行おうとしており、その延長線上で接見実務の改革が展望できると考えたためである。もう一つは、接見申出場所に被疑者が不在のために即時接見を保障できない場合、「迅速な接見を確保するため、捜査機関はどのような具体的措置をとるべきか」という問題自体は、たとえ接見指定制度を憲法違反だと断じてもなお残る、と考えたためであった。とるべき具体的措置の内容を、刑事訴訟法三九条三項の解釈というかたちで明らかにすることも可能だと考えたのである。それが、物理的不能説をあえて主張した理由であった。

2　しかし、もともと物理的不能説は、捜査機関に本来は付与されるべきではない接見指定処分権限（権利制限の非当事者的権限）を捜査機関に付与した刑事訴訟法三九条三項について、理論的には正当化できることではなく政策的にしか正当化できない、という考えをもつ。「接見指定という非当事者的権限の捜査機関への付与」は、即時接見保障・迅速接見確保の具体的措置を、接見申出現場の捜査機関に一切の遅滞なくとらせるための「政策的な歪み」だ、と理解したのである。物理的不能説は、一方で、この接見指定制度における政策的な歪みを不問に付すからこそ、他方で、即時接見が物理的に不可能かどうかという機械的・形式的基準で接見指定処分の可否を判断させ、捜査機関の裁量的判断には委ねないものとした。接見指定の処分権者が捜査機関だという接見指定制度の問題性について、極小にすることを目指した。

しかし、もともと即時接見保障・迅速接見確保の具体的措置をとるべき捜査機関の義務は、接見交通権保障の反射として（被疑者の身体に対する具体的な処遇・処分を行う捜査機関に対し）当然に課されるべきものであった。「即時接見保障の義務は、接見指定制度の枠組みの中でしか実現されない」というものでは、本来、ない。言い換えれば、物理的不能説が内在させた政策的配慮は、接見交通権保障の現実との関係でその正当性を問われつづける。即時接見保障・迅速接見確保の具体的措置をとるべき捜査機関の義務が現実のものとして果たされているかどうか——、を物理的不能説はつねに問いかけ、その現実が存しない場合は刑事訴訟法三九条三項の接見指定制度は違憲だ、というべきものであった。ちなみに、刑事訴訟法の条項について、違憲判断をあえて回避して合憲限定解釈を行うという場合は、たとえば、被疑者の権利・利益を不当に制限しない禁欲的な捜査の現実というものがあって、その現実をオーソライズするというような場合に限られるべきであろう(13)。

刑事訴訟法三九条三項は接見指定制度について、抽象的な「捜査のため〔の〕必要」を指定理由にしたうえ、検察官など捜査機関を指定主体とした。この文言のままでは、被疑者の接見交通権の一般的な侵害を惹起する。また、捜査実務上も捜査機関の裁量による接見制限を日常的に許すものになっている。それゆえ、合憲限定解釈を許容するような実体的ないし政策的な根拠は存しない。

そのため、この接見指定実務の現実を支える刑事訴訟法三九条三項について、直截にその違憲性をいうべきものとなる。そうしないで、「物理的限定」説や「物理的不能説」などによって刑事訴訟法三九条三項の合憲限定解釈が可能かどうか、を理論的検討の課題にすることは、問題状況の不当な「糊塗」「拡散」になってしまうと批判されなければならない(14)。

3　即時接見保障の制度的・手続的な枠組みは、安藤・斉藤事件の接見指定処分に典型的に現われたように、最高裁杉山判決から二〇年以上を経た現在もなお捜査の現場においてつくられていない。むしろ、接見制限を違法とする下級裁判例が積み重ねられてもなお、即時接見を保障する制度的枠組みを構築しようとは努めていない捜査の現状が浮かび上がってくる。

たとえば、弁護人の接見申出時において、「その間近い時に本件被疑者を取り調べる確実な予定があったとは認められない」のに、捜査主任検察官が接見を指定したケース（名古屋地判平成三・一〇・一七判時一四二四号九五頁）。捜査全般の責任者という地位にある警察官が、被疑者の「具体的な取調べ状況を確認しないまま、（接見申出時から約二時間後の）午後七時頃まで接見の日時を指定しなかった」ケース（福岡地小倉支判平成元・八・二九判時一三四三号七八頁）。公安部長の地位にある検察官が、「取調が予定どおり行われるのか、その正確な時間等を把握していたわけではなかった」のに、一方的に具体的指定書の受領を要求したケース（名古屋地判平成四・五・二九判時一四二八号九四頁）。取調べ予定さえない被疑者について、捜査主任検察官が弁護人の接見時間を「一〇分」に制限したケース（札幌高判平成五・五・一九判時一四六二号一〇七頁）。弁護人の接見申出・協議要求を約二日間、検察官が放置したのちに、一方的に「一五分間」の接見を指定したケース（名古屋地判平成五・一・二九判時一四七三号一〇六頁）などが挙げられる。いずれも、接見指定処分は違法とされた(15)。

そのために、いま必要なのは、物理的不能説などによる刑事訴訟法三九条三項の合憲限定解釈の追及ではなく、刑事訴訟法三九条三項の接見指定制度が本来もっている問題性と違憲性を明らかにし、接見指定制度の廃止を要求することであるといわなければならない。この直截な方法でこそ、接見実務の現状について、本来あるべきものへの変革を要求でき、接見交通権の実効的保障を現実のものにできる。刑事訴訟法三九条三項の接見指定制度について、その本来的内容（接見指定制度の問題性・違憲性）を政策的に物理的不能説などで「糊塗」すべき時期ではもはやない、といわなければならない。

四　接見指定制度の問題性と違憲性——違憲説の意義と機能

1　刑事訴訟法三九条三項の接見指定処分の問題性・違憲性を明らかにするために、まず、身体を拘束された被疑者と弁護人の接見交通権について、その基本的な意義を確認しておかなければならない。そのためには、捜査段階における被疑者の法的地位と防禦権について、考察しなければならない。

犯罪の相当なまたは確実な疑いをかけられた個人は捜査、訴追、公判、裁判という刑事手続の負担を甘受しなければならない。応訴を強制されることは、刑事司法制度を成り立たせるために市民が負わなければならない基本的義務である。ただし、国家が被疑者・被告人に対し市民的義務として応訴を強制できるためには、その市民的地位を国家自らが保障し、擁護するということが前提条件となる。市民的地位を擁護するという、その基本的意味は、被疑者・被告人に対し市民社会を構成する個人としての尊厳を擁護し、実現することにある。たとえば、「無罪の推定」も、応訴を強制されなければならない被疑者・被告人がもつ市民的な地位・個人の尊厳にもとづく基本的な法原則であった。犯罪の疑いをかけられた被疑者・被告人も、不可侵の尊厳を担うべき個人として市民社会の構成員であるという、深いところから来る信頼と尊重が、刑事訴訟における「無罪の推定」原則を要求するというのである。(16)

被疑者・被告人がもつ市民的な地位・個人の尊厳を擁護し、実現するためには、被疑者・被告人は捜査、訴追、裁判のたんなる客体であってはならない。被疑者・被告人は市民として主体的に刑事手続の遂行・刑事事件の処理に関与できなければならない。それゆえ、刑事弁護の一般的な課題は、刑事手続の遂行・刑事事件の処理に被疑者・被告人が主体的に関わっていくことを擁護し、実現することにある。

この刑事弁護の一般的課題を果たすために、たとえば捜査弁護の具体的な方法としては、①弁護権と黙秘権の保障

（主体的防禦活動の基本的条件の確保）、②防禦対象として被疑事実とその証拠的基礎となる捜査機関側手持ち証拠の開示（防禦対象の明示、そのための証拠開示。捜査機関による捜査活動の結果は、主体的防禦活動の基本的前提として、被疑者・弁護人側に開示されなければならない）、③主張の提示と主張の基礎の積極的な証拠化（たとえば、弁護人自身が被疑者の供述を証拠化する。そのほか、独自な調査活動の確保と刑事訴訟法上の処分である証拠保全を活用した調査活動など）が、三つの基本的かつ一般的な内容となる。

他方、被疑者の権利を制限する捜査上の強制処分について、刑事弁護は特殊な課題を担う。捜査上の強制処分による権利制限の適法性・相当性は、たとえば、令状による司法的抑制で確保されなければならない。しかし、たとえ令状による事前抑制があるとしても、捜査上の強制処分が有する権利侵害の実質に変わりはない。そのため、捜査上の強制処分に対抗して、主体的防禦を貫徹できる法的地位と権利が、被疑者に対して保障されなければならない。その反射として、強制処分を請求・執行する捜査・訴追機関は、被疑者の主体的地位と権利を確保する義務を負う。とくに身体拘束の処分については、①供述（黙秘か自白か）に関する自己決定の制限（直接には、身体拘束下の取調べが固有にもつ強制的雰囲気による制限）、②自由な防禦活動に対する制限（人身の自由の制限にもとづく制限）、③市民的権利（たとえば憲法一三条の「幸福追求権」など）の制限（家族とのアクセスや私的生活の自由など、独立した個人として自らの幸福を追求する条件・手段が制限される）を伴う。この権利制限に対抗する方法ないし制度が、被疑者に対し保障されなければならない。たとえば、身体を拘束された被疑者を擁護する捜査弁護の特殊な課題は、身体拘束からの解放にある。この特殊な課題を果たす本来の方法ないし制度は、①拘禁理由（とくに拘禁理由の根拠とされた具体的な証拠）の開示、②不当拘禁からの解放を要求できる手続（不服申立、保釈など）である。

身体を拘束された被疑者と弁護人との接見交通権は、以上に述べた刑事弁護の基本課題（一般的課題と特殊的課題）と方法（一般的方法と特殊的方法）の全体の中で捉えられる必要がある。

このように捉えたとき、被疑者と弁護人の接見交通権の保障は、捜査上の主体的防禦活動のための基本的前提・基本的条件の一つであることがわかる。身体拘束下にある被疑者にとって、接見交通権の保障なしにはすべての防禦活動が著しく困難になり、無意味にもなる。「無意味になる」というのは、被疑者との接見交通なしに弁護人が行った弁護活動は、一方的・表面的・類型的な活動と批判されなければならないためである。そのような弁護活動自体が被疑者の主体的地位と権利を侵害するものとなってしまう。それは、弁護人自身が被疑者をたんなる「弁護の客体」としてしまうことを意味する。それゆえ、弁護人は、身体を拘束された被疑者と日常的に接見し、書面で連絡しあって、弁護上の重要な戦術・戦略の内容すべてについて被疑者に告げて、その判断・決定を求めなければならない。刑事手続の負担を現実に担い、刑事罰の威嚇に晒されているのは、被疑者にほかならない。この被疑者に対し情報へのアクセスと自己決定を保障・確保しないで、たんなる「弁護の客体」にするような捜査弁護活動は許されない。

２　接見交通権は、身体拘束の権利制限に対抗する具体的な権利というだけでなく、捜査上の主体的防禦活動のための基本的な前提ないし条件の一つであった。この接見交通権が、わが国では刑事訴訟法三九条三項の接見指定制度により侵害される。この接見指定制度の問題性を整理してみよう

第一に、接見指定処分について、「即時接見が可能であるのに、これを保障しない」あるいは「本来の留置場所で即時に接見できるように措置すべきなのに、これを保障しない」という権利侵害の実質をもつ処分として解釈・運用された、という問題がある。

第二に、そのような接見指定処分の権限主体が捜査機関とされた、という問題もある。それは構造的な矛盾とさえいえる。指定処分が権利侵害の実質をもつ以上、その処分主体は本来は裁判官でなければならないからである。捜査機関に接見交通権侵害の処分権限を付与するというのは、政策的にしか正当化できない。しかし、その政策の内容――即時接見を保障し、迅速接見を確保する措置を「直ちに」とらせるために刑事訴訟法は、あえて政策的に、接見指定処分の権限を「捜査機関」に付与した――は刑事訴訟法三九条三項の接見指定制度のうえに十分には反映さ

れていない。たとえば、刑事訴訟法三九条三項は、接見指定処分が「防禦をする権利の不当な制限」になってはならないと定める。しかし、「不当な制限」の具体的内容は明示されなかった。捜査機関の即時接見保障の義務も明文化されなかった。

接見指定制度の第三の問題性は、接見指定理由について「捜査のため〔の〕必要」という抽象的文言が使用されたことである。捜査実務上、この抽象的文言が、接見指定理由の存否について捜査機関の裁量的判断を認める文理上の根拠とされた。

このような幾多の問題性をもつ刑事訴訟法三九条三項の接見指定制度は、身体を拘束された被疑者に対しても主体的防禦活動を尽くさせるため「身体拘束中はいつでも即時の接見交通を保障することが、被疑者の身体拘束に合憲性を付与する絶対的条件となる」とした憲法三四条の趣旨に違反するといわなければならない。

しかし、接見指定制度の違憲性は、憲法三四条の範囲に限定されない。

3　刑事訴訟法三九条三項の接見指定制度は、身体拘束の対人的強制処分の対象とされた被疑者に対して弁護人の実質的援助を受ける権利を——憲法三四条の保障と競合的に——保障する憲法三七条にも違反するといわなければならない。憲法三七条三項が規定する「刑事被告人」の意味は「身体を拘束された被疑者」も含む、という解釈[17]が前提になる。この憲法解釈は実質的な正当性をもっている。この点のみ、以下で敷衍しておく。

捜査活動の本質は公判準備にある。その意味で捜査は、公判手続に媒介されてこそ存在意義をもつ「予備的手続」である。捜査が独立した意義・課題を担うべきものではない。しかし、刑事弁護の課題は、依頼人である被疑者・被告人の法的地位と防禦権の擁護にある。刑事弁護にとって、依頼人を起訴の前後で、すなわち被疑者か被告人かで区別すべき必要も意味もない。刑事弁護の課題にとって、区別すべき必要と意味がある「手続段階」は、被疑者が強制処分の対象になったときであろう。被疑者の身体を拘束する逮捕の対人的強制処分、被疑者の住居の平穏やその身体の尊厳、所持品の秘密を侵害する捜索・差押の対物的強制処分が行われる場合、被疑者の法的地位と防禦を擁護すべき弁護人の責務は決定的に大きなものとなる。被疑者自身が強制処分の対象とされた時点の前後で、刑事弁護の責務・課題は質的・量的に大きく変化する。訴追も、たしかに、重要な手続の節目である。しかし、被疑者の意思に反してその基本的権利を侵害する捜査上の強制処分が行われた段階こそが、刑事弁護の責務・課題を大きく変えるものとなる。検察官の訴追は、被疑者・被告人の意に反する権利侵害・手続負担・応訴強制の一つの態様として、捜査上の強制処分とならぶ不利益処分にすぎない。それゆえ、依頼人である被疑者・被告人の法的地位と防禦権を擁護するという刑事弁護の課題を果たすうえで、「公判手続が主たる手続であり、捜査手続は予備的・準備的手続だ」という区別は重要ではない(18)。

なお、公判中心主義は、そのような被疑者の法的地位と防禦権を擁護する起訴前弁護活動の充実・拡大を許さないのであろうか。そうではない、と思う。市民の権利として、公判中心主義が要求される。権利として捉えられるべき公判中心主義は、捜査機関、訴追機関、司法機関の裁量的権限とその行使を制限する法的論理・原則でなければならない。公判中心主義がもつ権利性を自己否定しない限り、被疑者・弁護人の主体的地位と防禦権を制約する法的論理・原則にはならない。それゆえ、公判中心主義の貫徹と、捜査上の強制処分に対抗する被疑者の主体的地位と防禦権の片面的な強化は、けっして互いに矛盾ないし排斥しあうものではない。

以上に述べたことから、憲法三七条三項についても、その規定する「刑事被告人」の意義は「具体的な強制処分の対象とされた被疑者」、少なくとも、権利侵害性の最も重大な「身体拘束の対人的強制処分の対象とされた被疑者」も含むものとして解釈されなければならない。刑事訴訟法三九条三項の接見指定制度は、刑事手続の決定的な段階で憲法三七条が保障する「弁護人の実質的な援助を受ける権利」、そしてその必須の要素である接見交通権を侵害する。接見指定制度は、憲法三七条にも違反するというべきであった。

4　また、切迫する取調べの「予定」も含め、被疑者取調べを理由に接見交通権を制限する場合、被疑者取調べが権利侵害の強制処分的性格をもつものとなってしまう。接見指定処分が被疑者の黙秘権を侵害することになる、といわなければならない。ただし、被疑者の接見交通権と憲法三八条の黙秘権との関係は、たんに被疑者取調べが接見指定理由とされた場合に「切り結ぶ」だけのものではない。両者は、わが国では、もっと深いところで結びあっている。筆者はかつて、次のように述べた。

——被疑者取調べを警察・検察の一方的な権限行使に任せるべき処分とはせず、その取調べの可否や時期（タイミング）、時間、内容などについて、被疑者自身によるコントロールを認めること、それが、黙秘権を保障する近代刑事訴訟法の本来的帰結である。／逮捕・勾留された被疑者が、身体拘束の本来もつ強制的雰囲気の下で供述の自由を保障されるためには、取調べをコントロールできなければならない。身体拘束下の被疑者の黙秘権は取調べのコントロール権としても現れるのである。もちろん、取調べそのものを拒否することもできる。しかし、供述することもできる。ただし、供述の自由が一〇〇％保障されなければならないから、供述するフォーラムとしての取調べを被疑者側がコントロールできなければならない。それによって、取調べに対し被疑者は主体的に対応でき、黙秘権も真に保障されるわけである。／では、逮捕・勾留中の取調べについて、それを被疑者側が主体的・積極的にコントロールできるための「現実的」な手がかりとなりうるものは何か。「黙秘による取調べの無条件の終了」や「取調べ中の弁護人立会」はその決定的手段となるものであるが、わが国ではそれらはまだ課題にとどまっている。それゆえ、「現実的」な手がかりとなるのは刑事訴訟法が明文（三九①）で保障する「取調べ前の弁護人接見」であろう。つまり、捜査機関と対抗して一つしかない被疑者の身体をいわば「取り合う」弁護人の接見交通権の保障を強めることである。／接見交通権が身体拘束下の被疑者取調べをコントロールする現実的な手段となる、と考えられる根拠は三つある。第一に、接見交通問題は、被疑者とともに弁護人が権利の行使者として捜査機関に対峙するという構造をもつこと。接見交通権は、法曹たる弁護士によっても積極的な形で行使される権利であるため、被疑者一人の行使に委ねられる黙秘権とは異なる。第二に、接見をおよそ拒否することは捜査機関にも規定上は許されていないこと。第三に、接見指定処分の権利侵害性に鑑みて、不服申立手段（準抗告、四三〇）が認められていること。／このような事情から、わが国で弁護人の接見は被疑者取調べの目的つまり自白の獲得をくじくことを基本課題とする、特別な権利として保障されるべきものとなる。それが接見交通権の憲法的機能である。わが国において被疑者側による主体的な取調べのコントロールは、現実には、逮捕・勾留中は接見交通権保障によって初めて可能となる。その意味で、接見交通権も黙秘権のコロラリー〔すなわち、黙秘権保障から論理的に帰結される権利〕となる。あるいは、黙秘権保障の必須の要素だといえる。もちろん、身体を拘束された者に対しては、憲法三四条が保障する弁護人依頼権のコロラリーとしても接見交通権が保障されなければならない。だから、わが国において被疑者の接見交通権は憲法三四条と憲法三八条に由来する権利なのである――、と。[19]

それゆえ、黙秘権侵害の実質をもつ接見指定処分を認める刑事訴訟法三九条三項は、それ自体として（すなわち、取調べを理由とする具体的な接見指定処分を待つまでもなく）憲法三八条に違反する規定だといわなければならない。

5　さらに、接見指定制度の違憲性について、付言すべきことがある。わが国において接見交通権が、捜査上の主体的防禦活動のための基本的前提・基本的条件として、現実に担っている意義と機能は極めて特殊かつ重大であった。わが国の捜査と捜査弁護の現実において、弁護人の接見交通は、秘密の取調べを強制される被疑者の自己決定（黙秘か自白かの自己決定）を支えることができる事実上唯一の弁護活動になっている。さらに、被疑者自身から事件・情状に関する主張や供述を直接に聴取するというだけでなく、捜査機関が取調べにおいて被疑者自身に示唆・提示した捜査状況・捜査資料などを窺い知る重要な機会にもなる。接見交通は、わが国においては、弁護人に対する捜査資料の事前開示がおよそないという立法上、運用上の不備を事実上カバーする弁護活動にもなっている。

このような意義と機能をもつ接見交通権の侵害は、わが国ではたんに一権利の侵害にとどまらない。捜査手続で主体的に防禦し、刑事手続の遂行・刑事事件の処理に主体的に関与すべき被疑者の法的地位と権利そのものを侵害する。それゆえ、刑事訴訟法三九条三項の接見指定制度は、「犯罪の疑いをかけられた被疑者・被告人も、不可侵の尊厳を担うべき個人として市民社会の構成員である」という憲法の基本思想、具体的には個人の尊厳を保障した憲法一三条にも違反することになる。

6　接見交通権の実効的保障を果たす解釈論は、やはり刑事訴訟法三九条三項を憲法違反だと断ずる考え方だといわなければならない。しかし、この刑事訴訟法三九条三項違憲論は、けっして刑事訴訟法三九条三項の（真の）合憲限定解釈論と「断絶」したものではない。むしろ、「即時接見の実現」をいかに保障させるかというその課題の点では共通する。この「連続」の側面をわれわれは正しくみておかなければならない。

同時に、刑事訴訟法三九条三項違憲論は、接見の日時・場所・時間を指定しようとする捜査機関側を批判することにとどまってはならない。刑事訴訟法三九条三項違憲論の基本的役割は、「即時接見の実現」をいかに保障させるか、という点にある。すなわち、即時接見を保障するため捜査機関がとらなければならない具体的措置は何かを積極的に明らかにすることこそ、重要となる。もちろん、いまは、まずは、捜査機関の接見指定処分がそのような措置とはなりえていない現実を明らかにすべきであった。しかし、接見指定制度の違憲性をいうことが終局的な目的ではない。むしろ、刑事訴訟法三九条三項違憲論は、その次の課題として、「即時接見を実現するため捜査機関がとらなければならない具体的措置は何か」を積極的に明らかにしなければならない。その意味で、将来を見通した違憲論でなければならない。

7　そして、この課題を果たすうえでは、身体を拘束された被疑者に対し、できる限り速やかな弁護人の援助が現実に提供され、即時の接見が日常的に要求され実践されるという現実が構築されることが重要なモメントになってくる。その点では、たとえば——今後の改革課題であるけれども——、将来は、夜間や日曜・祭日も含めた、二四時間の当番弁護士出動体制、あるいは被疑者国（公）選弁護人の二四時間の出動体制を目指し、これを確立するというような課題も、視野に入れられなければならない。

そのようなものとして刑事訴訟法三九条三項違憲論が理解され、展開される——つまり、刑事訴訟法三九条三項違憲論は、被疑者の基本権の豊穣な実現を可能にするその通過点なのだ、接見交通権の実効的保障を様々な制度や手続で積極的に実現しようというものだ、ということが理解され、具体的なかたちで展開される——場合には、学説においても、そして実務においても、刑事訴訟法三九条三項違憲論が多数を占めるものとなるだろう。

（1）　自由・秘密な接見交通権が憲法上の権利であることについて、平野龍一『捜査と人権』（有斐閣、一九八一年）四九頁以下、小田中聰樹『ゼミナール刑事訴訟法（上）争点編』（有斐閣、一九八七年）九八頁。憲法三四条制定過程における接見交通権の位置づけについて、憲法的刑事手続研究会『憲法的刑事手続』（日本評論社、一九九七年）二七六頁〔村岡啓一執筆部分〕。

（2）　接見指定理由について「少なくとも現に取調中である場合に限らなければならない。そして、取調中であっても、但書の事由にあたるときは、これを中断して接見させなければならない。この但書の事由にあたる事情があるかどうかは、捜査機関には判断できないから、明らかに理由がないと思われる場合の外は弁護人の主張に従う外はない」とした平野龍一博士の主張が、物理的限定説の嚆矢であろう（平野龍一『刑事訴訟法』〔有斐閣、一九五八年〕一〇五頁）。

（3）　接見指定を捜査機関の裁量に委ねる「捜査全般の必要」説は、①多岐にわたる考慮事項のために接見指定の判断を不透明にし、②明白な裁量逸脱の事案しか救済させず、③複雑な総合判断だということから接見指定の迅速化にも限界がある、という問題点をもつ。なお、捜査全般の必要説のバリエーションである「具体的諸事情の総合判断」説（検察側の主張。法務省刑事局刑事訴訟法研究会編『実務刑事訴訟法』〔立花書房、一九九四年〕一一五頁など参照）は、後述する一九九一年の最高裁浅井判決により「独自の見解」として斥けられた（拙稿「接見指定の要件と手続」ジュリスト臨時増刊・平成三年度重要判例解説一七三頁）。

（4）　即時接見を保障する具体的措置を捜査機関に「義務づけ」た最高裁杉山判決の説示について、従来は——捜査主任官に接見指定の可否の判断を委ね、被疑者取調べまで接見指定理由にした最高裁杉山判決の弱点に鑑み――、接見指定権限の濫用を戒める趣旨程度にしか解されなかった。しかし、接見交通権の実効的保障の枠組みを組み立て直そうという基本趣旨に由来する「義務づけ」というべきであった。

（5）最高裁杉山判決は、検証等に立ち会わせる必要がある場合についても、これを接見により「捜査の中断」が生ずる一場合に含めた。強制処分等の具体的準備も含めて「捜査の中断」が現実に生ずるかどうか、を問うものであるといえた（拙稿・法学セミナー三六巻八号〔一九九一年〕一二七頁）。最高裁浅井判決についても、取調べ予定の切迫性・確実性を可視化する「何らかの準備行為の存在が要求される」限りで、接見指定理由を僅かに拡張したものにすぎないといえた（田宮裕「接見指定に関する最高裁判例」ジュリスト九八九号八一頁）。ちなみに、井上正仁教授も、「取調べ予定の存在は後に争いになったときに立証可能な程度に客観的なものでなければならない」とされた（同「被疑者と弁護人の接見交通」刑事訴訟法判例百選〔第六版〕〔一九九二年〕四四頁）。これに対し、「準備行為の存在」という「程度では〔接見制限拡大の〕歯止めとはならない」と批判される（小田中聰樹『現代司法と刑事訴訟の改革課題』〔日本評論社、一九九五年〕一二六頁）。この最高裁浅井判決については、回数・時間で事実上限定的な検証等だけでなく、無限定な被疑者取調べの「予定」まで接見制限理由に含めた点で、やはり「質的」にも「量的」にも重大な後退があったと批判されなければならない。

（6）最高裁浅井判決では坂上壽夫裁判官の補足意見だけが、取調べの「予定開始時刻を若干遅らせることが常に捜査の中断による支障が顕著な場合に結びつくとは限らない」ため、捜査機関は取調べ開始時刻を遅らせる「ような措置が可能かどうかについて十分検討を加える必要」がある、とした。

（7）村井敏邦編著『現代刑事訴訟法・第二版』（三省堂、一九九八年）一五七頁以下〔高田昭正執筆部分〕。後藤昭教授も――被疑者の取調べ受忍義務を否定する限り、取調べを理由に接見を延期させることは許されないとされたうえで――、刑事訴訟法三九条三項の接見指定が可能な場合は「取調べや実況見分より接見を優先させようとしても、現実的にそれが不可能な場合である。例えば、拘禁施設に弁護人が出向いたが、被疑者が捜査のため連れ出されていて、帰ってくるまで一定の時間がかかる場合や、逃亡を防ぎながら秘密の接見をさせるために、適当な設備のある場所まで連れていかなければならない場合などである。」「これらの場合は、もともと明文規定がなくても、当然に、接見の申し出に対する制約が適法視されるかもしれない。刑訴三九条三項は接見交通権の重要性に鑑みて、そのような当然のことを注意的に規定し、さらに接見交通権の侵食を防ぐため、念のため但書を置いたものと理解すべきである」、とされた（後藤昭「取調べ受忍義務否定論の展開」『平野龍一博士古稀祝賀論文集下巻』〔有斐閣、一九九一年〕三〇一頁以下)。なお、被疑者取調べを接見指定理由と認める物理的限定説が、検察側の論者により「物理的不能説」と表現されることもある(法務省刑事局刑事訴訟法研究会編『実務刑事訴訟法』〔立花書房、一九九四年〕一一四頁)。しかし、〔本来の〕物理的不能説は、接見が物理的に可能である以上、取調べは接見指定理由にならないというものである。

(8) 後藤・前掲論文三〇〇頁。ただし、接見交通権は弁護人自身の固有権でもあるため、被疑者が接見を拒否したとしても、弁護人がなお接見を求める場合、捜査機関の措置としては、弁護人を被疑者の留置場所まで行かせなければならない。

(9) 「被疑者の身柄拘束処分を除いて、被疑者を客体とする強制処分が現に行われている場合と確実に予定されている時間帯に限り、〔刑事訴訟法三九条三項の接見指定理由となる〕捜査の必要がある」という主張がある(渡辺修『被疑者取調べの法的規制』〔三省堂、一九九二年〕二三二頁)。「強制処分優先」説という。接見指定理由を明確な基準で、かつ厳格に絞り込もうとするものであり、その点で傾聴すべき考え方である。しかし、「強制処分優先」説は即時接見を例外なく保障するわけではない。そのために〔本文三で後述する〕合憲限定解釈の条件を充たさない、といわなければならない。また、人身の自由を侵害する最も重大な強制処分(逮捕・勾留)にさえ絶対的に優位すべき被疑者の接見交通権が、逮捕・勾留より「下位」の強制処分(捜索・差押・検証など)には優位しない——、と結論する強制処分優先説には体系的矛盾もある。

(10) 最大判昭和四四・四・二刑集二三巻五号三〇五頁は、「法律の規定は、可能な限り、憲法の精神にそくし、これと調和しうるよう、合理的に解釈されるべき」だ、とした。

(11) 村岡啓一「接見交通——弁護の立場から」『刑事手続・上』(筑摩書房、一九八八年)三三六頁。

(12) 小田中聰樹ほか編著『刑事訴訟法(刑事弁護コンメンタール1)』(現代人文社、一九九八年)三九頁〔大出良知執筆部分〕。

(13) 本来は、応訴が強制される被疑者・被告人の市民的地位・尊厳に由来する基本的権利について、これを「一般的に」侵害する刑事訴訟法の条項については、基本的に合憲限定解釈が許されないと考えるべきである。ただし、なお合憲限定解釈を許す例外的場合がありうるとすれば、刑事訴訟法の条項について——そのままの文言では「一般的な権利侵害」を惹起するため合憲限定解釈を許さないけれども——、その「一般的な権利侵害」が法執行機関の禁欲的態度によって現実化しておらず、実質的に憲法上の権利侵害がないという場合ではないか。すなわち、その場合には禁欲的な捜査の現実をオーソライズするための合憲限定解釈も許されるのではないか、と思うのである。

(14) この点の学説に対する批判として、若松芳也『接見交通権の研究』(日本評論社、一九八七年)一頁以下が重要である。

(15) 列挙したケースは捜査主任官が即時接見保障・迅速接見確保の具体的措置をとらないまま、接見を指定したケースでもあった。これらの裁判例は、「接見申出場所の捜査機関（取調べ担当官や留置主任官）の接見指定権限を制限したまま、被疑者に対する処分・処遇や捜査資料を知悉しない捜査機関（捜査主任官）に接見指定権限を集中させようとする捜査実務」について、それが即時接見を保障する制度的枠組みとは矛盾することを示すものであった。

(16) 「無罪の推定」の機能ないし思想について、光藤景皎『口述刑事訴訟法・中』（成文堂、一九九二年）一二二頁が詳しい。

(17) 憲法三七条三項英文の「the accused」は「勾留質問段階の被疑者」も含む。邦文の「刑事被告人」も、明治刑事訴訟法（一八九〇年）以後の用法に倣い、「被疑者」を含む趣旨といえた。監獄法一条一項がこの伝統的用法による。現行刑事訴訟法の立案者の一部も、憲法草案三四条（現行憲法三七条三項）には「被疑者」も含まれるという見解であった、という。以上について、村井敏邦『刑事訴訟法』（日本評論社、一九九六年）一二三、一三五頁。

(18) 「起訴前弁護」と「公判弁護」の区別について、実質的意義はないというものとして、村岡啓一「国際人権法における弁護人の位置づけ」柳沼八郎・若松芳也編著『接見交通権の現代的課題』（日本評論社、一九九二年）五七頁、八五頁。また、五十嵐二葉「日本刑訴の被疑者・被告人を読み直す」同『刑事訴訟法を実践する』（日本評論社、一九九六年）三一八頁以下も重要である。

(19) 村井編著『現代刑事訴訟法・第二版』一五一頁以下〔高田昭正執筆部分〕。

第八章 接見交通権の実効的保障をめざして

一　わが国の問題状況

1　身体を拘束され、否応なく応訴を強制される被疑者にとって、弁護人と自由・秘密に接見でき、信書を発受できることは、防禦活動を主体的に尽くすうえで基本的な前提となる。この被疑者の接見交通権は国際的にも承認された普遍的権利である。一例にすぎないが、一九九〇年の国連総会第四五回総会決議「弁護士の役割に関する基本原則」八は、「逮捕、拘禁、収監されたすべての人は、遅滞なく、傍受、検閲されることなく、完全に秘密を保障されて、弁護人の訪問を受け、交通し、相談する十分な時間と便益を保障されなければならない」とした。

しかし、この接見交通権を実効的に保障する法的な仕組みが、わが国では不十分だというほかない。刑事訴訟法三九条三項の接見指定制度について、一九七八年に下された最高裁杉山判決（最一小判昭和五三・七・一〇民集三二巻五号八二〇頁）は、捜査機関の欲する密度で日常的に行われる「被疑者の取調べ」を接見指定理由にしたという弱点や、接見指定の可否について、被疑者の現状（その身体に対する具体的な処分・処遇）を必ずしも把握しない「捜査主任官」にその判断をまかせたという弱点をもつ。ただし、杉山判決は、捜査機関に対し、即時接見を保障する措置をとるように義務づけた点、また、接見指定処分についてさえ、迅速な接見確保の措置となる実質をもつべきものとした点で、わが国の接見交通権保障の枠組みそのものを改革する可能性も秘めた最高裁判例であった[1]。だが、その後の最高裁判例の展開は、「杉山判決は、結局、可能性を示しただけだったのか」と落胆させるようなものがつづく。たとえば、一九九一年の最高裁〔第一次〕浅井判決（最三小判平成三・五・一〇民集四五巻五号九一九頁）がそうである。この事案で最高裁判決は、間近いとはいえ、将来の被疑者取調べの「予定」まで接見制限事由に含めた。接見指定処分権限を行使する捜査機関の裁量は、いっそう不透明なものとなった。

２　しかし、他方、捜査実務では接見指定について、運用上の改善が年とともに進み、最近では現場のトラブルは極めて少ないという。たとえば、一九九八年五月の一箇月間について、被疑者勾留人員一〇、二〇八人のうち、具体的な接見指定処分がありうるいわゆる「通知事件」の被疑者は三五人にとどまった。勾留人員に対する割合は〇・三四％にすぎない。この通知事件について、弁護人の接見申出が全部で一一八件あり、そのうち二五件で接見指定がなく、残る九三件で捜査機関の接見指定処分がなされた[2]。この数値を見る限り、接見指定のトラブルは、たしかに、量的には僅かだといえるかもしれない。

しかし、だからといって、「原理的な問題として、接見交通権をどう捉えるかという争い〔だけ〕が残った[3]」のであり、それゆえ、議論が観念的に先鋭化し、刑事訴訟法三九条三項の違憲論さえ主張・展開されるようになったという評価は正当ではない。

なぜなら、問題とされるべきは、接見指定の量的側面ではなく、質的側面だからである。接見指定制度の運用も含めて、即時接見を保障し、あるいは少なくとも迅速接見を確保するような捜査上の準則化・制度化が進んでいる現実があるのかどうか、が問題なのである。このように捉えた場合、個別の事件ごとに捜査機関の不透明な裁量によって接見交通権を制限する指定処分が行われるだけでなく、[4]現状では、接見交通権の実効的保障を果たすような組織的、実務的な対応も、いまだ、不十分だというほかない。たとえば、弁護人接見を求める被疑者が、拘禁施設の電話を利用して自ら弁護人と連絡することはできない。拘置所での接見については、その日時・時間に重要な制限がある。検察庁に独立の接見設備がないという不備（施設側の懈怠）を理由に、接見を拒否することさえ行われる。接見のさい、防禦上必要な書類について、これを弁護人が直接被疑者に手渡すことはできない。鑑定人を同行して接見に立ち会わせることもできない。弁護人と発受する信書について、秘密性を確保する措置がとられない。接見問題については、なお実質的な解決をみていない法的現実があるといわなければならない。[5]

このような現状の下で、一九九九年に安藤・斉藤事件で最高裁大法廷判決（最大判平成一一・三・二四民集五三巻三号五一四頁）は、一五人の全員一致で、刑事訴訟法三九条三項の接見指定制度は憲法に違反しないという判断を下した。[6]この最高裁大法廷判決を評価し、またその後、安藤・斉藤事件（最三小判平成一二・二・二二判タ一〇四〇号一一七頁）を含む七事件[7]で最高裁小法廷が接見指定問題について下した具体的判断の当否を検討することが本章の課題となる。その評価・検討に先立ち、比較の対象としてドイツにおける接見交通の「法的現実（Rechtswirklichkeit）」を管見しておきたいと思う。

二　ドイツにおける接見交通の法的現実

1　接見交通の自由と制限[8]

ドイツ刑事訴訟法一四八条一項は、身体を拘束された被疑者・被告人に対し、弁護人との書面および口頭の交通を権利として保障する。[9]同条項は、弁護人に対しても被疑者・被告人と交通する固有権を保障するものと解された。[10]

接見交通権は、仮逮捕され警察署の留置施設に拘禁中の被疑者についても当然に保障される。ただし、留置中の被疑者をいま取り調べているとか、他の捜査活動を行っているという理由で、弁護人の接見を拒否する問題がドイツにおいても起こりうるという。[11] しかし、刑事訴訟法一三七条が、手続のいかなる状況においても（in jeder Lage des Verfahrens）弁護人の援助を受ける権利を保障するため、そのような接見拒否があれば違法だ、と断ぜられた。[12]

連邦最高裁の一九七三年決定（Beschl. des BGH v. 13. 8. 1973, NJW 1973 S. 2035［2036］）は、「完全に自由な弁護活動（völlig freie Verteidigung）」を保障することが刑事訴訟法一四八条の趣旨であり、弁護を目的とする限り、接見交通は自由であると判示する。[13] 接見交通の自由について、三つの裁判例を紹介しておく。

(1)　接見の日時・時間について弁護人は、原則として、拘禁施設が弁護人接見に関し設定する通常の面会時間（anstaltsübliche Besuchszeiten）に従わなければならない。[14] ただし、弁護人接見を相当に困難にするような面会時間の設定は許されない。ちなみに、弁護人接見は一日一回、二時間までと設定されるのが通常である。[15]

設定された面会時間外の接見申出を施設側が拒否したケースを紹介する。被告人（別事件で終身刑を執行中）と弁護人の接見時間を拘禁施設（刑事執行施設）側が、一般の面会時間と同様に「平日の一二時三〇分から一六時三〇分まで」と限定した。午前九時の接見を拒否された弁護人が異議を申し立てる。施設側は、一般の面会時間の範囲内でも通常は弁護人接見に支障がないうえ、理由を示せば例外的に午前中も接見を認めており、弁護権の［重大な］侵害はないと主張した。これに対し、カールスルーエ・ラント裁判所の一九八四年決定（Beschl. des LG Karlsruhe v. 22. 11. 1984, StV 1985 S. 381）は、以下のように判示して、施設側の接見制限を違法とした（［　］は引用者の補足）。

①弁護人は接見の日時・時間と頻度（Zeit und Häufigkeit）を制限されない。夜間の接見を制限されるのは事柄の性質上当然だが、その他の時間帯は接見を制限してはならない。②施設側の主張を認めては、「面会の日時、回数及び時間」を限定する施設の内規（Hausordnung）に弁護人を服させるものとなる［ため、不当である］。刑事執行法（Strafvollzugsgesetz）が一般面会（刑事執行法二四条）と区別して、弁護人、弁護士及び公証人の接見について特別規定（刑事執行法二六条）をおき、接見する権利を認めたのは、内規の制限に服さないで接見できるとした趣旨であ

る。③この結論は刑事訴訟法一四八条にも適うものである。施設側の設定する面会時間は弁護人が接見のさい一応考慮に入れるべきものだとしても、弁護人接見を相当に困難にするような〔本件の〕日時・時間の設定は許されない。施設の保安・秩序を確保するため弁護人接見について〔日時・時間などの〕外部的規制（äußere Regelung）を行うという場合、その規制が接見交通権を侵害する恐れがある場合には、「完全に自由な弁護活動」〔を確保するため、接見交通権を保障する刑事訴訟法一四八条〕の目的が優先されなければ〔ならず、それゆえ、右規制は許されないといわなければ〕ならない、と。

（2）　仮逮捕や勾留直後の弁護人接見については、通常の面会時間外であってもこれを認めなければならないと述べた判例として、ツヴァイブリュッケン上級ラント裁判所の一九九七年決定（Beschl. des OLG Zweibrücken v. 12. 3. 1997, StV 1997 S. 313）が注目される。未決拘禁施設側は、弁護人接見については祭日を除く月曜から金曜まで、午前・午後とも数時間の幅の面会時間を設定していたのに対し、弁護人が、勾留中の被疑者と土曜の正午以降に接見するため、裁判官〔捜査判事〕の接見許可（Besuchserlaubnis）を求めたという事案である。一九九七年決定は、次のように述べる。

①施設側が設定した右面会時間は適切なもの（gerecht）であり、法律事務所の面会時間と同様である以上、弁護人が施設側の設定した右面会時間に拘束されても通常の場合、弁護活動を相当に困難にするとは認められない。②ただし、仮逮捕や勾留の直後は、弁護人の即時の援助を必要とする特段の事情がある。捜査の開始時に「弁護の空白」を生じさせないためにも、被疑者は即時の弁護人の援助（sofort anwaltlichen Beistand）を求めることができなければならない。それゆえ、弁護人となろうとする者との接見や弁護人との初回接見は、〔施設の管理・運営について〕組織上の困難がある土曜・日曜の週末であっても例外的に認められなければならない、と。

（3）　このほか、弁護人接見に対する外部的規制の例として、施設側に対し弁護人は、自分が被収容者の弁護人であることを証明しなければならない[16]。フランクフルト上級ラント裁判所の一九八一年決定（Beschl. des OLG

Frankfurt/M v. 25. 9. 1981, NStZ 1982 S. 134）は、未決拘禁施設に収容された依頼人と接見するため弁護人が右施設に赴いたさい、裁判官〔捜査判事〕が発する接見許可書（一回の接見を許すEinzelsprecherlaubnisscheinや、一定期間内で自由に接見を許すDauersprecherlaubnisschein）[17]を持参・提示しないため、施設立入りを拒否された事案[18]について、そのような接見制限を違法とした。以下のように判示する。

①刑事訴訟法一四八条は、弁護人に対しても、身体拘束中の依頼人と一切の妨げなく交通する固有の権利を付与する。この法的地位は、〔被収容者はその弁護人と特別の許可なく、また、制限や監視なしに口頭で交通してよいと定める〕未決勾留執行令（UVollzO）三六条でも確認された。未決勾留執行令は拘禁施設職員及び検察官を拘束する行政命令（Verwaltungsanordnung）であるため、弁護人は施設側に対し、刑事訴訟法一四八条〔による接見交通権の保障〕を具体化する執務上の措置を要求することができる。②特別な裁判官の命令が存しない限り、私選弁護人選任（Vollmacht）や国選弁護人選任命令（Bestellungsanordnung）〔の書面〕の提示により、弁護人であることが証明される（未決勾留執行令三六条二項一文）。〔弁護人であることを確認させる、裁判官または検察官の〕接見許可書（同二項二文）の提示まで必要になるのは、弁護人としての選任に事実上または法律上の疑い——たとえば、〔三人までという弁護人の数の制限を破るという〕刑事訴訟法一三七条違反とか、〔共犯者や共同被告人の弁護を重複して受任するという〕刑事訴訟法一四六条違反の疑い——が存する例外的な場合に限られる、と。

２　接見の同行者

裁判官の（口頭による）接見許可もない以上、弁護人が接見に通訳人を同行することを認めないとした未決拘禁施設側の措置について、フランクフルト・ラント裁判所の一九八九年決定（Beschl. des LG Frankfurt/M v. 16. 5. 1989, StV 1989 S. 350）は、次のように判示して右措置を違法とした。

①ドイツ語に通暁しない被勾留者が弁護人と相談するには通訳人を必要とする。②この通訳人は未決勾留執行令二

四条の「訪問者（Besucher）」ではなく弁護人の「補助機関（Hilfsorgan）」である。未決勾留執行令三六条一項により、被拘禁者は特別の許可がなくとも弁護人との接見を認められる〔のであり、この規定の射程に補助機関たる通訳人も含まれる〕。③本件で、通訳人の身上（Person）に疑問があり施設の保安・秩序を危うくする、という具体的理由は存しない。本件の通訳人は、通訳資格の証明書をもち、〔通訳の公正・完全を期すことについて〕一般的な宣誓をしたという証明書も携帯する以上、不信を抱く謂われはない、と。

なお、右宣誓をまだしていない通訳有資格者を通訳人として同行する場合、弁護人接見に立ち会わせるためには、通訳人について必ず裁判官の接見許可がなければならない、とされる。[19]

裁判官の接見許可書が発せられる限り、たとえば、接見内容をその場で同時筆記させるため補助者を同行することも認められる。[20]

弁護人は接見に鑑定人を同行することもできる。[21]ちなみに、弁護人は、嘱託した鑑定人が単独でかつ（一般面会の三〇分を超えて）長時間、監視なしに被拘禁者と接見できるよう、裁判官に接見許可書の発付を求めるケースも少なくない。この場合、裁判官は直ちに許可書を発付するのが通常だという。[22]鑑定人を同行し、弁護人接見に立ち会わせる場合も、長時間、監視なしの弁護人接見に関与させる以上、右許可書が必要とされる。

３　書面交通の保障

ドイツにおいて、未決拘禁施設に収容された被疑者・被告人と弁護人との書面交通は――刑法一二九条ａのテロ結社罪の被疑事件・被告事件を除いて――、内容を検閲するなど、施設側のコントロールというものに服さない。[23]

被疑者・被告人が弁護人に宛てた書面、および弁護人が被疑者・被告人に宛てた信書であって、表に「弁護人〔宛ないし発〕信書（Verteidigerpost）」と記載された書面は、封書のほか電報や大部のコピーの類であっても、これを施設側が開披することはできない。[24]その他の書面であれば、施設側が開披して、内容を検閲する。

「弁護人信書」と表書きされた信書について、拘禁施設側がチェックできるのは、その信書の発受信者の間に、実際に弁護人としての適法な選任が存するかどうかを確認することだけである。選任関係があると確認できない場合（たとえば、施設側に弁護人選任が通知されていない場合など）は、その旨の通知を添えて、書面をそのまま、すなわち開披せず封をしたまま発信者に返却・返送する。(25)

適法に選任された弁護人が発した書面かどうか、調べるため、あるいは、施設内に持ち込んではならない物件を同封していないかどうか、調べるためであっても、「弁護人信書」と表書きされた書面を施設側が開披することは許されない。信書の内容の調査のため施設側が被疑者・被告人の立会いのもとで開披する、ということも許されない。(26)

要するに、「弁護人信書」と表書きされた書面については、どんな場合であっても——適法な弁護人選任があるかどうか施設側が確認できない場合なども含め——、これを開披することは絶対に禁止される。なお、押収の対象とすることも禁止される（刑訴九七条一項二号）。

ドイツでは、身体を拘束された依頼者（被疑者・被告人）に対し弁護人は選任後すぐに、秘密性を絶対的に保障されるこの「弁護人信書」の制度について教示しなければならないとされる。すなわち、弁護人に宛てた、事件の実体に関する書面（通信）については、書面の内容を検閲させないために、そのすべてに「弁護人信書」とはっきり表書きしておくことが必要だ、と教示すべきだとされる。(27)

ただし、ドイツに関し留意すべきこともある。それは、依頼者（被疑者・被告人）が第三者に宛てた信書を弁護人が取り次ぐ権限はない（それゆえ、そのような信書に「弁護人宛信書」と表書きさせてはならない）、ということである（弁護人が第三者宛信書を取り次ぐことは、ドイツでは、犯罪を構成する可能性があるため）。「弁護人宛信書」と表書きされた第三者宛信書を受理した場合、弁護人の措置としては、次回の接見時に依頼者（被疑者・被告人）に返却すべきだとされる。(28)

4　判例における権利強化の流れ

ドイツでは一九九〇年代に、一連の連邦最高裁判例により、取調べに関係して被疑者の法的地位・主体的権利が強化された。

(1)　連邦最高裁第五刑事部の一九九二年決定（Beschl. des BGH［5. Strafsenat］v. 27. 2. 1992, BGHSt Bd. 38 S. 214）は、判例（Beschl. des BGH［5. Strafsenat］v. 7. 6. 1983, BGHSt Bd. 31 S. 395）を変更し、警察の取調べにおける黙秘権の不告知が供述の証拠評価禁止（Beweisverwertungsverbot）の事由になるとした。交通事故の現場から逃走したと疑われる被告人を警察官が停止させ、黙秘権を告知せずに尋問したという事案である。第五刑事部決定は、個人の尊厳（Menschenwürde）に基礎をおき、人格権（Persönlichkeitsrecht）を保護する黙秘権について、一般に知られた権利ではないため、その告知（刑訴一三六条一項二文、一六三条a四項二文）は公正な手続（faires Verfahren）を保障するものになると述べ、被告人〔供述時は被疑者〕は準備できず援助もないまま孤立して狼狽し、慣れない状況に押しつぶされそうな状況にあり、取調べにあたる警察官が、黙秘権を告知しないで獲得した被告人の供述は証拠評価禁止の対象とすべき強い事由がある、とした[29]。

(2)　同年の第四刑事部判決（Urt. des BGH［4. Strafsenat］v. 29. 10. 1992, BGHSt Bd. 38 S. 372）は、取調べ前に弁護人と接見して助言を得ることを警察官がさせなかったことも、被告人（供述時は被疑者）の自白について、証拠評価禁止事由になるとした。殺人、強姦、監禁等被疑事件で勾留された被告人が、警察署での取調べで権利の告知を受けた後、「供述する用意はあるが、先ず自分の弁護人と話させてほしい」と要求したのに対し、取調べ警察官は「供述するかどうか、判断するのは自分だけだ。弁護人は代われない。〔事実が〕はっきりするまで、取調べは続ける」と述べて、要求を斥けたという事案である。被告人は、それ以上は弁護人の援助を求めず、結局は、詳細な自白をするにいたる。第四刑事部判決は、次のようにいう。

①被疑者が取調べ前に弁護人と話したいと要求した場合、〔捜査機関は〕取調べを直ちに中断しなければならず、

弁護人との連絡・接見を困難にしたり、妨害してはならない。②本件で、警察官が弁護人と接触させないまま、被疑者の取調べを続け、「〔事実が〕はっきりするまで、取調べは続ける」とまで述べたことは、右義務に反する。③被疑者・被告人は弁護人の援助があってこそ、手続主体として刑事手続の過程と結果（den Gang und das Ergebnis des Strafverfahrens）に影響を及ぼすことができる。権利告知後に、弁護人との連絡や接見を妨害され、弁護人の援助を受ける権利を侵害されたときは、その結果獲得された供述について証拠評価禁止の対象としなければならない、と。

5　弁護権行使に対する実効的補助

被疑者の法的地位・主体的権利を強化するこの流れ[30]をさらに強めるかたちで、連邦最高裁第五刑事部の一九九六年判決（Urt. des BGH〔5. Strafsenat〕v. 12. 1. 1996, NStZ 1996 S. 291）は、ハンブルクの「当直弁護士」に電話する機会を与えないまま警察が被疑者取調べを始めたことを違法とし、証拠評価禁止事由にあたるとした。ドイツの「刑事当直弁護」は、低額の弁護報酬で、夜間や休日も迅速な接見と法的援助を保障する刑事弁護人の「市民サービス」である[31]。一九八〇年代に一〇の都市で刑事当直弁護制度が導入され、現在（二〇〇三年二月）、五五の主要都市で実施されている[32]。ドイツにおいても接見交通権の進展は、弁護士の具体的、組織的な実践と結びついてはじめて現実のものになったといえる。

事実関係の詳細は、こうである。ハンブルク在住の被害者は、午前二時、道路に接した裏庭で銃弾四発を撃たれ、殺害された。現場から立ち去る男性二人が目撃される。この男性二人が乗り込んだ自動車の特徴から、自動車所有者の住居が割り出され、運転者を含む三人が逮捕された。第五刑事部判決で問題となった被告人は、犯行四日前にドイツに入国したチシリア出身のイタリア人である。

逮捕された被告人（供述時は被疑者）は、通訳人を通して権利告知を受けた後、取調べ警察官に対し「供述する用意はあるが、嫌疑が重大なので、弁護人を付けたい」と言う。ハンブルクで登録する弁護士全員分を載せたぶ厚い電話帳が被告人に与えられる。被告人は初めこの電話帳を持て余していたが、ようやく氏名からイタリア語を話すと思われる弁護士を見つけ、警察に対し「この弁護士を選任したい」と言う。しかし、すでに午後七時をはるかに過ぎていたため（ちなみに、取調べは午後八時半に終了する）、右弁護士と連絡は付かなかった。弁護人の関与なしに取調べを奏功させたいと考える警察は、それ以上、弁護人選任について便宜を図ることをしなかった。そのため、ハンブルクでは夜間〔法律事務所の勤務時間外となる、夕方から夜間〕に弁護士の当直活動（Notdienst）が行われており、電話連絡できることが被告人に教示されなかった。被告人は、自己の嫌疑を晴らす事柄について供述を始め、ドイツ旅行の理由、〔旅行の〕帰りが夜になった理由、犯行当夜の他の二人の挙動などについて、詳細な取調べを受ける。

この逮捕当夜の取調べが、弁護人の助言を求める権利を被告人に行使させないまま行われ、違法だという理由で被告人側は連邦最高裁に対し上告を申し立てる。第五刑事部の判決要旨は、次のようである。

①被疑者が取調べ前に弁護人と話したいと要求した以上、警察の取調べは直ちに中断されなければならない。中断後、弁護人の関与を待たないで取調べを行いたいのであれば、警察は被疑者に対し弁護人の援助を受ける権利を改めて告知し、被疑者から取調べの実施や再開について同意を得なければならない。ただし、権利を再告知し、取調べに同意を求める前に、被疑者と弁護人とが連絡・接見できるよう実効的方法で補助する（in effektiver Weise zu helfen）警察官の真摯な努力（ernsthafte Bemühungen）が先行していなければならない。

②本件で、警察官はこの真摯な努力を怠った。法律事務所の項目があるぶ厚い電話帳を与えただけでは、何の補助にもならない。むしろ、ドイツ語に通暁しない被告人に対し、短時間で弁護人を確保し助言を得ることはできないと思いこませてしまう。補助を表面的に装うだけで、実は、被疑者の〔弁護人選任の〕意思を挫き、取調べ再開に同意させようとする――、そのようなことは許されない。本件では、刑事当直弁護の電話番号を教示すれば、実効的な補助となるはずであった。弁護人の援助を受ける権利について、その権利の行使を貫徹させる状況をつくらなかった以上、取調べの再開にあたり右権利は任意に放棄されたといえる状況もなかったといわなければならない、と。

このように判示したうえで、第五刑事部判決は、弁護人の援助を受けるという最も重要な権利を侵害した以上、警察官が録取した被告人の供述を証拠評価禁止の対象とすべき理由があると断じた。ただし、被告人側から供述の証拠調べに対する異議申立が第一審で、あるいは適時には、行われなかったため（時機に遅れた異議申立は、証拠評価禁止の手続的要件を欠くものとされる）、結局は、自白排除には至らなかった。

この第五刑事部判決については、捜査機関に対し、被疑者が弁護人の援助を得ることができるよう実効的方法で補助する「真摯な努力」を尽くすよう義務づけたこと、その真摯な努力を尽くす具体的行動がない限り被疑者の権利（弁護人の援助を受ける権利）放棄も取調べの再開も認められないこと、すなわち、弁護人の援助を受ける権利の実効的保障に捜査機関も寄与したことが（その権利の放棄を求める）取調べ再開の前提条件になる、という趣旨を述べたことが注目される。

6　弁護権保障と刑事当直弁護

しかし、この第五刑事部判決と矛盾するような連邦最高裁第一刑事部判決（Urt. des BGH［1. Strafsenat］v. 21. 5. 1996, NStZ 1996 S. 452）が、四か月後に下される。ウルム地方裁判所から殺人、違法薬物譲渡被告事件で終身刑を宣告された被告人が、弁護人の援助もないまま警察で取調べを受けたことを理由に自白を証拠評価禁止の対象にすべきであったと主張し、上告を申し立てた事案である。上告は認容されず、証拠評価禁止の実質的理由はないとされた。

本件の事実関係はこうである。取調べ警察官から権利告知を受けた後、被告人は三度にわたり、弁護人が付かない限り一切の供述を拒否すると述べた。しかし、そのつど取調べは短時間中断されたのみであった。取調べを再開後、被疑者は逮捕される。警察の取調べは夜間に及び、弁護人を得られないまま被告人は自己の身上関係について供述を始め、結局、被告事件についても供述を行ったのである。第一刑事部判決は次のように判示した。

①本件では、黙秘権や弁護人の援助を受ける権利について、明確な言葉で告知がなされ、被告人も告知された権利〔の意義〕を理解した。警察の取調べに強制や欺罔はなく、被告人の意思を挫いたり、疲弊させたり、弁護人の選任を妨害するような違法・不当もなかった。告知された権利をどこまで行使するのか、被疑者は自ら決定できる精神的能力（geistige Kräfte）を十分に有していた。このような事案では、刑事訴訟法上、取調べの続行を禁止することはできない。

②本件の取調べが行われた地域では、夜間、弁護士に連絡を付ける見込みはほとんどなかった。それゆえ、一九九六年第五刑事部判決のような、被疑者に弁護人を付すため真摯な努力を尽くさないまま再開した取調べは証拠評価禁止事由になるという立場に本件では与することができない。

③被疑者が弁護人と相談したいと言う場合、取調べは中断されるけれども、一定の〔考慮〕期間をおいた後に、取調べを再開してかまわない。〔取調べ再開時に改めて〕権利を告知された被疑者は、取調べに対し〔弁護人が付かない限り〕供述を拒否するということによって、何の困難もなく弁護人の援助を受ける権利を貫徹できたはずである。

④本件で、弁護人の助言なしには供述しないという被告人の態度を、取調べ警察官も受け入れ、取調べを中断した。その後〔取調べを再開し〕、権利告知を改めて受けた後、被告人は逮捕される。逮捕された被告人は自己の権利を知ったうえで、弁護人の関与なしに、自己に掛けられた嫌疑を――被告人の考えでは――免責的な供述によって晴らそうとした。このような本件では、かりに手続違反が取調べ警察官にあったとしても、その取調べ結果について証拠評価禁止を帰結しなければならないほど、権利侵害の程度が重大であったとはいえない、と。

当時、ウルムでは刑事当直弁護制度が導入されておらず、その地域での刑事弁護の組織的実践の違いが、弁護人の援助を受ける権利の保障の違いとして現れたといえる。

7　小　括

ドイツでは、①「完全に自由な弁護活動」を保障するために接見交通権が保障される。②拘禁施設側の保安や秩序維持のため、弁護人接見に外部的規制を加えることがあっても、その規制は弁護権を侵害するものであってはならない。③弁護人と連絡・接見し、援助を受ける被疑者・被告人の権利について、その実効的保障のため捜査機関側も必要な補助ないし寄与をしなければならない。その補助・寄与を怠り、弁護人の援助を受ける権利や接見交通の権利を行使させる条件をつくらなかった場合、捜査機関が被疑者を取り調べることも許されてはならない、とまとめることができる。被疑者・被告人の権利について、放棄や制限を求める前提として、捜査機関側に対しその権利を実効的に保障し、貫徹させる現実的条件を確保したかどうかを問うというドイツ連邦最高裁の判例の「論理」には示唆するものが多いといえる。

三　最高裁判決と接見交通問題の今後

1　わが国の捜査実務における接見制限の現状を、近時の最高裁判決はどのように解決しようとするのか。

安藤・斉藤事件の大法廷判決は、第一に、接見交通権の憲法的根拠をあらためて明確にした。大法廷判決は、被拘束者の弁護権を保障する憲法三四条について、「単に被疑者が弁護人を選任することを官憲が妨害してはならないというにとどまるものではなく、被疑者に対し、弁護人を選任した上で、弁護人に相談し、その助言を受けるなど弁護人から援助を受ける機会を持つことを実質的に保障しているものと解すべきである」、という。憲法三四条について、弁護人の実質的・実効的な援助を受ける権利まで保障した規定だということが明言された。刑事訴訟法三九条一項は「弁護人等と相談し、その助言を受けるなど弁護人等から援助を受ける機会を確保する目的で設けられたものであり」、その意味で「憲法の保障に由来する」ことも確認された。弁護人の実質的・実効的な援助の機会を確保するための接見交通権は、憲法三四条の保障内容に当然に入ってくる——憲法三四条に由来するというのはそういう意味だ——、と述べられたのである。

第二に、大法廷判決は、接見指定制度について、「接見交通権の行使と捜査権の行使との間に合理的な調整を図」る制度として、必要性が認められるとした。しかし、そのうえで、その「合理的な調整」についても憲法三四条の制約があること、すなわち、身体を拘束された被疑者に対し弁護人から援助を受ける機会をもつことを保障するという憲法三四条の趣旨が実質的に損なわれない限りで、そのような「調整の規定」も憲法適合的に立法できるとした。この大法廷判決の論理からは、刑事訴訟法三九条三項が実際にそのような憲法適合的な立法となっているかどうか、が問題とされなければならない。

第三に、大法廷判決は、この刑事訴訟法三九条三項について、いわゆる合憲限定解釈の方法(33)をとって、合憲とした。三九条三項は接見指定理由として「捜査のため必要」という抽象的かつ広汎な文言を使う。憲法三四条に根拠を持つ被疑者の基本的権利である接見交通権を制限する要件としては曖昧かつ広きにすぎるため、字義どおりに解釈すれば憲法違反（憲法三四条違反）になるべきものである。この刑事訴訟法三九条三項には、「捜査に顕著な支障が生ずる場合に限って接見指定できる」とか、接見指定のさいも「速やかな接見確保の措置を捜査機関は採らなければならない」という趣旨の文言はない。しかし、大法廷判決はそのような趣旨に接見指定理由を限定することによって、刑事訴訟法三九条三項は憲法違反ではないと解釈した。憲法との関係で、刑事訴訟法三九条三項の効力をいわば救済したのである。そして、そのような合憲限定解釈にもとづく接見指定の運用が現実になされなければ、「憲法三四条前段の弁護人依頼権の保障の趣旨を実質的に損なう」ことになると大法廷判決は述べる。このように大法廷判決は、刑事訴訟法三九条三項はそのままの文言・規定では「憲法に違反する」ということを暗黙のうちに認めたうえで、特定の限定的な解釈・運用がなされる限りで、かろうじて違憲のそしりを免れることができるという趣旨を述べたものだといえる。

２　ただし、安藤・斉藤事件の大法廷判決は、捜査機関を処分権者とする刑事訴訟法三九条三項の接見指定制度について、それが被疑者の主体的地位、防禦上の自己決定を決定的に侵害するものであるという考え方には与さなかった。この点でやはり不十分な判決であったといわなければならない。

しかし、この大法廷判決は、刑事訴訟法三九条三項の接見指定制度について、「捜査のため必要」という条文の抽象的な趣旨のままでその合憲性を全面的に認めたとか、接見指定処分の合憲性の問題について終止符を打ったとかいうようなものではない。むしろ、接見指定処分について、真正面から、ただし個別の処分を取り上げるというかたちで、違憲と判断するケースが増えることを予期させるものであった。

それゆえ、この大法廷判決以後は、個別の事件ごとに、〔弁護人接見の必要性と重要性を主張するとともに〕具体的な接見指定処分が「憲法三四条前段の弁護人依頼権の保障の趣旨を実質的に損なう」ものになっていないのかどうか、問題にすべきことになる。もちろん、このような問題設定自体は、実は、接見制限問題を本当に解決するものではないということも直視しておかなければならない。ともあれ、弁護人としては、「いまこの接見が必要であり、重要だ。捜査機関はまず、即時接見を保障する〔実効的な〕措置をとるべきだ。どうしても即時の接見を断念させるというのなら、次に、捜査機関は自らの捜査活動を制限・抑制などして、迅速な接見を確保する実効的な措置をとるべきだ。接見指定の過程でそのような措置をとったといえるのでなければ、接見指定処分は違法、違憲だ」という主張を、大法廷判決に基づいて行うべきものになったといえる。ドイツでの弁護人の援助を受ける権利や接見交通権の保障方法と共通する「論理」が窺われ、そのような主張の具体化が期待される。

この大法廷判決の枠組みに従う限り、弁護人はまず、即時の接見を保障すべき一般的義務を捜査機関が果たしているのか、問うべきことになる。この点で、注目されるのが第一次・第二次伊神事件の最高裁第二小法廷判決における梶谷玄、河合伸一判事の反対意見である。

梶谷玄判事は——被疑者側からみて、接見交通権について実効化の義務を負うべき広義の捜査機関である——「留置担当官」の一般的義務を問題にし、「弁護人等との接見交通の不当な制限の防止もその職責の中に含まれる」とする。そして、留置担当官は本来は監獄の長と同様に接見について許否の権限をもつため、取調べやその切迫した予定など接見指定理由がないときには、接見を認めるべき権限と義務があるとする。事件を担当する捜査官から事前に接見指定の内部連絡があったとしても同様だという。また、河合伸一判事も、「捜査機関において、間近い時に取調べをする予定が確実なものとなったときに、その旨を留置担当官に予告しておくべきこととなる」としたうえで、現に取調べ中であるのか、間近いときに取調べの確実な予定があるのか、留置担当官は容易に判断できるのだから、それらの事情がない場合に接見指定の要件がないことは明らかであり、直ちに接見を認めればよいとする。これらの反対意見は、捜査主任官が接見指定権限を行使することを認めた杉山判決の弱点を正そうとするものでもあるが、さらに、確実な捜査の予定などを留置担当官に連絡して、即時接見を保障する体制を捜査機関内部で作っておかねばならず、その点の懈怠・不備を被疑者に転嫁するかたちで、その接見交通権を制限してはならないという趣旨を明らかにしたものとしても——もちろん、反対意見にすぎないけれども——注目される。

3　ただし、伊神事件でも法廷意見は、形式的な判断によって捜査機関の接見指定処分を合憲だとした。現実には、そのようなケースが多いことを直視しなければならない。

たとえば、第二次伊神事件では、一九八七年二月に、一般的指定書が出ていた被疑者に対し、接見を申し出た弁護人に午後三時頃からいったんはそのまま接見を開始させたのに、具体的指定書を所持しないことに気づいた捜査機関（留置担当官）が、接見開始から一、二分後に接見を中止させる。一〇数分後の午後三時一五分ころには検察官と電話連絡が取れ、検察官は「接見指定をするため、その日時まで接見させてはならない」と指示し、結局、具体的指定書が届けられる午後四時五〇分頃までの間、約一時間半、弁護人を待機させた、というものであった。このケースで、最高裁第二小法廷の法廷意見は、留置担当官の措置について、合理的な時間の範囲内で検察官の指示を求めるための社会通念上相当と認められる行為であることは明らかである、と判示した。しかし、いったん開始した接見について、捜査上の顕著な支障を生じさせるとは考え難い。また、接見終了後の取調べ開始時刻を捜査機関内部で調整し、遅らせるなどの措置もとられなかった。それにもかかわらず、ただ検察官と連絡をとり、具体的指定書が届けられるまで弁護人を待機させるという〔捜査機関側の対応〕措置だけで、接見指定処分は違法・違憲でなかった、という形式的な判断が下されたのである。

また、第二次浅井事件では、一九八六年一〇月、午前一一時五〇分頃に二〇分間の接見を申し出た弁護人に対し、留置担当官から電話連絡を受けた検察官が接見の具体的指定書の受け取りを求め、弁護人はこれを拒否したため、接見に関する協議が整わなかった。しかし、別の留置担当官が、接見指定を得たものと誤解し、午後〇時二〇分頃から接見を行わせる。一方、検察官は、取調べ予定を斟酌したうえ、午後一時から三時までの間の二〇分間接見を認めるので弁護人に伝達するようにという指示を捜査機関（捜査本部）に行う。接見がすでに始まっているのを知った捜査主任官から連絡を受けた検察官は、午後〇時三五分ころ、接見を中止させる。第一次伊神事件でもそうであったが、この第二次浅井事件でも現実に開始された接見を中止させるという処分が行われた。最高裁第三小法廷は、二〇分間という接見指定時間におおむね見合う接見時間が経過していたことや、留置担当官の過誤により開始された接見が途中で中止を求められることがある点を弁護人も予想できたことから、接見中止の措置（処分）について違法ではないとし、また、検察官があらためて協議や接見指定をしなかった点についても、接見の継続を求めずそのまま弁護人が退去したことなどにも鑑みて、違法な接見妨害ともいえないとした。ここでも、捜査機関の〔接見確保の〕措置について、形式的な判断しか行われておらず、接見指定処分が簡単に適法とされたといえる。

4　一方でこのような形式的な判例も、たしかに、あった。しかし、他方で、第二次内田事件で最高裁第三小法廷が下した判決（最三小判平成一二・六・一三判タ一〇四〇号一一三頁）のように、評価すべきものもある。第三小法廷は全員一致で、「逮捕直後の初回の接見は、身体を拘束された被疑者にとっては、弁護人の選任を目的とし、かつ、今後捜査機関の取調べを受けるに当たっての助言を得るための最初の機会であって、直ちに弁護人に依頼する権利を与えられなければ抑留又は拘禁されないとする憲法上の保障の出発点を成すものであるから、これを速やかに行うことが被疑者の防御の準備のために特に重要である」とした。そして、①一方で、取調べなどを中止、延期させて即時の接見または近接した時点での接見を認めつつ、他方で、接見時間を指定することによって捜査に顕著な支障が生ずるのを避けることができないかどうか検討すべきこと、②これを避けることが可能なときは、留置施設の管理運営上支障があるなど特段の事情がない限り、逮捕後の必要な法定手続を終えた後で、「たとえ比較的短時間であっても、時間を指定した上で即時又は近接した時点での接見を認めるようにすべき」である、とした。

そして、具体的なケースについても、「比較的短時間取調べを中断し、又は夕食前の取調べの終了を少し早め、若しくは夕食後の取調べの開始を少し遅らせることによって」、弁護人を選任するという接見目的に応じた合理的な範囲内の時間を確保することができたのであり、それにもかかわらず、捜査主任官は弁護人と協議する姿勢を示さないまま一時間以上待機させたうえ、一方的に翌日の接見日時を指定した、として、刑事訴訟法三九条三項違反の違法な接見指定処分だ、と断じたのである。憲法三四条に違反する接見指定処分だと明言しなかった点で、曖昧な部分も残すが、やはり即時接見を保障する方向で一歩を進めた判例であるということができる。なお、接見指定にさいし、即時接見を保障するまたは迅速接見を確保するために、捜査機関側が自らの捜査活動を調整、抑制する具体的な行動をとらなかったことも、接見指定が違法とされた一つの理由にされたといってよい。

このように、取調べ中止も含め、捜査機関が自らの捜査活動を制限・抑制するような具体的措置をとることが憲法三四条の接見交通権の実効的保障のためには必要であり、そのような措置をとらないまま漫然と行われる接見指定処分は違法・違憲である――、と判断されるケースが今後増えることを期待したい。

5　憲法違反と判断されるケースが少しずつでも積み重ねられた場合、すなわち、捜査機関の裁量による接見制限が接見交通権実効化の現実的障害となっている状況が、判例のレベルで、明らかにされてくるという場合、限定的に解釈しなければ合憲といえない刑事訴訟法三九条三項の接見指定制度について、法改正によるその改廃が現実に問題とされなければならない時期が来るであろう。それゆえ、接見交通権を確立する実践は引き続き、今後も強められる必要がある。

このような捜査実務、判例の現状に鑑みても、やはりいま必要なのは、刑事訴訟法三九条三項の合憲限定解釈を追及することではなく、刑事訴訟法三九条三項の接見指定制度が本来もっている問題性と違憲性を明らかにし、接見指定制度の廃止を要求することであると思う。わが国において弁護人接見は、たんに被疑者に助言するだけの機会ではない。弁護人接見は、被疑者を「弁護の主体」とするための基本的な前提ないし不可欠の条件になっている。このような接見交通権が、わが国では刑事訴訟法三九条三項の接見指定制度により侵害される。被疑者の主体的地位そのものを侵害することになる接見指定制度について、やはり直截に違憲だとする考え方がとられるべきであろう。

他方で、被疑者との接見をてこにして行われる捜査段階の弁護活動が、もっと豊かに、多様に展開される必要もある。接見はたんに被疑者に助言するだけの機会ではない。被疑者の主体性を実現する捜査弁護を全体として活性化するため、不可欠の前提条件となるのが弁護人接見である。そのことを、被疑者接見にもとづいて行う独自の調査活動を強めることや、捜査機関手持ち証拠の開示を要求するなど様々なかたちで、現実に示してみせる――、そのような弁護上の実践が今後はますます重要になる。その意味で、接見交通権の確立は、それ自体が捜査弁護の目的にとって「ゴール」なのではない。むしろ、被疑者弁護の全体的な活性化のための、一つの「通過点」でしかない。

（１）拙稿「接見指定制度の問題性と違憲性」自由と正義五〇巻二号（一九九九年）一二一頁〔本書第七章〕。

（２）大野重國「被疑者と弁護人等との接見交通権の制限を定めた刑訴法三九条三項の合憲性」警察学論集五二巻六号（一九九九年）四一頁。九三件のうち、弁護人の希望接見時間より短い時間を指定した処分は六件であった。

（３）松尾浩也・ジュリスト臨時増刊・平成一一年度重要判例解説（二〇〇〇年）一八六頁（なお、本文引用中の〔　〕内は引用者の補足）。

（４）二〇〇一年の最高裁二決定（最決平成一三・二・七、最決平成一三・三・一二〔未公刊〕）は、被疑事件と被告事件の勾留が競合するケースで、起訴後の被告事件についても検察官が接見指定処分権限を行使することを認めた。接見交通権を制限する不当な法創造を行った判例として批判されなければならない。参照、渡辺修「接見交通の到達点と実効的保障の展望」季刊刑事弁護二六号（二〇〇一年）三三頁。

（５）接見交通問題の現状について、季刊刑事弁護二六号（二〇〇一年）一六頁以下の「特集・接見交通権を確立するために」の各論稿を参照。

（６）安藤・斉藤事件の大法廷判決に対する評釈は多数に上る。註２、３の評釈のほか、椎橋隆幸「接見交通権の着実な展開」現代刑事法二号（一九九九年）四〇頁、松本一郎「接見交通権の現在と今後の課題」現代刑事法一三号（二〇〇〇年）三五頁、村岡啓一「接見国賠訴訟大法廷判決の評価と今後の課題」自由と正義五〇巻七号（一九九九年）一三四頁、福井厚「接見交通権に関する最高裁大法廷判決を読んで」季刊刑事弁護二〇号（一九九九年）一〇頁など。

（７）日弁連・接見交通権確立実行委員会・接見交通ニュース二八号参照。

（８）ドイツでは、テロ結社罪（刑法一二九条ａ）の被疑者・被告人は、透明な遮蔽板ごしに弁護人と接見しなければならない（刑訴一四八条二項三文）ほか、弁護人と信書を発受するためには右信書を先ず裁判官に提出しなければならない（同項一文）。弁護人接見も含め、一切の接見を遮断する措置を受けることもある（裁判所構成法導入法三一条）。しかし、これらの接見制限は現状では稀有の措置でしかなく、本稿では紙幅の関係上言及しない。

（９）電話による交通（fernmündlicher Verkehr）が刑事訴訟法一四八条一項の「口頭の交通（mündlicher Verkehr）」に含まれるのか、争いがある。オルデンブルク上級ラント裁判所の一九六三年決定（OLG Oldenburg, NJW 1964 S. 215）は、被拘禁者が自分自身の電話回線などをもたず、施設の電話機を利用しなければならないことから、電話による交通の自由がないことは明らかだとした。学説上も否定するもの（Kleinknecht/Meyer-Goßner, Strafprozeßordnung (45. Aufl.), 2001, §148 Rdn. 16〔以下、Kleinknecht/Meyer-Goßnerと略称〕）と肯定するもの（Laufhütte in: Karlsruher Kommentar, Strafprozeßordnung (3., neubearb. Aufl.), 1993, §148 Rdn. 7など）がある。ただし、未決勾留執行令三八条一項が、裁判官などの承認を得て、被拘禁者が外部の者一般と電話通話することを認めており、この条項に基づいて弁護人との電話通話も認められる。その場合、同条項三文の文言（「通話内容はその全部を傍受する」）と異なり、弁護人との通話内容を施設側が傍受することは許されないであろう。弁護人との電話通話は口頭の交通の一つの技術・一つの形式にすぎず、傍受による監視に服さないとした連邦最高裁の一九八五年判決（BGHSt Bd. 33 S. 347〔350〕）が参考となる。電話通話の自由はないが、秘密性は保障される。なお、ドイツの電話交通については、福井厚「電話接見に関する論理的検討——ドイツを例に」季刊刑事弁護二六号（二〇〇一年）六二頁以下が詳しい。

（10）関連判例として、BGHSt, NJW 1973 S. 1656〔1657〕; KG, GA 1977 S. 115〔116〕; OLG Frankfurt, NStZ 1982 S. 134など参照。

（11）Schlothauer und Weider, Untersuchungshaft, 1992, Rdn. 48〔S. 28〕.

（12）Ebenda.

（13）なお、ハム上級ラント裁判所一九八四年決定（OLG Hamm, MDR 1985 S. 434）は、①被拘禁者とその弁護人は、接見のため、傍受の恐れなしに通常の声量で会話できる場所（Raum）と設備を要求することができ、②拘禁施設側は、秘密接見を保障できる場所・設備を整える義務を負うとした。

（14）Kleinknecht/Meyer-Goßner, §148 Rdn. 10.

（15）シュツットガルト上級ラント裁判所の一九九七年決定（OLG Stuttgart, StV 1998 S. 147）が参考になる。マンハイムの司法省所轄拘禁施設の内規として、弁護人の接見室の利用は一日二時間とされていた。複数の被告人と接見しなければならない弁護人が最後の被告人と一時間を若干超えて接見した時点で、接見の総時間が二時間を超えたという理由で、施設側は接見を中断させた。一九九七年決定は、他の弁護人の接見を制約する状況が懸念されたとしても、公判審理中の被告人との接見は必要性が大きいことに鑑み、弁護人接見を中断させるべきではなかったとした。

（16）参照、Seebode, Anmerkung, NJW 1972 S. 1825.

（17）勾留裁判官の接見許可書は、弁護人以外の者が被拘禁者と面会するさいにも、発せられる（未決勾留執行令二四条一項一文）。面会時間はとくに定めがない限り三〇分である（Boujong in: Karlsruher Kommentar zur Strafprozeßordnung und zum GVG mit EG〔4., neubearb. Aufl.〕1999, §119 Rdn. 25）。ドイツ刑事訴訟法は「弁護人となろうとする者」の接見交通権を規定しないため、「弁護人となろうとする者」の接見は右接見許可書を必要とする。一般面会と違い、職員を立ち会わせない秘密接見が保障される（未決勾留執行令三六条四項参照）。なお、実務上は一般面会時間内であれば、接見許可書がなくとも、「弁護人となろうとする者」との秘密接見を保障する便宜を施設側がはかる例が多いという（Wessing, Die Kommunikation des Verteidigers mit seinem Mandanten (Diss.), 1985, S. 136）。被拘禁者が弁護人選任を求める場合には、「弁護人となろうとする者」の接見があるまで、拘禁施設内で、被疑事実に関連する質問などは控えられるという（Wessing, a.a.O., S. 123; 参照 Kaiser, Die Verteidigervollmacht und ihre Tücken, NJW 1982 S. 1367f.）。

（18）一九七〇年代まで、弁護人接見について裁判官の許可書を必要としたという。弁護人選任届だけでは、濫用や偽造などの恐れが拭えないためだ、と説明された（LG Würzburg , NJW 1972 S. 1824［1825］）。ただし、一定期間の接見を求める許可書（Dauersprecherlaubnisschein）の発付要求があれば、理由・頻度・時間などを問わず無条件で発付されたという。

（19）Burthoff, Handbuch für das strafrechtliche Ermittlungsverfahren, 1997, Rdn. 868〔S. 682〕.

（20）Ebenda.

（21）Ebenda.

（22）Widmaier, Zur Rechtsstellung des nach §220, 38 StPO vom Verteidiger geladenen Sachverständigen, StV 1985 S. 526.

（23）Schlothauer/Weider, a.a.O., Rdn. 74〔S. 42〕. なお、接見にさいし弁護人は被疑者に対し、弁護関係の書類（Verteidigungsunterlagen）、すなわち、弁護の準備と遂行に有用なものすべてを渡す（übergeben）ことができる（BGHSt Bd. 26 S. 304; Kleinknecht/Meyer-Goßner, §148 Rdn. 15）。たとえば、電話盗聴の内容を反訳した書面、写真など（Schlothauer/Weider, a.a.O., Rdn. 82〔S. 48〕）。

（24）Schlothauer/Weider, a. a. O., Rdn. 74〔S. 42〕. シュツットガルト上級ラント裁判所の一九八三年命令（OLG Stuttgart, NStZ 1983 S. 384）は、弁護人信書かどうか外部的特徴（äußere Merkmale）をチェックするにとどめず開披までする場合、信書の内容を知ってしまう危険が拭えないとした。同旨、OLG Karlsruhe, NStZ 1987 S. 188など。

（25）Schlothauer/Weider, a.a.O., Rdn. 74〔S. 42〕.

（26）Ebenda.

（27）Schlothauer/Weider, a.a.O., Rdn. 79〔S. 46〕.

（28）Ebenda.

(29) さらに、以下のように判示する。黙秘権を知っている者に対しても、警察官は告知義務を負う。ただし、黙秘権を知っている者は、保護の必要性について、知らない者と同じに扱えない。証拠使用禁止の扱いがそうである。また、公判段階で弁護人・被告人側が、黙秘権不告知のまま獲得された供述の内容が評価されることに同意したり、刑事訴訟法二五七条の定める期間〔時期〕までに異議を出さなかった場合にも、証拠評価禁止は認められない。異議を出すか否かは、弁護の戦術上の問題であり、異議を出さなかったことを理由に証拠評価禁止を認めなくとも、被告人の権利を切り下げるものではない。すなわち、排除の手続的要件として、被告人側は供述排除を公判段階で適時に申し立てなければならない、と。

(30) この流れに属する判例として、連邦最高裁の一九九三年判決（BGHSt Bd. 39 S. 349）も挙げておくべきであろう。黙秘権や弁護人の援助を受ける権利について告知を受けたが、被疑者の精神状態（geistig-seelische Beschaffenheit）がこの告知の意味内容を理解しないものであったときも、取調べで得た供述について証拠評価禁止事由があるとした。

(31) 拙稿「フランクフルトの刑事当直弁護」季刊刑事弁護一二号（一九九七年）一〇頁以下参照。

(32) 参照、http://www.ag-strafrecht.de/notdienst.htm.

(33) 裁判所が法創造（法の改廃）的機能を果たすことに謙抑的でなければならないという考え方から、違憲と考えられる法令についても直ちに違憲とは断じないで、あえて法令の意味を法令の文言から離れて解釈し、裁判所の判断で、憲法に適っていると思われる意味を法令にもたせるという解釈方法を指す。

第九章　身体拘束と証拠開示
——ドイツにおける被疑者勾留の証拠的基礎の開示

一　ドイツにおける勾留の証拠的基礎の開示——勾留手続における開示

１　わが国では、身体を拘束された被疑者は捜査機関や勾留裁判官から被疑事実の要旨について告知を受け（刑訴二〇三条、二〇四条、六一条など）、被疑事実を記載した勾留状謄本の交付を請求できる（刑訴規七四条）。しかし、身体拘束の理由や必要性の証拠的基礎について、告知ないし開示されることは一切ない[1]。勾留理由開示の制度（刑訴八二条以下）も、勾留要件の証拠的基礎を明らかにしない[2]。準抗告審裁判所も証拠開示を命令しない。このような——防禦の可能性や手掛りを閉ざした——手続の下で、本当に一人の人間を拘束しつづけることが許されるのだろうか。

　ドイツの刑事手続では、勾留状そのものに「犯罪事実（Tat）、犯行の日時・場所、構成要件（die gesetzlichen Merkmale）、罰条」と「勾留の必要（Haftgrund）」に加え、「明白な嫌疑[3]（der dringende Tatverdacht）および勾留の必要について、その根拠となる事実」を具体的に記載しなければならない（ドイツ刑訴一一四条二項二号ないし四号）。身体拘束の理由・必要を根拠づけるものとなる限り、捜査の結果として確認ないし推認できた「特定の事実」（刑訴一一二条二項）をすべて勾留状に記載するのである。被疑者に防御を尽くさせるため、勾留の裁判の理由を明示し、[4]捜査の密行性を制限したものといえる。この制限は、国家の安全（Staatssicherheit）が脅かされるという特別な場合にしか「解除」されない（刑訴一一四条二項四号但書）。

刑事訴訟法上、勾留状に証拠を挙示することまでは要求されない。ただし、勾留状に記載された「特定の事実」が、具体的な直接証拠・間接証拠を推測させることはある。また、犯行場所に遺留された被疑者の指紋、被疑者所有の自動車の損傷状況など、具体的な証拠の内容がそのまま「〔明白な嫌疑を根拠づける〕特定の事実」として勾留状に記載される場合もある。[5]

この勾留状の記載内容は、勾留状により身体を拘束（Ergreifung）（刑訴一一五条一項）された際に、あるいは――捜査機関により仮逮捕（刑訴一二七条）されたときは――勾留状の発付（刑訴一二八条一項）後ただちに、被疑者に対し口頭で告知されなければならない（刑訴一一四条ａ一項）。勾留状の謄本も、被疑者に交付される（同二項）。被勾留者の請求がなくとも、遅滞なく勾留状謄本が交付されなければならない。外国人の被勾留者に対しては、翻訳も添えられる（刑事手続準則一八一条二項）。

なお、被疑者の引致を受けた裁判官も、その取調べ（刑訴一一五条二項）において勾留の理由・必要について、証拠により認定した具体的事実を告げるべきものとされる。[6]勾留の理由（明白な嫌疑）の存否を争い、自己に有利な証拠や事実を援用・主張する機会が与えられなければならないためである（同三項、一三六条一項）。この告知のさい、勾留理由とされた不利益な事実・証拠資料のほかに、捜査書類から判明する利益な事情（die entlastenden Umstände）も被疑者に対して告げられることとなる。[7]

2　このようにドイツの刑事手続は勾留の裁判や手続について、「事実の明示」機能を肯定した。ケースによっては「証拠の開示」機能を事実上もつことさえあった。しかし、それにとどまるものではない。実務上は、事案の実体に即した（sachgemäß）防禦を被疑者に尽くさせるため、勾留状に具体的な証拠を挙示するのが「通例」だとされた。(8) たとえば、目撃者の供述により認定した事実だけでなく、その目撃者自身を特定する事項（氏名・住所など）まで勾留状に記載する。証拠書類についても、真否や関連性を争わせるため、勾留状にこれを特定して記載する。(9)

ドュッセルドルフ上級ラント裁判所の一九八四年三月一五日決定（OLG Düsseldorf, JZ 1984 S. 540）は、勾留状に「証拠を挙示することについて、法律上の規定はない。しかし、法的聴聞と公正な手続の原則に鑑み――捜査が阻害されない限り――、証拠まで挙示しなければならない」。なぜならば、「〔身体を拘束された〕被疑者は〔勾留の裁判の基礎となった〕証拠について反証を挙げ、弾劾して、〔その証拠に対し〕自己の防禦〔活動〕を組み立てることができなければならないからである」、と判示した（〔　〕内は引用者の補足。以下、同じ）。本件自体については、十分な「証拠の挙示」があったとした（再抗告棄却）。氏名などで特定された共犯者が被告人に不利な供述をしたことが、勾留状の記載と準抗告審の決定で明示されたためである。なお本決定は、「すべての証拠を挙示する必要はない」と付言した。(10)

ただし、ハンブルク上級ラント裁判所の一九九二年三月二三日決定（OLG Hamburg, MDR 1992 S. 693）は、捜査終結前の証拠開示を検察官が拒否したケースでは勾留状に証拠を挙示する必要もない、とする。(11) 次のようにいう（要約して引用する。以下、同じ）。

> 刑事訴訟法一一四条二項四号の明文による限り、勾留状に証拠を挙示する必要はない。しかし多数の学説が、自白により手続を早期に処理させ、身体拘束の期間も短縮する機会、あるいは〔否認して〕被疑事実について実体に即した弁護を行う機会を被疑者に与えるために、勾留状に証拠を挙示すべきだと解釈する。ただし、法的聴聞の原則にもとづく刑事訴訟法一一四条二項四号の拡張解釈は、他の明文規定、たとえば刑事訴訟法一四七条二項の趣旨を否定してはならない。刑事訴訟法一四七条二項は、捜査の目的（Untersuchungszweck）が阻害される場合、検察

官は捜査終結前の書類閲覧を拒否できると定める。書類閲覧が拒否された場合でも勾留状には証拠を挙示しなければならないとすれば、この弁護人の情報〔へのアクセス〕権の制限を潜脱することになる。その種の事件〔すなわち、捜査の目的のため、捜査終結前の証拠開示が拒否される事件〕では、勾留状に証拠を挙示する必要はない。

二　勾留の証拠的基礎の不開示と勾留処分の無効

1　ドイツの刑事手続は、さらに踏み出す。勾留の証拠的基礎を検察官が被疑者側に開示しない場合、裁判所は勾留の裁判そのものを取り消すのである。すなわち、勾留の証拠的基礎を検察官が開示しない場合、勾留の違法を争う被疑者に、武器対等の対審的（当事者主義的）な裁判手続を保障できない。そのため、身体拘束をつづけること自体が正当化されないものになる——、という。そのようにドイツの証拠開示実務を進展させたきっかけは、一九八九年の欧州人権裁判所（European Court of Human Rights）判決であった[12]。

欧州人権裁判所の一九八九年三月三〇日判決（EGMR［Lamy gegen Belgien］, StV 1991 S. 283）における事実の概要はこうである。ベルギーで一九八三年二月一八日に身体を拘束（逮捕）された被疑者は、拘禁施設の収容が三〇日を経過するまで、一切の証拠開示を受けなかった。ちなみに、二月二二日に、身体拘束（逮捕状発付）の裁判に対し準抗告を申し立て、棄却される。翌二三日に申し立てた再抗告も三月一〇日に棄却される。なお、再抗告裁判所は——準抗告審の手続違背を理由に——原決定を破棄したうえで自判し、被疑者の自白調書と共犯者の供述調書に基づき、身体拘束の処分（逮捕状の効力）を維持するものとした。身体拘束から三〇日を経過した後、すなわち、不服申立がすべて斥けられ身体拘束（勾留）が延長される段階になってようやく、弁護人だけが、勾留延長を決定する期日に先立つ四八時間に限って、捜査書類の開示を受けた。

欧州人権裁判所は、身体拘束の違法を争う準抗告審・再抗告審の手続の段階でも身体拘束の証拠的基礎を開示されないというのは、「武器の対等（equality of arms）」を損ない、準抗告審・再抗告審の手続の「対審的〔当事者主義的〕（adversarial）」な性格を失わせるために、[13] 欧州人権条約五条四項（身体拘束と裁判による救済）[14] に違反する、と断じた。

欧州人権裁判所の判示は、次のようであった（英文判決による要約）。

被疑者の身体拘束の当初三〇日間、弁護人は法律に従い、一切の〔捜査〕書類を検討できなかった。とくに、身体拘束を適法とする準抗告裁判所が依拠した、捜査判事や警察の調書・報告書〔の内容〕を検討できなかった。これらの書類に基づき訴追側が〔準抗告裁判所に対し〕行った陳述や主張について、これを実効的なかたちで（effectively）争う機会が弁護人にはなかった。これらの書類に〔弁護人が〕アクセスすることは、被疑者の釈放か留置か、〔準抗告〕裁判所が判断を下すという決定的段階において必要不可欠なことであった。身体拘束の適法性を争うためには、関係の捜査書類の検討が必要不可欠なのであった。訴追側が捜査書類のすべてに通暁しているのに対し、被疑者側には、身体拘束の理由・必要を適切に争う機会というものが手続上何ら認められなかった。武器の対等を保障しないために、〔ベルギー刑事訴訟の〕手続は真に対審的〔当事者主義的〕なものではなかった。それゆえ、欧州人権条約五条四項違反がある。

2　ドイツ刑事訴訟法の規定では、被疑者を特定する過程で嫌疑の対象からふるい落とされた「第三者に関係する捜査書類（Spurenakten）」の一部や捜査機関の「手控え（Handakten）」を除くすべての捜査書類について、遅くとも捜査終結後には弁護人に対し全面的な開示請求権を認める（刑訴一四七条一、二項）。[15] ただし、捜査終結前であっても、被疑者取調べで録取された供述調書や裁判官の尋問調書、検証調書、鑑定書などはいつでも、無条件に開示されなければならない（同三項）。その他の、第三者の供述録取書や証拠物などについて、捜査終結前の開示の可否は検察官の裁量に委ねられる。検察官は、「捜査の目的」を阻害しない限りで、開示を認める（同二項）。検察官の不開示の処分に対し、実効的な不服申立手段は保障されていない[16]。ドイツの実務上、重要事件とくに薬物事犯や組織犯罪などでは捜査終結前に全面的な証拠開示が認められることはなかったという[17]。

しかし、ベルリンのカンマー裁判所一九九三年一〇月五日決定（KG, StV 1994 S. 318）は、勾留の証拠的基礎の不開示は勾留の処分自体を違法にする、と断じた[18]。決定の理由は、次のようであった。

検察官が証拠開示を拒否しても、〔勾留に関する〕裁判所の義務は否定されない。すなわち、被疑者が嫌疑の〔根拠とされた具体的〕事情（Verdachtsumstände）に対し反駁し、勾留の命令を不当と批判し、弁護のための資料を提出し、自白の是非を熟考することができるように、嫌疑の〔根拠とされた具体的〕事情を詳細に叙述すべき裁判所の義務まで免除するものではない。検察官の証拠不開示処分があっても、〔身体を拘束された〕被疑者の防禦権を不当に制限しないために、警察や裁判官の取調べ等において証人の不利益な供述内容が〔口頭で〕開示されなければならない。

本件では、そのような要件〔を充たす口頭の実質的な証拠開示〕は存しなかった。身体拘束後の警察取調べや裁判官の取調べでも、嫌疑の根拠〔とされた証拠的基礎〕は告げられなかった。弁護人に開示された捜査書類も、勾留命令のほか捜索報告書、警察および裁判官面前の被疑者供述録取書に限られた。以上に鑑み、区裁判所の勾留延長決定を破棄する。準抗告審にすぎない本裁判所が嫌疑の根拠〔とされた証拠的基礎〕を告げるべきではないため、事件を差し戻す。差戻しだけが被疑者に対し、法的聴聞を実効あるかたちで保障することができる。差戻審において検察側が頑迷に、捜査を遂げるためには被疑者に対し嫌疑の根拠〔とされた証拠的基礎〕を開示してはならないという場合、勾留命令（Haftbefehl）は破棄すべきものとする。

カンマー裁判所は一九九四年二月七日決定（KG, StV 1994 S. 319）においても、検察官が証拠不開示に固執するときは勾留の処分そのものを取り消すとした。次のように判示する。

刑事訴訟法一一四条二項四号により、勾留命令〔状〕には明白な嫌疑を明らかにする事実が援用されなければならない。この命令にもとづき行われた逮捕の後、被疑者は遅滞なく被疑事実（Gegenstand der Beschuldigung）について裁判官から取調べを受け、自己に不利益な具体的事実（Umstände）について指示されなければならない（刑訴一一五条一項ないし三項）。このことは、被疑者に対する嫌疑の根拠〔とされた証拠的基礎〕について実質的な開示（Bekanntgabe）があることを前提とする。検察官が刑事訴訟法一四七条二項により捜査書類の閲覧を拒否する場合、明白な嫌疑の根拠とされた事実の告知が特別な意義をもつものとなる。なぜならこの場合は、嫌疑の根拠〔とされた証拠的基礎〕の実質的な開示は、〔法的聴聞権を保障する〕基本法一〇三条一項の憲法原則（Verfassungsgebot）、および公正な法治国家的手続の要請に沿うものとなるためである。

本件の勾留状には、「共犯者の陳述」が援用された。しかし、この共犯者の供述〔録取書〕は弁護人に開示されなかった。共犯者が挙げた複数の第三者に対する捜査を危うくするためだとされた。別の証人も、被疑者は薬物取引に関与したと供述し、その供述は勾留命令の前に調書化された。しかし、この供述録取書の存在は被疑者・弁護人に対し秘匿され、準抗告裁判所の棄却決定ではじめて〔供述録取から一箇月後に〕被疑者側に知らされた。勾留命令が対象とした犯罪行為（Tatvorwürfe）に関するこのような弁護〔権の〕制限は、被疑者の法的聴聞権を侵害するために、もはや認めることができない。準抗告棄却決定を破棄し、事件を区裁判所の捜査判事に差し戻す。捜査判事は、被疑者に不利益な具体的事実を実質的に告知し、意見を陳述する機会を与えたうえで、改めて明白な嫌疑の有無について判断しなければならない。嫌疑の根拠〔とされた証拠的基礎〕について必要な範囲の開示を検察官がなおも行わない場合は、勾留命令を破棄しなければならない。

3　同年には連邦憲法裁判所も同趣旨の決定を下した。被疑者の身体拘束をつづける以上、その身体拘束の証拠的基礎を開示すべきことは、確立した判例ないし実務となったのである。[19] 連邦憲法裁判所の一九九四年七月一一日決定（BVerfG, NStZ 1994 S. 551）が扱った事案は、次のようであった。

詐欺罪の嫌疑の〔証拠的〕基礎として勾留状には、証人三人の供述や共犯者五人の陳述（Angabe）などが挙示された。弁護人は一九九四年二月七日に、検察官および——弁護人自身の申立にかかる勾留審査の期日（Haftprüfungstermin）が同月一六日であることを示して——区裁判所に対しても、証拠開示を求めた。弁護人は、欧州人権条約五条四項により勾留審査の判断を下す前に証拠開示が保障されるとした欧州人権裁判所〔の一九八九年〕判例を援用し、証拠開示が拒否された場合は勾留の裁判の取消を申し立てる用意があると述べた。しかし、証拠開示は検察官によって拒否され、区裁判所も同月一六日の決定で弁護人の勾留命令取消の申立を斥けた。この区裁判所決定に対する準抗告、再抗告の申立も棄却された。また、検察官の開示拒否の処分に対する——裁判所構成法施行法（EGGVG）二三条以下の——不服申立も棄却された。そのため、被疑者は憲法抗告を申し立てる。

連邦憲法裁判所決定は、次のように判示した。

> 基本法一〇三条一項は、被疑者・被告人に対し、裁判所が判断を下す前に法的聴聞を受けることを原則として保障する。連邦憲法裁判所の確立した判例により、この法的聴聞権は、被疑者・被告人が意見を表明する機会を与えられた具体的事実（Tatsachen und Beweisergebnisse）だけが裁判所の判断の基礎とされることを要求する。原則として捜査手続における裁判所の判断についても同様である。勾留を命令する裁判のほか、勾留審査や準抗告審において勾留を維持する裁判所の判断も、事前に被疑者に開示され（vorher bekannt）、意見を表明できた事実および証拠（Tatsachen und Beweismittel）を基礎とするものでなければならない。

法的聴聞の具体的な〔権利保障の〕枠組みは、個別の手続規定に任せられる。勾留について刑事訴訟法は、①勾留状の記載事項（刑訴一一四条二項）と勾留状の内容の開示（刑訴一一四条ａ）、②拘束後の速やかな裁判官の取調べ・反証の機会の保障（刑訴一一五条二項・三項、一一五条ａ）、③準抗告審や勾留審査手続における〔捜査結果の告知を伴う〕口頭審理と被疑者側の意見表明（刑訴一一八条ａ）を定め、法的聴聞権保障を具体化した。しかし、これらの規定によっても、十分に内容のある情報が伝えられない場合がある。とくに、証人や共犯者の供述内容や証拠書類の内容の告知は、複雑な事案では、口頭では無理であろう。また、被疑者の拘禁期間が長い場合、その釈放の要求は訴追の利益よりもつねに重要視されるものとなる。それゆえ、勾留の相当性（比例原則違反）を判断させるためにも、被疑者は〔証拠に化体された〕情報にアクセスできなければならない。口頭では事実（Tatsachen）やとくに証拠資料（Beweismaterial）が伝えきれないという場合、書類閲覧権によって別の情報源が被疑者に対し提供されなければならない。

ただし、法的聴聞権を具体化する刑事訴訟法一四七条の書類閲覧権は、捜査終結後にようやく全面的な範囲で保障される。それまでは、捜査の目的を阻害する恐れがある限り、〔検察官は〕書類閲覧を全面的または部分的に拒否できる。捜査した事実を当初からすべて開示するならば、真相解明の刑事訴訟の課題を達成することは困難となり、罪証隠滅の可能性も生ずる。それゆえ、捜査の終結までは、検察官がもつ情報が優越することになるのもやむを得ない。

しかし、勾留の処分を受けた場合、〔捜査〕書類の内容について開示を受ける被疑者の利益（Interesse an Aktenkenntnis）は、事情如何では、捜査終結まで〔その実現・保障を〕延期することができない。なぜなら、勾留の処分は基本法二条二項の「人身の自由」を侵害する。人身の自由について被疑者がもつ権利は、刑事手続における真実発見の法治国家的課題よりも、被疑者の情報〔へのアクセス〕権のほうにより重い意味を与えることになる。公正かつ法治国家的な手続を保障される被疑者の権利、および法的聴聞の権利から、勾留された被疑者の請求権、すなわち〔捜査〕書類を弁護人に閲覧させる権利が引き出される。〔すなわち、〕その〔捜査書類の〕中に含まれた情報を、勾留に関する裁判所の判断に対し実効的に関与する（effektiv einwirken）ために被疑者が必要としており、また、裁判所が〔勾留に関する〕判断で基礎においた事実および証拠についての口頭の告知が十分ではない場合に、その限りで、書類閲覧権が認められる。ただし、通常は、〔全面的な開示ではなく〕勾留の裁判に関連する事実および証拠の部分的開示で十分であろう。〔捜査書類の閲覧について、〕捜査を阻害するという理由から、部分的な捜査書類の開示であっても不可能だと検察官が思料し、刑事訴訟法一四七条二項により証拠開示を拒否する場合、検察官の不開示処分により被疑者側が知ることができなかった事実および証拠に基づいて〔勾留に関する〕判断を下すことは裁判所にはできない。裁判所は、必要な場合には、勾留命令を破棄しなければならない。

以上の原則を原裁判所（ブラウンシュヴァイヒ上級ラント裁判所）は十分には考慮しなかった。検察官の開示拒否は裁判所構成法施行法上の不服申立対象にはならないとしても、基本法一九条四項〔公権力による基本権侵害と救済〕、同一〇三条一項〔法的聴聞権の保障〕に鑑み、「法的聴聞権を侵害する」「法的聴聞権を軽視する」という理由で、勾留手続における法的救済、すなわち準抗告申立や勾留審査によって勾留命令や勾留の〔処分を〕維持〔する裁判所の判断〕の不当・違法を争う可能性が被疑者に保障されなければならない。被疑者に十分な情報が提供されていた場合には、犯罪の嫌疑を部分的でも否定する可能性がないとはいえず、従って勾留命令が破棄される可能性もないとはいえないために、原決定には基本法一〇三条一項違反がある。

三　わが国における勾留の証拠的基礎の開示――防禦権実効化のための開示

１　人身の自由を侵害する捜査上の身体拘束処分について、被疑者が主体的にその違法を争うことができる裁判所の手続を保障すること。その手続において身体拘束の違法を争う被疑者の防禦権を実効化するため、身体拘束の証拠的基礎の開示請求権を被疑者側に保障すること。それは被拘禁者に対する人権保障の国際水準であった。

この普遍的水準を実現することは、「市民的及び政治的権利に関する国際規約」を一九七九年に批准したわが国の責務でもある[20]。その実現のための手続ないし制度の枠組みは――不十分にせよ――存する[21]。勾留された被疑者は勾留の処分の違法を争い、勾留の裁判の取消を求めて、裁判所に対し準抗告を申し立てることができる（刑訴四二九条一項二号）。裁判所に勾留理由（狭義の理由と必要性・相当性）の開示を請求することもできる（刑訴八二条一項）。この準抗告審や勾留理由開示の手続に、勾留の証拠的基礎を被疑者側に開示する機能を果たさせなければならない。

２　身体拘束の証拠的基礎の開示は、わが国においては憲法そのものの要請と捉えられなければならない。憲法三四条は、「拘禁の正当な理由」について「本人及びその弁護人の出席する公開の法廷で示されなければならない」と規定し、拘禁理由の開示を被拘禁者の権利として保障した。この理由開示が権利保障の実質をもつためには、すなわち、被拘禁者が拘禁理由の正当性を主体的に争うことができるためには、被拘禁者に「拘禁の正当性の証拠的基礎」を開示することが必要となる。勾留理由を開示する裁判所が「一件記録から相当な嫌疑がある」「関係者に働きかけるなど罪証隠滅の恐れがある」とだけ述べて、刑事訴訟法六〇条一項各号の要件を抽象的に告知するだけでは、勾留の正当性を被疑者側が主体的に争うことはできない。裁判所は、どのような証拠によりどのような具体的事実を認定して勾留の理由・必要があると判断したのか、その判断の証拠的基礎および――必要な場合は――証拠評価の内容まで明らかにして、被疑者側の独立したチェックにかからしめる必要がある。そのために勾留理由開示裁判所は、勾留の証拠的基礎とされた「勾留請求側の疎明資料」「書類及び証拠物」の内容にまで踏み込んで、口頭による告知を行わなければならない（刑訴八四条一項）。被疑者側はその意見陳述（同二項）のため必要な場合は、勾留の証拠的基礎とされた「書類及び証拠物」について、証拠開示を請求できなければならない。起訴前においても「弁護人の出席する公開の法廷」における勾留理由の開示を必要とした憲法三四条は、勾留の証拠的基礎について、捜査の秘密・訴追の円滑に優越してこれを弁護人に開示すべきことを認めたものといえる。それにもかかわらず、捜査機関が被疑者の証拠開示請求を拒否する、または勾留開示裁判所の証拠開示命令に捜査機関が従わない場合、被疑者の身体拘束をつづけることは憲法三四条に違反するものとなる。勾留は取り消されなければならない（刑訴八七条）。

被拘束者の主体的防禦権を実効化するため身体拘束の証拠的基礎を開示する――、このことは勾留理由開示の手続だけに当てはまることではない。勾留の処分の正当性、とくに「人身の自由」の権利制限の相当性を争う準抗告の手続（刑訴四二九条一項二号）においても、勾留の証拠的基礎について開示を受けることができなければならない(22)。言い換えれば、捜査機関側が被疑者側に開示しない証拠に基づいて準抗告裁判所が勾留の可否・当否を判断することはできない。検察官が被疑者側に勾留請求資料とくに勾留の理由・必要の疎明資料を開示しない場合、勾留は憲法的正当性を失う。準抗告裁判所は決定で勾留を取り消さなければならない（同三項）。

身体拘束の証拠的基礎を被拘禁者に開示し、身体拘束の裁判の違法に対し主体的に防禦させることは、身体拘束の裁判が真に裁判の実質をもつために必要な手続保障である。被拘禁者に対するこの人権保障の普遍的水準を実現する制度・手続の枠組みは、わが国においてもすでに存する。刑事訴訟の担い手たちがこの制度・手続を真に機能させること、それが課題となる。

（1）　被疑者の身体拘束関係資料の開示を求める刑事弁護実践について、高見秀一「逮捕・勾留と『情報の不平等』」刑法雑誌三五巻二号（一九九六年）二八七頁、高野隆「身柄拘束を争うための証拠開示」季刊刑事弁護一九号（一九九九年）四〇頁など参照。また、理論的検討として、渡辺修『捜査と防御』（三省堂、一九九五年）一一〇頁、福島至「被疑者の身体拘束とその理由・記録を知る権利」法学〔東北大学〕五九巻五号（一九九六年）二九七頁参照。

（2）　起訴前勾留の理由開示について、証拠資料まで開示する必要がないだけでなく、「被疑者の場合はむしろ捜査の秘密との関係で、証拠資料の内容を明らかにすることは原則として許されない」という（松本時夫ほか編『条解刑事訴訟法〔増補補正版〕』〔弘文堂、一九八八年〕一二三九頁）。これに対し、勾留の理由・必要について「証拠により認定した具体的事実」を告げたうえ（光藤景皎『口述刑事訴訟法・上』〔成文堂、一九八七年〕七六頁）、その事実を認定した証拠資料まで示すべきだという考え方（平野龍一『刑事訴訟法』〔有斐閣、一九五八年〕一〇一頁など）も有力である。起訴前の勾留理由開示について、「一種の証拠開示の効用をもつ。その意味の重要性がある反面、罪証隠滅との関係でその範囲・程度については、裁判官の健全な訴訟指揮が必要となる」とされた（田宮裕『刑事訴訟法〔新版〕』〔有斐閣、一九九六年〕八九頁）。

（3）犯人の蓋然性が大きいときに、「明白な嫌疑」があるという（BVerfG, NJW 1996 S. 1049f.）。「明白な嫌疑」を否定したケースは、被疑者に「帰責」する共犯者の供述がそのまま自己を「免責」する内容のものである場合（OLG Köln, StV 1991 S. 304; HansOLG Bremen, StV 1992 S. 383）や、写真による識別手続に誘導があり、犯人識別供述の証明力が低い場合（LG Frankfurt, StV 1986 S. 13）などであった。この「明白な嫌疑」は公判開始決定の要件である「十分な嫌疑（hinreichend verdächtig）」（刑訴二〇三条）よりも高度だとされる。公判開始要件の「十分な嫌疑」とは、被告人が犯人である蓋然性が存することをいう（OLG Köln, StV 1991 S. 304）。「合理的疑いを超える有罪証明」となる蓋然性を意味するとされる（Tolksdorf in: Karlsruher Kommentar zur Strafprozeßordnung und zum Gerichtsverfassungsgesetz mit Einführungsgesetz (4., Aufl.), 1999, §203 RdNr. 5 [S. 1047]．〔以下、Tolksdorf in:K.K. StPOと略記〕）。無罪や公判中止の蓋然性が存する場合、公判開始要件は存しない。公判開始要件の「十分な嫌疑」については、終結した捜査の結果に基づきその存否が判断される。すなわち、被告人・弁護人による起訴前の反証活動の結果（証拠調べ請求、意見書など）も考慮される。これに対し、勾留の理由となる「明白な嫌疑」は捜査の途中の時点での判断になる。そのため――同一時点を基準とする限り、「明白な嫌疑」は「十分な嫌疑」より高度であり、より確実な証拠的基礎を必要とするけれども――、勾留の裁判時には「明白な嫌疑」を支えた証拠的基礎が、その後の捜査の進展や被疑者の反証活動の結果、起訴後の公判開始決定時には「十分な嫌疑」を支えないものになることもある（BGH, NJW 1959 S. 35 [37f.]）。その意味で「相対的性格」をもつ。

（4）事実の記載は、身体拘束の裁判書となる勾留状に「裁判の理由」を明記するものといえる（刑訴三四条参照）。一九六四年刑事訴訟法小改正による改革であった（Philipp, Das künftige Haftrecht und seine Folgen, DRiZ 1965 S. 83; Volk, Haftbefehle und ihre Begründungen: Gesetzliche Anforderungen und praktische Umsetzung, 1995, S. 39）。事実の明示は、被疑者に証拠調べ請求権（刑訴一六三条a二項）を行使させるためにも重要だとされた（Kleinknecht, Entscheidungen über die Untersuchungshaft, MDR 1965 S. 783）。立法者には、事実の明示が捜査の密行性を制限しその円滑な遂行を妨げることがあってもやむを得ない、という政策判断があったという。国家の安全が脅かされるときは事実記載義務を免除するという特別な例外のみ規定したことも、一般的には捜査の円滑より防禦の実効化を重視する「政策判断」を行ったことを示すものとされた（Creifelds, Die Begründung des Haftbefehles nach dem Strafprozeß-Änderungsgesetz, NJW 1965 S. 947）。

ちなみに、実例として紹介された勾留状では、明白な嫌疑の根拠となる具体的事実として、「被疑者はいまだ自白してはいない。しかし、犯行場所のすぐ近くで盗品を所持するところを逮捕された。そのさい、〔犯行の兇器の〕ガス銃も携帯していた。証人のシュルツェ〔ガソリンスタンドの従業員で被害者〕が述べた犯人の容貌・姿態と被疑者の身体・着衣の特徴は一致する」、と詳細に記載された（Haller/Conzen, Das Strafverfahren, 1995, S. 255）。勾留状に記載すべき事実の具体性について、OLG Brandenburg, NStZ 1997 S. 107; OLG Düsseldorf, StV 1996 S. 440; LG Bochum, StV 1996 S. 551など参照。

（5）Creifelds, a.a.O., S. 948.

（6）Boujong in: K.K.StPO, §115 Rn. 9.

（7）BVerfG, NStZ-RR 1998 S. 108 f.

（8）Boujong in: K.K. StPO, §114 RdNr. 12.

（9）Schlothauer, Anmerkung, StV 1988 S. 522・なお、証拠評価そのものまで勾留状に記載する必要はない（OLG Düsseldorf, StV 1988 S. 534 u. StV 1991 S. 521）。ただし、ケースによって——矛盾する〔複数の〕証人の証言がある場合などは——、証拠評価まで勾留状に記載することもできるとされた（Boujong in: K.K. StPO,§114 RdNr. 12）。

（10）ドュッセルドルフ上級ラント裁判所は一九九一年七月二三日決定（OLG Düsseldorf, StV 1991 S. 521）でも一九八四年決定の先例を確認した。そのうえで、勾留に対する準抗告を棄却する決定においても〔勾留の裁判の基礎とされた〕証拠を、捜査を阻害しない限り、挙示する必要があるとした。この決定を注釈したシュロートハウアー（弁護士）は、「捜査を阻害しない限り」という「条件」に反対する。——被勾留者の法的聴聞権は、捜査を阻害しないために処分前でなく処分時に保障されるという制限を受けた。身体を拘束し罪証隠滅などを防止する処分をとった以上、国家の安全を脅かすという特別な場合を除き、もはや捜査を阻害するという理由で被拘束者の法的聴聞権を制限すること（すなわち、法的聴聞権が要求する証拠開示を拒否すること）は許されない、と論じた（Schlothauer, Anmerkung, StV 1991 S. 522）。

（11）本件自体については、捜査終結前の書類閲覧を検察官が拒否しており（刑訴一四七条二項）、この拒否処分を司法審査の対象にはできないこと、自白調書や鑑定書など捜査終結前でも閲覧を拒否できない捜査書類（刑訴一四七条三項）は本件で「明白な嫌疑」の証拠的基礎にされていないことを理由に、再抗告を棄却した。

（12）　欧州人権裁判所の裁判例はインターネット上でもアクセスできる。本稿も、インターネット（http://www.echr.coe.int/Eng/Judgments.htmで検索）でアクセスした英文判決から関係箇所を引用した。

（13）　身体拘束の違法を争う準抗告・勾留審査等の手続について、欧州人権裁判所は一九八六年九月一九日判決（EGMR［Sanchez-Reisse gegen die Schweiz］, EuGRZ 1988 S. 523）で、「対審的〔当事者主義的〕な手続による利益（benefit of an adversarial procedure）」を被拘束者側に保障するものでなければならない、とした。欧州人権条約五条四項に鑑み、裁判所の「対審的〔当事者主義的〕」な手続において、勾留請求側・勾留命令側との「武器対等」を被拘束者側に保障する必要がある、としたのである。具体的には、身体拘束の理由・必要を主張する捜査機関側に対抗し、被疑者側は釈放の裁判を求める意見書を提出する、あるいは自ら出頭して聴聞を受けることができなければならない、とした。

（14）　欧州人権条約は一九五〇年一一月四日に締結され、ドイツは一九五二年八月七日にこれを批准した。一九五三年九月三日の公布により、国内法としての効力をもつ。条約五条四項は、「逮捕または勾留により自由を剥奪された者は、裁判所の手続において遅滞なく勾留の適法性について判断を受け、かつ、身体拘束が違法なときは、釈放の命令を受ける権利をもつ」と定める。

（15）　警察の取調べで録取された被疑者の供述調書が重要な開示対象となる（OLG Hamm, NStZ 1987 S. 572）。上申書など被疑者自身の供述書や「重要参考人」の立場で録取された供述調書も、「捜査の密行性」を顧慮する必要がないため、刑事訴訟法一四七条三項を準用して無条件に開示すべき対象とされる（OLG Hamm, StV 1995 S. 571）。

（16）　開示拒否の不当を争う不文の法的手段として、上司の検察官に申し立てる「職務監督上の異議（Dienstaufsichtsbeschwerde）」や、請求を斥けた検察官自身に申し立てる「再考案（Gegenvorstellung）」はある。しかし、「検察庁内部で問題とさせる」「検察官自身に再考させる」という救済方法には限界がある。裁判所構成法施行法二三条以下の――基本権侵害について、法的救済の欠缺を補充する機能を果たす――上級ラント裁判所に対する不服申立も、限られたケースでしか認められない。なお、連邦憲法裁判所判例は、捜査終結前の不開示処分に対し実効的な不服申立手段がないことについて、憲法上の問題はないとした（BVerfG, NStZ 1984 S. 228）。

（17）　Zieger, Zur Entscheidung des Europäischen Gerichtshofs für Menschenrechte im Fall Lamy, StV 1993 S. 321.

（18）　このカンマー裁判所決定が一九八九年欧州人権裁判所判決に影響されたものであることは明らかであった。ただし、人身の自由を剥奪する処分に対し、法治国家が要求する手続的保障をすべて認めなければならないとした連邦憲法裁判所一九九〇年一〇月三〇日決定（BVerfGE, Bd. 83 S. 24［32］）の影響も否定できない。この連邦憲法裁判所決定は、ヘッセン州の「公的安全と秩序に関する法律」による犯罪予防目的の警察拘禁（最大四八時間）について、法律自体は合憲だが具体的適用において違憲（基本法二条二項、一〇四条二項、一〇三条一項違反）だとした。また、連邦憲法裁判所一九九三年五月二七日決定（BVerfG, StV 1994 S.1）も影響したといえる。決定は次のようにいう。――裁判官は被勾留者の防禦権を実効化するために、捜査の対象〔の被疑事件〕のほか〔勾留請求資料により認定した〕具体的事実を告知する（刑訴一一五条一項ないし三項、一一五条ａ）のであり、「〔刑事上の〕非難と被疑者に不利益な理由について、それらの十分に実質的な開示（Bekanntgabe）」があることを前提とする、と。「十分に実質的な開示」の趣旨は、勾留の理由・必要について証拠開示を要請するものと解された（Lammer, Anmerkung, StV 1994 S.1［3］）。

（19）連邦最高裁は一九九五年九月二八日決定（BGH, NJW 1996 S. 734）において、勾留の証拠的基礎とされた捜査書類について、弁護人に対する開示を求める権利（Anspruch）を被疑者はもつ、と判示した。勾留に関する〔準抗告審などの〕裁判所の裁判に実効的に関与できるために、捜査書類に化体された情報を必要とする場合、かつ、勾留に関する裁判の基礎とされた事実および証拠（Tatsachen und Beweismittel）〔の開示〕について、口頭の告知では十分ではない場合、その限りで被疑者は〔部分的〕証拠開示請求権をもつ、と判示されたのである。なお、身体拘束の証拠的基礎の不開示が身体拘束の処分自体を無効にすることについては、賛成の論者が多数であった。そのうえで、被疑者勾留の謙抑的な請求と、勾留請求資料の〔証拠開示用〕写しの添付を求める論者もある。Pfeiffer, Das Akteneinsichtsrecht des Strafverteidigers, Festschrift für Odersky, 1996, S. 453［461］. 不開示を拘禁の無効事由にすることに反対の論者としてBohnert, Untesuchungshaft, Akteneinsicht und Verfassungsrecht, GA 1995 S. 468がある。

（20）前述の欧州人権条約五条四項は、「市民的及び政治的権利に関する国際規約」（以下、「国際人権規約」という）九条四項と同旨であった。国際人権規約は直接に――特別な立法措置なしに――国内的効力をもち（憲法九八条二項）、一般の法律にも優位する（高松高判平成元・一一・二五判時一六五三号一一七頁、徳島地判平成八・三・一五判時一五九七号一一五頁）。国際人権規約は「原則として自力執行的性格を有し、国内での直接適用が可能であると解せられるから」、同規約に「抵触する国内法はその効力を否定される」のである（大阪高判平成六・一〇・二八判時一五一三号七一頁）。国際人権規約草案を基礎に起草され一九五〇年に締結された欧州人権条約も、わが国と無関係ではない。欧州人権裁判所による条約の解釈・適用は国際人権規約を解釈する基礎資料となるためであった（前掲の大阪高判、徳島地判など参照）。

(21)　ただし、逮捕に関する裁判について最高裁判例（最決昭和五七・八・二七刑集三六巻六号七二六頁）は準抗告を認めない。逮捕状謄本の交付請求権も明文では保障されない。被逮捕者は、被疑事実の要旨を記載した逮捕状（刑訴二〇〇条一項）の呈示を受け（刑訴二〇一条一項）、引致後も口頭で犯罪事実の要旨を告知される（刑訴二〇三条以下）。被逮捕者の防禦権実効化のためには少なくとも、これらの手続ないし機会をとらえて、逮捕の証拠的基礎、たとえば捜査機関が逮捕状請求の疎明資料とした証拠を令状に挙示することや、引致後の被疑事実の告知のさい口頭で開示することが、事実上、行われなければならない。なお、数年前まで大阪では逮捕状請求書謄本の交付申請が認められた。「証拠の標目」も含めた謄本交付があった例も少なくなかった。しかし、令状部の総括裁判官の交替により、現時点で逮捕状請求書謄本の交付は大阪でも認められないという（森下弘「捜査段階における証拠開示」季刊刑事弁護一九号〔一九九九年〕三七頁）。

(22)　憲法三四条を根拠に被疑者自身が捜査機関に対し閲覧・謄写による証拠開示を請求できるほか、準抗告裁判所自身も証拠開示を命令できると解する。起訴前の閲覧・謄写による証拠開示を命令しない場合であっても、準抗告裁判所は被疑者の防禦が可能な程度に証拠の具体的内容、および証拠から推認した具体的事実の内容を被疑者側に口頭で告知すべきである。閲覧・謄写を伴わない口頭の告知は、被疑者の防禦権保障のコロラリーとして広やかに認められてよい。

なお、被疑者勾留の裁判に関する書類・証拠物の開示について、刑事訴訟法上の根拠規定として刑事訴訟法四〇条を援用することもできる。ただし多数説は、同条が定める弁護人の「訴訟に関する書類及び証拠物」の閲覧・謄写権は、起訴前には認められないとする。それゆえ勾留関係の処分記録についても、起訴前は弁護人に閲覧・謄写権はないという（たとえば、松本ほか編『条解刑事訴訟法〔増補補正版〕』〔一九八八年〕五六頁）。しかし、刑事訴訟法二〇七条一項により、被疑者勾留の処分について裁判官は「裁判所又は裁判長と同一の権限を有する」。それゆえ、被疑者勾留の裁判に関する書類・証拠物については刑事訴訟法四〇条を準用することができる。被疑者勾留関係の処分記録について、公訴提起前であっても、準抗告申立や勾留理由開示請求のために弁護人の閲覧・謄写権が保障されなければならないというのである。この証拠開示も憲法三四条に由来する。勾留の処分執行後に関係資料が検察官に返送されたとしても、被疑者側に開示されるべき対象だという「憲法的意義」が否定されるものではない。被疑者側の証拠開示の権利保障を実効化するために、勾留係裁判官は証拠開示を命令する、あるいは、請求時に勾留請求書・疎明資料の「写し」も提出させたうえ自ら保管して、被疑者側の閲覧・謄写に供すべきだといえる。

第三部　実効的捜査弁護の課題と方法——総括と提言

第一〇章　ドイツの捜査弁護

一　身体を拘束された被疑者の弁護

ドイツの捜査弁護、とくに身体を拘束された被疑者の弁護について検討する。ドイツでは、実務上、身体を拘束された被疑者のすべてに弁護人が付くわけではない。しかし、過剰拘禁・長期拘禁を避けるため起訴前の被勾留者すべてに州（ラント）の費用で弁護人を付すプロジェクト（ヘッセン州で一九九一年一〇月から三年間実施）に関する調査結果では、一九九二年上半期に、勾留開始時に私選弁護人が付いた被疑者は被勾留者総数の三九・八％（一七〇二人中六七八人）、国選弁護人（義務弁護人ともいう）[1]が付いた被疑者は三・三％（五七人）であった。施設収容時の弁護人選任（任命）率は四三・二％（七三五人）にのぼることになる。[2]外国人被疑者が多く起訴前の弁護人選任率が高いヘッセン州（とくにフランクフルト）の地域性を考慮しても、施設収容時の被疑者の半数近くに弁護人が付くという実状には瞠目させられる。ちなみに、同プロジェクトの試験実施（一九九一年）に関係した予備調査結果では、五五人の——調査対象として少数だが——被勾留者のうち施設収容時の弁護人選任率は約一〇％であった。ただし、この予備調査結果でも、勾留後三か月以内には八九％の被勾留者に弁護人が選任（私選弁護人が八七％）ないし任命（国選弁護人が二％）されたという。[3] ちなみに、七〇年代初めには起訴前の被勾留者の約三割に〔勾留期間満了までに〕弁護人が付き、[4] 八〇年代には約七割の被勾留者に弁護人が付いたという調査結果がある。[5]

ドイツにおいて、起訴前の被勾留者に対する弁護人選任・任命率は増加傾向にあるといえる。ただし、身体拘束の開始時は私選弁護人の援助が中心であった。国選弁護人の援助を受けるのは三か月前後の勾留期間が経過した後になるケースがほとんどであった。[6] ドイツでは、起訴前の被疑者国選弁護についても「身体を拘束された被疑者の権利強化」という観点よりも「裁判手続の公正さを確保する必要的弁護制度の強化」という観点が強いために、「起訴前の国選弁護人の選任事由は、どうしても、公判準備などの裁判手続に直接関係する具体的なものに——したがって、選任時期も、捜査の終結後かせいぜい終結間近の段階に——、事実上、限定されるわけであろう」。[7] とまれ、身体拘束時にすでに四割前後の被疑者に私選弁護人が付き、三か月以内にはほとんどの被勾留者に私選ないし国選弁護人が付くというドイツの実状〔の一端〕を窺うことができた。捜査機関の側にとっては、半数を超える被勾留者についてその手続進行や事件処理のイニシアティブを自らがとるものとなるのに対し、残りの半数近くの事件では早くから弁護人とくに私選弁護人が関与してくるため、一方的なことはもはやできないということを意味する。

弁護人が付かないケースでは、被疑者取調べはドイツにおいても、自白を獲得する捜査手段として機能している現状がある。自白は事件処理の方向・期間を予測させる基礎資料となる重要証拠であり、効率的な事件処理のためにも、被疑者取調べを受忍させ、可能な限り早い時期に自白させることが捜査機関側の重要な課題になるわけである。[8]

しかし、弁護人が付くケースでは被疑者取調べの意味・機能も変わってくることになる。[9] とまれ、弁護人が付いたケースで、弁護人は何を捜査弁護の課題とし、具体的にはどのような活動を行うのか。

二　警察の取調べと捜査弁護

ちなみにドイツの実務では、弁護人が、事実上、被疑者取調べの時期（またはタイミング）・時間・対象などを決定することができる。(10) 被疑者の黙秘権(11)や（検察官・裁判官の被疑者取調べにおける）弁護人の立会権(12)が機能しているためである。実質的に見て、取調べに対する弁護人のコントロールが保障された。しかし、それにもかかわらず、この取調べを拒否するのがドイツの捜査弁護の基本戦術となる。その理由は何か。

そもそも被疑者の自白の意義・重要性がわが国とは違うのか――、といえば、それは日本と基本的に変わらないように思われる。捜査弁護の観点から警察の被疑者取調べの意義・機能をあぶりだしてみた場合、つぎのように言われる。

警察の取調べには弁護人の立会いが権利として保障されない、取調べ技術に長けた警察の心理的優位は揺らがない、供述の調書化はどうしても警察主導になる、不相当な取調べ手段であっても違法な威迫行為や無権限の約束とならない限り許される、と言われるのである。(13) ちなみに、警察の被疑者供述調書は、ドイツでは〔公判廷において〕実質証拠としては許容されない。(14) しかし、勾留や運転免許証仮停止などの強制処分の証拠的基礎とされるほか、起訴後の公判段階でも弾劾証拠としてはこれを許容できるなど、警察の被疑者供述調書が実務上もつ意味はなお大きなものがある。また、被疑者を取り調べて自白させた警察官が伝聞証人として法廷に立つこともドイツでは許される。警察面前の自白がもつ意味は、現実には、なお大きいといえた。そのため、弁護人が立ち会わない限り、被疑者をひとりで警察に取り調べさせてはならない、と準則化する刑事弁護マニュアルもある。(15)

このように、捜査弁護の観点からみても、自白ないし警察の被疑者取調べがもつ意味はドイツでもなお大きい――大きいために、捜査弁護の観点からは警戒もされている――ことが窺われる。また、ドイツでは、可能ならば弁護人を選任させないでおこうという警察の動向もたしかにある。最近では、ハンブルクで外国人被疑者に対し、夜間にも対応する当直弁護の弁護士[16]に連絡する機会を警察が与えなかったことについて、問題とされた。このケースでは連邦最高裁が、被疑者の弁護人選任に警察が実効的援助を与えないまま、取調べをつづけたことについて、それは自白排除事由になる、と断じた。[17] とまれ、警察はできるならば弁護人なしで取調べを尽くしたい、事件を処理したいと考えている様子が窺われる。[18] しかし、それでも、いったん弁護人が付いた事件では、被疑者取調べのコントロールを実質上、弁護人に委ねてしまうというのもドイツの現実なのであった。さらに、上述したように、その警察の取調べを弁護人は被疑者に拒否させる、というのもまたドイツの捜査弁護の基本準則なのであった。[19]

黙秘権が行使される、被疑者取調べが拒否される――、という場合、被疑者の供述を獲得できないことによる情報の制限というものが警察・検察にはかぶさってくる。自白の獲得は手続・事件の効率的処理にとって重要な条件であったのに、弁護人が付いた事件で警察・検察は、なぜ被疑者取調べの貫徹・自白の獲得にもはやこだわることがないのか。

三　事件処理への弁護人の積極的関与

ドイツでは、「被疑者が黙秘を通す」「取調べを拒否する」ように弁護人が助言するのは、弁護人としては、被疑者自身に供述書を作成させるか、弁護人自身が被疑者の供述録取書や自ら意見書を作成して検察官に、つまり事件処理権限をもつ検察官に、右書面を提出することを予定する場合が多いという。言い換えれば、捜査弁護の課題として、警察や検察の面前で被疑者に供述させるということに代えて――それゆえ、取調べに対しては黙秘を貫徹させつつ――、被疑者の供述を被疑者自身に書面化させたり、自ら書面化して証拠化する、あるいは、被疑者の供述書や供述録取書というかたちではなく、被疑者側の主張や事実を組み入れた弁護人自身の意見を書面にして表明することになるというのである。[20]

なお、被疑者の供述・主張に関して弁護人がどのような形式・内容の書面を提出すべきなのか——、それは事件の個別事情によるとされる。事件の個性を超えて、必ずこうせよという捜査弁護の絶対的なルールはないといわれる。ただし、捜査弁護上の基本的な準則はあるという。たとえば、「捜査機関の手持ち証拠の事前開示がない限り、弁護側書面、とくに弁護人の意見書を提出してはならない」、「事件処理について被疑者側に何らか得るところがある場合にのみ、弁護側書面を提出する」、「被疑者に有利な証拠の滅失が懸念される場合には、弁護側書面を提出する」、「訴訟条件が欠けるときは、弁護側書面を提出する」、「不起訴方向の事件処理を検察官と交渉し、一致があったときは、交渉内容を確認した弁護側書面を提出する」、「捜査書類の精査、被疑者との意見交換・討議など、徹底的な準備を終えた後に、弁護側書面を提出する」べきだ、とされる。[21]

このような、被疑者の供述・主張を弁護人自身が証拠化・書面化して、訴追機関に提出するという捜査弁護活動は、捜査機関の取調べが被疑者供述を独占的・排他的に証拠化することを認めない、ということを意味する。

依頼人たる被疑者の供述をどのように証拠化するのか。それは、被疑者の尊厳と自己決定を確保することを任務とする弁護人のイニシアティブが発揮されなければならない問題（捜査弁護の課題）であった。被疑者供述の証拠化を警察・検察に独占させない——、そのために生ずる警察・検察側の情報制限は、弁護人が手続進行・事件処理について対等の交渉を行うための現実的条件となる——、これがドイツの捜査弁護のあり方を理解する重要なキーの一つだと思う。

このことを言い換えるならば、手続進行・事件処理に弁護人が積極的に関わってくることを意味する。ちなみに、事実関係の複雑な経済事件、企業犯罪などでは、検察側のほうから弁護人の主張・意見書を要求するという。重大な事件で、警察のほうが著名な刑事専門弁護士に事件を受任しないか、と働きかけてくる例もある。その刑事専門弁護士は、警察の取調べには被疑者を無条件に黙秘させることを宣言している弁護士であった。[22]

四　捜査書類の事前開示

このように手続進行や事件処理に弁護人が積極的に関わっていく、という場合、ドイツでは捜査機関手持ち証拠の開示があることが重要な前提条件になる。被疑者を捜査や強制処分の対象としたその証拠的基礎を知らなければ、弁護人は、黙秘か供述かという基本的な捜査弁護上の戦略の選択についても、十分な助言はできない。ドイツでは「捜査書類の事前開示なければ、被疑者の自白なし」「捜査書類の事前開示なければ、弁護人の意見表明なし」という弁護上の準則が立てられてもいる。捜査書類の事前開示があるまでは、弁護人としては、被疑者供述を適正に証拠化することも、また弁護人が事件処理の行方を見極めたうえで主張を組み立てることもできない、というのである(23)。

ドイツでは、捜査段階であっても弁護人は、原則として捜査機関手持ち証拠の開示を受ける権利をもつ（刑訴一四七条一項）。ただし、検察官は、捜査の終結を捜査記録の上に明記するまで、この証拠開示を拒否することができる（刑訴一六九条ａ二項）。理由は、捜査の目的を阻害する、という曖昧なものであった。捜査終結を記録上明記した後は、起訴・不起訴決定の前であっても、手持ち証拠を開示しなければならない。この開示の時期は、弁護人にとっては、「早ければ早いほどよい」といわれる。この捜査書類をできるだけ早い時期に開示させること、開示の対象もできるだけ広いものにすること、がドイツにおける捜査弁護の基本課題であり、その実効性を計る決定的な指標になる。ちなみに、この捜査書類の早期開示を得るための具体的な弁護実践としては、「事前開示がない限り、被疑者は黙秘を通す」と検察官に告げることが有効だとされる。証拠開示後に被疑者から自白など不利益な事実の承認が得られるのであれば、検察官も捜査終結前の開示を認めることが多いともされる。開示拒否を争う現実的な手段が、「黙秘権の行使」であった(24)。

このような事情から、事前の証拠開示があるまでは被疑者に黙秘を貫かせることが、捜査弁護を始めるにさいして

有利な事件処理を勝ち取るというかたちで「高く買い取らせる」ことが可能なものなのだ、と率直に語られてもいる。(25) 検察官との交渉において、弁護上の大きな失敗だ、というのである。「取調べを行わせる」「黙秘権を放棄する」ということは、検察官との交渉において、弁護上の大きな失敗だ、と断ずる者もある。依頼人たる被疑者を捜査機関の「反対給付」無しに闇雲に取り調べさせるのは、弁護上の大の必須条件になってくる。弁護人によっては、警察に被疑者を取り調べさせることは、それだけで捜査弁護上の失敗

五　捜査弁護の普遍的課題

ドイツの捜査弁護の基本戦術ないし基準的な捜査弁護活動をまとめれば、こうなる。まず、被疑者に黙秘を貫かせ、捜査機関の取調べそのものを拒否する、ついで、捜査書類をできるだけ早い時期に開示させる、そのうえで、被疑者の供述書や弁護人の意見書を提出して、不起訴処分の獲得や身体拘束処分からの解放を目指す、というものである。

弁護人が刑事弁護のプロフェッショナルとして、刑事事件の処理、刑事手続の進行に積極的・主体的に関与する、ということはドイツでは当然のことだと考えられている。そのプロフェッショナルとしての活動は、被疑者の尊厳と自己決定を徹底して保障する、ということを目指すものである。この捜査弁護の課題、すなわち被疑者の尊厳と自己決定、その主体的地位を保障するというのは、ドイツだけでなくわが国でもあてはまる「普遍的な課題」ではないだろうか。

ドイツでは刑事専門の、あるいは刑事を主業務とする弁護士が、弁護士総数の約五%、四五〇〇人以上いると推計される。(26) これに対し日本では、例外的に刑事専門弁護士がいるけれども、層としての刑事専門弁護士はいない。しかし、一九九〇年代の当番弁護士制度の展開において、若い弁護士を一つの主軸にして、誠実でかつ精力的な捜査弁護活動が日常的に行われるようになっている。これらの捜査弁護活動がその課題とするところは、被疑者の尊厳と自己決定の擁護であり、ドイツの捜査弁護と共通するものが多いといえる。また、「証拠・情報の収集」「事件の見極め」

「必要な実践と方針の決定」「検察官交渉」という、捜査弁護のいわば基本構造は、ドイツのそれと変わらない[27]。しかし、ドイツと比較した場合、わが国で捜査弁護に取り組む弁護士が非常な努力と工夫を余儀なくされていることも否定できない事実であった。

この努力と工夫の「非常さ」に鑑みても、「被疑者供述の証拠化を弁護人がコントロールできない」「捜査機関手持ち証拠の起訴前開示がない」というわが国の捜査の現状は、それ自体、被疑者の尊厳と主体的地位を貶め、その主体的防御権に対する重大な侵害にあたるといわなければならない。このようなわが国の捜査の現状を肯定する考え方、たとえば、捜査機関の徹底した秘密の被疑者取調べがなければ「捜査手続の円滑な進行」「事件の適正な処理」は果たせないという考え方は、一種の「呪縄」のようなものであり、これに与することはできない。むしろ逆に、私選であれ国（公）選であれ弁護人の徹底した被疑者弁護活動というものがなければ「捜査手続の円滑な進行」「事件の適正な処理」は果たせない、という枠組みこそ、今後、作っていかなければならない[28]。

ドイツの例に鑑みても、わが国の当番弁護士活動に現れたさまざまな誠実で精力的な捜査弁護活動は、捜査・訴追の基本枠組みにきちんと組み込むことができるものであった。言い換えれば、被疑者の尊厳と自己決定を擁護する捜査弁護を包み込んで、しかもその実効性を確保するような捜査・訴追の枠組みがつくられることも、今後のわれわれの重要な課題になる。

（1）　ドイツでは、必要的弁護事件だけが国選弁護事件となる。なにが必要的弁護事件か、については刑事訴訟法一四〇条一項（閉ざされた形式的要件による必要的弁護事件）、同二項（開かれた実質的要件による必要的弁護事件）が定める。詳細は、拙稿「ドイツ刑事訴訟における起訴前の国選弁護」自由と正義四四巻七号（一九九三年）三四頁。この必要的弁護事件の弁護人として選任された弁護士は、受任の義務を負う（連邦弁護士法［Bundesrechtsanwaltsordnung］四九条一項）。そのため、刑事訴訟法上の「国選弁護人（bestellter Verteidiger）」を「義務弁護人（Pflichtverteidiger）」とも呼ぶ。なお、国選弁護人を選任する場合、一定期間内に弁護士を指名する機会が被疑者・被告人には与えられる（刑訴一四二条一項二文）。選任権者である裁判長は、選任するうえで重大な支障となる事由がない限り、その指名された弁護士を国選弁護人として選任する（同三文）。

（2） Schöch, Der Einfluß der Strafverteidigung auf den Verlauf der Untersuchungshaft, 1997, S. 87.

（3） Schöch, a. a. O., S. 82 f.

（4） Hiltl, Die rechtliche Praxis der Untersuchungshaft, 1977, S. 101.

（5） ゲバウアーの〔一九八一年の〕調査結果では、調査対象八〇〇人の被勾留者のうち二九％に私選弁護人、二四％に国選弁護人、一八％に私選から任命替えされた国選弁護人が付いたという。また、私選弁護人は被疑者の勾留から平均一八日後に、国選弁護人〔私選・国選任命替えのケースを含む〕は平均九七日後に付いた。当初からの国選弁護事件では平均七三日後に国選弁護人が付いたという（Gebauer, Die Rechtswirklichkeit der Untersuchungshaft in der Bundesrepublik Deutschland, 1987, S. 314 f.）。このほかヤーベルの調査結果では、被勾留者の約二三％に私選弁護人が、約四八％に国選弁護人〔ただし、そのうち約半数は私選から国選への任命替え〕が付いたという（Jabel, Die Rechtswirklichkeit der Untersuchungshaft in Niedersachsen, 1988, S. 174）。

（6） 後述の註7で述べるように、勾留が三か月を超える被疑者には、刑事訴訟法上、国選弁護人が付される。なお、ヘッセン州では一九九四年一月の検事総長通達で、勾留期間が三か月を超える見込みの被疑者に対しては、勾留が一か月を超えた時点で国選弁護人を付すべきものとされた（Rundverfügung des Hessischen Generalstaatsanwalts vom 11. 1. 1994 zur Pflichtverteidigung nach 1 Monat U-Haft, StV. 1994 S. 223）。

（7） 拙稿「ドイツ刑事訴訟における起訴前の国選弁護」自由と正義四四巻七号三八頁。ドイツでは起訴前に国選弁護人を付すことができ（刑訴一四一条三項）、公判開始決定手続や公判審理など、将来の裁判手続（das gerichtliche Verfahren）を進めるうえで弁護人の関与が必要的になると思料される場合に、検察官が起訴前であっても国選弁護人の選任を請求する（同項二文）。この国選弁護人の選任請求は、捜査が終結した後は、無条件に認容される（同三文）。このほか、起訴前の被疑者国選弁護が、「被疑者の防禦活動」との関連で個別に必要的とされる場合も定められた。たとえば、①被疑者の精神状態について鑑定を準備するため、被疑者の留置〔国公立の精神病院への収容〕（刑訴八一条一項、三項）が必要となる場合（刑訴一四〇条一項六号）、②被疑事件について勾留の期間が三か月を超え、かつ、検察官、被疑者または被疑者の代理人のいずれかが国選弁護人の選任を請求した場合（刑訴一一七条四項。勾留の残余期間について国選弁護人が選任される。この場合は、被疑者も選任請求権をもつ。勾留係裁判官に対する選任請求は、勾留期間が三か月を経過する前に行うことができる）、③勾留理由審査（Haftprüfung）の手続〔勾留係裁判官が主宰する非公開手続〕のため口頭審理が開かれるが、この口頭審理に被疑者が引致されない場合（刑訴一一八条a二項三文。口頭審理には、国選弁護人を選任して出頭させる。言い換えれば、その口頭審理に関係する限りで国選弁護人を選任する）、④検察官の請求などにもとづき〔私選〕弁護人の除斥が決定される——厳密には、除斥決定が確定する——までの間、（除斥如何を決定する）裁判所が右弁護人の検察官手持証拠の閲覧や接見交通の権利を停止した場合（刑訴一三八条c三項四文）である。なお、最後のケースについては、証拠書類の閲覧や被疑者との接見交通のために、別の弁護士を国選弁護人として付す。被疑者には別の私選弁護人がいるとしても、国選弁護人を付すことになる（Lampe, Anlaufschwierigkeiten des neuen Strafverfahrensrechts [Streitfragen beim Ausschluß des Strafverteidigers im Strafvollstreckungsrecht], MDR 1975 S. 530）。この国選弁護人は証拠書類の閲覧と被疑者との接見交通だけを行う。除斥を求められた〔私選〕弁護人と国選弁護人は協働しなければならないものとされ、書類閲覧や接見交通以外の弁護活動は前者の弁護人が行う。また、一八歳未満の少年については、勾留（刑訴一一二条以下、少年裁判所法七二条）や教育施設等への仮収容（刑訴一二六条a）の対象となったとき、その身体拘禁後に遅滞なく国選弁護人が付されなければならない（少年裁判所法六八条四号〔一九九〇年の少年裁判所法改正第一法律による〕）。

（8）　Amelung, Die Einlassung des Mandanten im Strafprozeß, in:"Strafverteidigung und Strafprozeß" Festgabe für Koch, 1989, S. 145.

（9）　ドイツにおいて捜査機関の被疑者取調べが、弁護人にとって有する意義・機能について、拙稿「ドイツにおける実効的捜査弁護——被疑者供述の証拠化と取調べ」竹澤哲夫先生古稀祝賀記念論文集『誤判の防止と救済』（現代人文社、一九九八年）一六三、一七〇頁参照〔以下「実効的捜査弁護」という。本書第四章〕。なお、本稿は右拙稿と重複する部分が多い。重複箇所について右拙稿と引用文献が同じ場合は、紙幅の制約上、文献引用を省略する。右拙稿の参照を乞う。

（10）　拙稿「実効的捜査弁護」一六〇頁。

（11）　ドイツでは、黙秘権の不告知も自白排除事由となる。黙秘権は個人の尊厳を擁護し、その告知は被疑者の法的地位の根幹に関わる手続保障であるため、不告知は自白排除事由になるとされた（BGHSt Bd. 38 S. 214 [220 f.]）。ただし、黙秘権をすでに知る被疑者に対し告知を懈怠した場合、自白の証拠調べに被告人が同意した場合、排除申立の時機を逸した場合には、自白を排除しないともされた（a. a. O., S. 224 f.）。なお、精神障害があるために黙秘権の意義を理解しない被疑者について、たとえ適式に告知がなされた場合でも、自白は排除されねばならない（BGHSt Bd. 39 S. 349 [351 f.]）。しかし、被告人〔弁護人〕が同意した場合と中立時期を逸した場合は、やはり自白を排除しない（a. a. O., S. 352）。

（12）警察の取調べに弁護人の立会権はない。しかし、立会いが事実上認められた例は少なくない。また、警察の取調べ前に弁護人の接見・助言を被疑者が求めた場合、取調べは直ちに中断されなければならない。取調べを続行して弁護人とのアクセスを困難にしたり妨害してはならない。被勾留者が「供述する前に、弁護人と接見したい」と言ったのに、取調べ官は「供述するかどうか、自分で決めることだ。はっきりしたことを供述するまで、取り調べる」と応じて、取調べを続行し、自白を引き出したケースで、連邦最高裁は接見妨害を理由に自白を排除した（BGHSt Bd. 38 S. 372〔373〕）。

（13）Weihrauch, Verteidigung im Ermittlungsverfahren (5., überarb. Aufl.), 1997, Rdn. 144〔S. 97〕.

（14）BGH, StV 1996 S. 202.

（15）Weihrauch, a. a. O., Rdn. 144〔S. 99〕.

（16）夜間・休日も含め、被拘束者に私選弁護人へのアクセスを二四時間保障することが当直弁護士制度の目的であった。参照、拙稿「フランクフルトの刑事当直弁護」季刊刑事弁護一二号（一九九七年）一〇頁。なお、休日のみ二四時間待機制の地域も含め、ドイツの当直弁護士制度は現在（二〇〇三年二月）、五五の主要都市で実施される（参照、http://www.ag-strafrecht.de/notdienst.htm）。

（17）BGHSt Bd. 42 S. 15; StV 1996 S. 187. 殺人事件の被疑者〔取調べに通訳を必要とする外国人被疑者〕が取調べ前に弁護人の選任を求めたのに対し、取調べ警察官は〈弁護人の関与なしに取り調べて成果を上げたい〉と考え、被疑者に職業別電話帳を貸与しただけで、それ以上の援助を与えなかった。とくに、ハンブルクで夜間に対応する当直弁護の弁護士に電話連絡できることを教示しなかった〔結局、夜間であったため、被疑者は電話帳記載の弁護士にも連絡できなかった〕。この警察官の措置が自白排除事由になるとされたのである〔ただし、時期を逸せず証拠排除を申し立てることが自白排除の必要条件だとされた〕。連邦最高裁は、取調べの再開・続行を望む警察官は、実効的援助を尽くして被疑者が弁護人と連絡・面会できるよう、真摯に努力しなければならない、と判示した（BGHSt Bd. 42 S. 15〔19〕）。

　警察の実効的援助の基本的内容としては、弁護人が〔未決拘禁施設に〕来たことを告げる、取調べを中断し未決拘禁施設〔司法省所轄の施設〕に戻す、電話やファックス送信など弁護人とのアクセス手段を保障する、秘密の接見が可能な施設ないし空間を保障することが〔学説上〕挙げられた（Beulke, Muß die Polizei dem Beschuldigten vor der Vernehmung "Erste Hilfe" bei der Verteidigerkonsultation leisten?, NStZ 1996 S. 258 f.）。さらに、〔刑事弁護を主業務とする弁護士の〕リストから弁護人を選び出せるようにする、地域の当直弁護士に電話で連絡するよう教示するなど、実効的援助の踏み込んだ措置が取調べ再開の条件となるとされた（Beulke, a. a. O., NStZ 1996 S. 260）。

(18) ドイツでも、犯罪予防と犯罪捜査の警察活動（行政警察活動と司法警察活動）を「重ね合わせ」て警察の機能を拡大し、捜査の効率化を果たそうとする結果として、被疑者の法的地位や権利が空洞化されるという問題状況がある（Nelles, Ansätze für eine Strukturreform des Ermittlungsverfahrens, 16. Strafverteidigertag［1992］, S. 147［155 f.］; Deckers, Die Notwendigkeit der Verteidigung im Ermittlungsverfahren, AnwBl 1986 S. 60）。この問題状況も、弁護人が関与しないところで手続を遂行し事件処理を遂げたいという警察の「意図」ないし「政策」と結びついたものといえる。また、捜査の端緒を得るために、または情報を収集するために、刑事訴訟法上の捜査権限（例えば秘密捜査官の投入など）を行使するという「予備捜査」活動（Vorfeldermittlung）の問題も、同様の脈絡で捉えることができる（参照、Weßlau, Vorfeldermittlung, 1989; Lohner, Der Tatverdacht im Ermittlungsverfahren, 1994, S. 126 ff.; Müller, Der Abschied von der konkreten Gefahr als polizeiliche Eingriffsbefugnis, StV 1995 S. 602）。

(19) 身体拘束事件でもこの基本準則は変わらない、という。むしろ、身体拘束という非日常的状況では、釈放を欲して「しゃべりたい」被疑者が〔取調官に迎合し〕事実に沿わない供述調書を作成させる危険は最大になる、とされた（Weihrauch, a. a. O., Rdn. 144〔S. 99 f.〕）。

(20) 拙稿「実効的捜査弁護」一六四頁。事前に検察官に「質問項目」を挙げさせ、弁護側書面で「答える」のもよい、という（Hamm, Die Verteidigungsschrift im Verfahren bis zur Hauptverhandlung, StV 1982 S. 490［491］）。

(21) 拙稿「実効的捜査弁護」一七一頁。

(22) 拙稿「実効的捜査弁護」一五四頁。

(23) 拙稿「実効的捜査弁護」一六四頁、一七二頁以下。なお、「証拠開示なければ、自白なし」の基本準則の「例外」が認められるのは、勾留請求を準備中の検察官と交渉し、被疑者の自白により勾留理由〔罪証隠滅の虞〕は無くなると主張して、勾留を阻止する場合だという（Gillmeister, Mandatsübernahme und Informatinsquellen, in ;"Strafverteidigung in der Praxis"/ hrsg. von Brüssow u. a., 1998, S. 202）。

(24) 拙稿「実効的捜査弁護」一七三頁。

(25) 黙秘権、証拠調べ請求権の放棄などを交渉材料として不起訴や執行猶予など被疑者・被告人に有利な処分・裁判を行わせるドイツの「刑事和解（Absprache/Verständigung）」について、拙稿「実効的捜査弁護」一六一頁参照。

(26) 管見した限り統計はない。全国的規模で刑事弁護のセンター的機能を果たす「ドイツ弁護士協会（Deutscher Anwaltverein）」の刑事法部会（Arbeitsgemeinschaft für Strafrecht）〔一九八四年創設〕や、地域でセンター的機能を果たすベルリン刑事弁護人連合（Vereinigung Berliner Strafverteidiger e. V.）〔一九五一年創設〕、ハンブルク刑事弁護人合同（Hamburger Arbeitsgemeinschaft für Strafverteidiger e. V.）〔一九七五年創設〕などの構成員数から推計した。ちなみに、一九九八年一月一日現在の弁護士総数は九万一九五二人であった（Anwaltbaltt 1998 S. 205）。

(27)「特集・捜査弁護を実践する」季刊刑事弁護一五号（一九九八年）掲載の論稿・実践報告を参照。

(28) 問題状況について、拙稿「刑事弁護の発展と刑事訴訟改革」法律時報七一巻三号（一九九九年）一三頁以下参照〔本書第一章〕。

第一一章　捜査弁護は何をすべきか——実効的捜査弁護の課題と方法

一　捜査弁護は何をすべきか

1　起訴前の、被疑者の尊厳・権利・利益を擁護する弁護実践を「捜査弁護」ないし「被疑者弁護」と呼ぶ。弁護人にとって被疑者は依頼人であるため、「被疑者弁護」という突き放したように響く表現より、「捜査弁護」と呼ぶほうが適切であるかもしれない。

この捜査弁護は、具体的には何をすべきなのか。もっとも、「何をすべきか」という問題をたてた途端、「現状でそもそも何ができるというのか」という反駁が返ってくるだろう。

たとえば、いまの捜査実務では、被疑者が身体を拘束された事件でさえ、捜査書類の一断片も弁護人に開示されることがない。被疑者や共犯者、被害者の供述調書も、押収された証拠物も、嘱託鑑定の結果も、なにもかも一切が捜査機関の許に秘匿されたままである。被疑者が逮捕されず、在宅のまま捜査が進められる場合であれば、弁護人は被疑者から十分に主張や事実を聴取することもできる。それによって、「捜査資料を開示されず、捜査状況も窺えない」

という問題を部分的であれカバーすることができる。しかし、被疑者が身体を拘束された場合は、それもできない。執務場所である法律事務所で必要な限り何時間も、十分な時間をとって、依頼人たる被疑者の供述を逐語的に記録化する手段も施したうえで、被疑事件について主張や事実を、吟味しつつ、聴取する――というようなことが、警察留置場や拘置所に留置された被疑者に対してはできないというのである。

それだけにとどまらず、事件によっては、弁護人との接見日時や時間について、被疑者の処遇を知悉しない捜査主任官が形式的に接見指定処分を下してこれを制限する、という問題も生じる。この問題は、一九八八（昭和六三）年の事件事務規程改廃によっても解決されなかった。また、起訴前は被疑者の保釈制度がないという立法政策上の不備も、問題をいっそう深刻なものにする。

「捜査機関の手持ち証拠を知悉しないで被疑者を弁護しなさい」というのは、「弁護人は暗闇を走れ」と要求するようなものであろう。それは、本来、あってはならない要求である。被疑者が捜査の対象とされた理由、その証拠的基礎が分からない、というのは、弁護人が批判的に検討する対象を知りえず、それゆえ弁護人が捜査手続の進行や被疑事件の処理に主体的に関わっていくこともできない、ということを意味する。

そのうえ、わが国では、捜査機関による被疑者の取調べに――事件や手続の帰趨を実質的に決定してしまう重要な段階であるのに――弁護人が立ち会うこともできない。しかも、逮捕・勾留された被疑者は、身体の拘束がつづく限り、実務上、この秘密の取調べを受忍する義務を負わされる。その取調べは、被疑者に迎合を求めるような――供述に関する被疑者の自己決定を否定するような――取調べであった。捜査機関の尋問に対し被疑者がきっぱりと供述を拒否しても、あるいは明確な返答となる供述をした場合であっても、捜査機関は、何のはばかりもなく、自己の見込み・予断にそった供述が得られるまで同じ内容の尋問を繰り返す。そのような尋問に被疑者は耐えつづけなければならない。このような取調べに弁護人は立ち会うことができないのである。

それは、被疑者供述が証拠化される過程（身体拘束中の被疑者取調べ）とその結果（捜査機関の被疑者供述調書）

について、弁護人のコントロールがおよそ及ばない、ということを意味する。もし民事事件であれば、依頼人が相手方の許に連行され密室で答弁を事実上強要されているのに代理人の弁護士が立ち会わない、立ち会えない——というのでは、重大な契約違反だという批判を免れないであろう。そんな契約違反も「刑事事件ではかまわないのだ」と言って、取調べから弁護人を排除してしまうわが国の捜査実務のあり様については、間違っている、というほかない。

2

捜査上の処分を被疑者に科す根拠となる証拠資料が、弁護人に対してさえ一切開示されない——。被疑者が自己の供述を証拠化する過程・結果に関して、弁護人の実質的援助を受けることができない——。このようなわが国の現状は、被疑者の尊厳と主体的地位を貶め、その主体的防禦権に対する重大な侵害にあたるものであり、やはり異常なことだといわなければならない。

もちろん、この異常な状況の下においても、捜査弁護に携わる弁護士は、非常な努力と工夫を重ねている。たとえば、a事件の種類、選任の時期、身体拘束の有無、被疑者の供述態度、捜査機関の対応など多くの客観的・主観的要素に左右されながら、b照会（弁護士法二三条の二）や証拠保全（刑訴一七九条、民訴三四三条以下）、関係者の面談調査、被疑者との接見などによって獲得した証拠資料や情報を手掛りとして、事件処理や手続の方向を見極め、c被害者と接触して被害弁償・示談を行い、不起訴処分権限をもつ検察官と交渉し、手続・事件に対する主張を意見書にまとめ提出する——、などの多様な実践が行われている。

しかし、「主体的防禦を被疑者に尽くさせる誠実で能動的な捜査弁護がしたい」という思いが強ければ強いほど、弁護人は自らの努力と工夫の限界を意識せざるをえない。「捜査弁護で何ができるというのか」という問いを自らに投げかけることになる。この不断の、重い自問が、最初に述べた反駁として返ってくるのであった。

二　捜査の改革とその担い手

1　しかし、いまは、「捜査弁護は何をすべきか」という問題をあえて設定すべき時期であると思う。一九九〇年四月に日本弁護士連合会が刑事弁護センターを発足させた。同年九月以降は、逮捕・勾留された被疑者に、弁護士による無償の初回接見を保障する当番弁護士制度と、日本弁護士連合会議決により設立された法律扶助協会が行う刑事法律扶助事業として、捜査弁護費用を交付する被疑者弁護人援助制度も発足した。当番弁護士制度が五二の単位弁護士会すべてにおいて実施された一九九二年一〇月時点で、弁護士が「総体として、当事者主義の担い手として刑事訴訟手続全般にかかわる基盤ができあがったといってよい」、と評価された(1)。

これら当番弁護士制度発足などに象徴される起訴前の弁護実践の充実・強化というものを契機にして、いま、捜査手続の根本的改革を自らの課題とする担い手が形成され、「被疑者・被告人と弁護人の主体的なアクセスによって、適正な手続進行・事件処理が果たされる刑事手続モデル(2)」が捜査段階においても現実化しつつある、と思う。

2　この当番弁護士活動として、現実には、どのような具体的実践が行われたのか。その貴重な実践記録が、大阪弁護士会が、一九九八年六月時点で、第六集まで公刊するに至った大阪弁護士会刑事弁護委員会『大阪における当番弁護士活動』である(3)。便宜上、第五集までの活動記録から、瞠目すべきケースを紹介しておきたい（紹介の末尾に、当番弁護士の出動時期と修習の期を記載した）。

〈詐欺未遂被疑事件―おっかなビックリの出動あっという間の一週間〉（第一集三八頁）では、「〔当番は〕弁護士になって二ヵ月目」、「〔接見終了後〕担当捜査官に面会し、事件の内容や捜査状況、担当検事や被害者の連絡先などについて教えてもらう」、「〔接見翌日に被疑者の〕少年の両親及び姉と面談」、「〔三日目の〕朝のうちに接見。本件についての自己分析、反省、将来に対する気持ちなど意見書作成の上でポイントとなりそうな点を具体的な質問形式でメモにして差し入れ、これらの点についてゆっくり考えて、手紙を出してくれるように要請」、「〔四日目に〕担当検事と面談」、「〔六日目に、約四時間の〕接見。少年の書いた手紙をもとにいろいろと突っ込んで話を聞く」、「〔七日目に〕家裁に付添人選任届と意見書を提出〔し、裁判官と面談したのち、少年の身柄を受け取る〕」（一九九二年六月出動、四四期）、と報告された。

このほか、**〈男女関係のもつれからの器物損壊〉**（第一集五四頁）では、「〔頻繁に接見を重ねたうえで、勾留満期日の前日に〕主任捜査官と面談〔したが〕、起訴猶予など論外であるとの意見〕」、「そこで、決裁官検事に面談〔したのち、示談交渉の経過、情状などを内容とする〕意見書を提出」、「〔出動から約二週間後、〕検察官に示談書写しを添付の上、報告書提出〔し、翌日、不起訴処分を得た〕」（一九九二年八月出動、四四期）。

〈詐欺被疑事件―自白調書作成されず〉（第一集六九頁）では、事件の「争点は、欺罔の意思という主観面のみ」であるため、「勾留延長期間の満期である一〇月一九日までの間に、合計一五回の接見をしている。接見において、毎回、作成された調書の内容を確認した」、「勾留決定に対する準抗告の申立」、「勾留延長請求に対する意見の上申」、勾留延長「決定に対する準抗告」、「勾留理由開示の申立て」、「勾留取消請求及び移監の申立」、勾留取消請求「却下決定に対する準抗告の申立て〔を行う〕」、「結局勾留に対する不服の手続が、功を奏することはなかった。しかし、この間、決定が被疑者に送付されたわけであるが、そこに述べている弁護人の主張が被疑者を元気づけたようである」（一九九二年九月出動、四四期）。

〈覚せい剤取締法違反―五グラムの購入・所持〉（第三集三四頁）では、「接見〔の際〕、事案の概要、黙秘権等の権利を説明し、手紙で自分の言い分を書いてくるように指示をした〔結果、被疑者は七通の手紙で詳細に自分の言い分を書き送ってきた〕」、「取調べ担当検察官に面接し、証拠が不十分であること、〔および〕被疑者の言い分を伝え〔た。嫌疑不十分の不起訴裁定を得る」」（一九九四年九月出動、四六期）。

〈窃盗―セカンドバッグ（時価一二五、四〇〇円相当在中）〉（第三集五一頁）では、「事実関係に争いなく、情状のみ」、「勾留満了日の前日、検察官に対し、被害者の嘆願書と弁護人作成の上申書を提出」、「弁護人の身柄引受書を〔検察官から要求され〕提出」（一九九二年一一月出動、四三期）。

〈強盗致傷―否認事件で弁護人が詳細な調査をし不処分となった事例〉（第四集一〇〇頁）では、「接見後、被疑者の姉や友人などに話を聞く」、「被疑者の接見と〔アリバイ証言をした〕関係者（友人や犯行時刻に立ち寄った飲食店）への事情聴取と陳情書等の資料収集を行った」、「事件受任後一〇日間は連日深夜まで被疑者の接見、関係者の供述録取や、裁判所提出書面の起案などに追われる」（一九九五年三月出動、四五期）。

〈窃盗―否認事件で弁護士が積極的に証拠収集し、不起訴となった事案〉（第四集一二三頁）では、「捜査機関に被疑者の弁解を裏付ける目撃証人の捜査をするよう働きかけ」る、「被疑事実の犯行時刻の被疑者のアリバイになるような証拠を探した〔結果、アリバイ証明に有利なスナック伝票を確認した〕」（一九九五年八月出動、四七期）。

〈覚せい剤譲受―否認事件で不起訴となった事例〉（第五集七五頁）では、「処分が出るまでに被疑者に七回接見。家族の者や恋人に何回か電話を入れ、同人らから被疑者の犯行当日とされる日およびその前後の行動などにつき情報を収集した」（一九九六年二月出動、四六期）。

〈暴行・恐喝―連日の接見、示談の成立により執行猶予となった事例〉（第五集一〇〇頁）では、「〔午後〕八時まで仕事をして地下鉄に飛び乗り、毎晩一時間余の接見を行う」、「その他の活動としては、関係者からの事情聴取、捜査官との面談等を行った。証拠保全のために、供述録取書を作成し、それに確定日付をとるということも行った」、「被害者側とは、まずは手紙による接触を試み、その後、被疑者の両親とともに謝罪に赴いた。被害感情が強く、捜査段階での示談はできなかった」、「検察官に対して、勾留満期直前に、一七頁にわたる意見書を提出」した（一九九六年五月出動、四五期）。

以上紹介したケースは、いずれも修習の期の若い方々の捜査弁護実践であった。いずれも誠実で精力的な活動が行われた。いまは、このような具体的実践の担い手たちが果たすべき実効的捜査弁護の課題と方法というものを、理論的にも明確にすべき時期だと思うのである。

三　実効的捜査弁護と主体的捜査弁護

1　実効的捜査弁護をどう捉えるべきか。結論を先取りすることが許されるならば、独立した主体的な捜査弁護こそが実効的な捜査弁護でなければならない——、と思う。そのような実効的捜査弁護の具体的内容を明確にする、あるいは捜査弁護の課題ごとにその具体的内容を位置づけ、体系化するという作業が、いま、必要な時期であろう。

独立した主体的な捜査弁護とは、たとえば、「被疑者の供述を適正に証拠化する課題」を果たす捜査弁護実践である。その課題は、捜査機関との関係で言い直せば、「捜査機関の取調べに依存しないで、弁護人のイニシアティブないしそのコントロール下で被疑者の供述を証拠化する課題」である（捜査弁護の独立性）。被疑者との関係では、「弁護人の援助の下で、被疑者の供述を、その主体的な自己決定の結果として証拠化する課題」だということができる（捜査弁護の主体性）。

2　このような課題を設定し、現実に果たそうとする捜査弁護実践がなぜ実効的なものなのか。この点については、まず、「黙秘権行使は捜査を変える」「黙秘権行使は捜査弁護を実効化する武器だ」ということ、すなわち被疑者の黙秘権がもつ戦略・戦術上の意義ないし機能というものを確認しておかなければならない。この点で、『大阪における当番弁護士活動・第四集』の座談会「マニュアル本には書かれていない捜査弁護のノウハウ」（同六八頁以下）が示唆に富む。

いずれも発言者の名前は伏せられているが、発言内容はこうである。共犯者の供述内容が「分からない場合はまず本人に黙秘をさせるんです」、「そうすると、捜査官が〔共犯者の〕あいつはこう言っているとか絶対言うんですよ」、「場合によれば、〔依頼人たる被疑者〕本人に捜査官があいつはこう言っていると言ったら、その調書を見せてくれと言え、そして現実に調書を目の前に見た上で、どいつがどう言っているか判断してから〔被疑事件について〕言え、様子がわかるまで物を言うな、というのが僕の指示なんです」（七二頁）。「黙秘をさせていて、取調官が他の人の供述〔調書〕を見せないとか、あるいはこういう証拠があると言って示さないケースで起訴された事件は無いのです。だいたい不起訴に終わっています」、「黙秘をさせることの訴訟技術的な意味は結構大きいのではないかという気がしますね」（七七頁）――。

共犯者の供述内容、調書の録取内容など、捜査機関手持ち証拠の内容を窺うために、被疑者の黙秘権行使を「武器」にせよ、というのであった。

また、『大阪における当番弁護士活動・第五集』の座談会「逮捕・勾留に対する弁護活動」（同一一頁以下）でも、黙秘権行使が事件処理について果たす戦略・戦術上の意義ないし機能というものが語られた。

まず、藤田正隆弁護士（大阪弁護士会）の発言だが、「黙秘した場合、捜査段階で検察官と取引〔する、すなわち〕黙秘をやめて認めたら、本来は公判請求、懲役やけれども罰金で手を打ちましょうという形で検察官から申し入れられるようなケースは何件かあって、事実そうしたケースもあります」（一五、六頁）――。

また、財前昌和弁護士(4)（大阪弁護士会）の発言はこうである。「被疑者から自白をとることがまさにポイントだという事件の場合は、むしろいろいろしゃべることがかえって不利になるわけです」、「一般的にこうした場合にこうだということではなくて、その当該事件でどういう証拠があって、捜査機関が何を思っているかということがポイントだと思うんですよ。客観的に証拠がどうもありそうだというときに黙秘したり否認しても、それはかえって反省していないということで悪い心証をとられてしまうけれども、私が今まで黙秘させたケースではかえって不利益になったなという気はしません。不起訴になっていることが多いですね。やっぱりそれは共犯者と言われる人の供述しかないとか、さっき言った相手が警察官であって、その警察の供述は公判に行ったら必ずしも信用されないだろうという場合はね。だから、その事件を分析して、どこがポイントかというのをよく見なきゃだめだと思うんです。私の経験では、むしろ否認というか、黙秘させた方が有利な事件の方が多いような気がしますね。もちろん勾留延長はされるかもしれないけれども、起訴されなければ、結局長い目で見たらかえって得なのでしょう」、「余罪がいっぱいある事件では、正直にしゃべったらかえって起訴された場合不利な情状にされてしまった事件が多いというのが私の印象です。また変な供述をするとまた長引いてしまうから、黙秘するのがやっぱり一番プラスかなという印象が強いです」（二六頁）——。

さらに、財前弁護士は、被疑者の主体性、取調べに関して主体的に対応できる被疑者自身の力量、についても言及された。重要であるため、やはり詳細を引用しておきたい。こう述べられた。

黙秘のアドバイスを弁護人から受けて被疑者は「二、三日は黙秘したんですよ。その後、〔被疑者〕本人も何回か私が行って自信を持ってきて、それからは供述をしています。途中で彼が大分立ち直っているなという感じがしたので、途中から〔取調べに対し黙秘するという〕方針を変えました。弁護士が黙秘ばかりを押しつけると、被疑者は、『ああ、この弁護士さんは自分の気持ちをわかってくれない』と思って、結局、警察のほうが親切だと感じるということがあります。だから、気をつけないといけないのは、弁護士の価値観だけ押しつけてしまうと、被疑者が弁護士から離れてしまう。『この先生は自分の考えを僕に押しつけている』と思うので、議論しながら、この人は黙秘はできないなと思ったら、『署名押印だけ拒否したら』とか、大分自信を持ったら、『じゃ、こういう内容は気をつけろ』とか言うし、僕も方針を少しずつ変えていったんです」（二七頁）——。

この「被疑者の主体性」「取調べに関して主体的に対応できる被疑者自身の力量」に関連して、さらに、財前弁護士の発言を引用しておきたい。その捜査弁護実践のきめの細かさに瞠目させられる。

「最近私はよく〔弁護人としての〕調書を作るんです。単に黙秘しろとか言っているだけでは被疑者は心配なんですよ。私の言い分はどこで言うんだろうなというふうにね。要するに、『公判で言え』と言ったら、『遅くありませんか』と被疑者は必ず言います。普通に考えたら早く言い分を言った方が信用性が高いというのは誰でも思うわけだから、『私があなたの言い分について調書を作ってあげます』と言ってあげます。『私が作っても警察のと一緒ですよ』と〔言う〕」、「『私が作る、私が作れば〔その弁護人の調書に録取された〕言い分が一番正しいでしょう。それで、公判になったら私が提出しましょう』という説明をしてあげます。そういうふうに、ただ黙秘しろとか署名は拒否しろと言うだけでは被疑者の不安には答えられないわけだから、取調べに対する弁護活動というのはもうちょっときめ細かくやる必要があるのかなという気がしています」（一五頁）――。

3　引用が長くなったが、これらの捜査弁護実践において、黙秘権は、たんに被疑者に沈黙を続けさせるためだけの権利ではない、ということに注目しなければならない。被疑者の尊厳を支える「黙秘権」という基本権の保障は、供述――厳密には「供述か黙秘か」、供述するときは「何を供述するのか」――について、被疑者の主体的な自己決定を実現させるものとして捉えられた。

身体を拘束された被疑者は、その事実だけですでに自己の尊厳を損ない、主体的力量を制限される。それゆえ、そのような被疑者に対し黙秘権の保障を本当の意味で果したというためには、捜査弁護実践は、「身体拘束下の捜査機関の取調べに依存しないで、被疑者供述を弁護人のイニシアティブないしそのコントロールの下で証拠化する課題」を果たすものでなければならず、また、「被疑者の供述を、その主体的な自己決定の結果として、証拠化する課題」を果たすものでなければならない。そして、この課題を果たす具体的な方法が――あえて図式的に言えば――、まず「黙秘権を行使させる」、ついで「被疑者自身に供述書を書かせる」、「弁護人自身が被疑者の供述を調書に録取する」、そのうえで〔必要であれば〕「検察官の取調べを受けさせる」ことであった。それは、被疑者の供述を適正に証拠化するために——捜査機関の取調べには依存しない——独立のルートを、弁護人自身が確保することだ、とまとめることもできる。

矛盾のように聴こえるかもしれないが、「黙秘を通すことができる被疑者であれば、自白させてもかまわない」と言われることがある。それは矛盾ではなく、「供述か黙秘か、主体的な自己決定ができる被疑者であれば、供述か黙秘かという選択は事件の個性に応じ、どちらも等価値な弁護戦術になるのだ」、「捜査機関による身体拘束中の取調べに対抗して黙秘を貫徹できるという主体的力量をもつ被疑者であれば、供述させたとしても、その供述は捜査機関に迎合したり強制された結果ではなく、主体的な自己決定の結果だ」、という趣旨を述べるものであった。「供述するのであれ自白するのであれ、被疑者自身の尊厳・自己決定を保障し、貫徹させることが、捜査弁護の基本課題だ」という趣旨だ、ということもできる。それだからこそ、身体を拘束され、人格の尊厳と主体的力量を現実に損い制限されて、回復できないままでいる被疑者に対しては、「警察官の取調べに対し、何はともあれ、まず黙秘させる」ことが、必要な弁護戦術となるのであった。

そして、被疑者自身の尊厳・自己決定を保障し、貫徹させるための「黙秘権の行使」は、それだけの機能にとどまらない。捜査機関手持ち証拠を事実上「開示」させたり、事件処理について検察官と対等に「交渉」するうえでも、重要な弁護上の武器となりうるもの——弁護上の武器として大きな射程と多様な可能性をもつもの——なのであった（捜査弁護の実効性）。捜査弁護を実効化する重要な武器となるのが、被疑者の黙秘権なのであった。

四　実効的捜査弁護の統一的イメージ

1　独立した主体的な捜査弁護、実効的捜査弁護について、その具体的内容を課題ごとに明確にし、体系化する

——、という場合、いくつかの留意点がある。一つの留意点についてだけ、しかもその骨格を説明しておきたい。それは、独立した主体的な捜査弁護というものの統一的な「イメージ」を形成することが重要な理論的課題になる、ということである。

しかし、そもそも事件の種類、身体拘束の有無、被疑者の供述態度、情状、被害者・捜査機関の対応などによって、個性的・個別的である現実の捜査弁護実践について、統一的な「イメージ」でひとまとめにしなければならない理由ないし必要は何なのか。それはわが国の捜査弁護の担い手の現状というものに基づく。

優れた捜査弁護実践が——『大阪における当番弁護士活動』の実践記録でその一部を紹介したように——、現実に多くの弁護士によって、多くの地域で行われている。しかし、その実践を恒常的に担う「刑事専門弁護士」が存在するだろうか。「刑事専門弁護士」について、層としての薄さというものが現実にはある、といわなければならない。あるいは、まだ層としては存在しない、というべきかもしれない。しかし、他方で、当番弁護士制度をいま以上に展開・拡充させるため、また、被疑者国（公）選弁護を制度化するためにも、捜査弁護の恒常的な担い手——少なくとも、捜査弁護の恒常的な担い手を形成すること——がますます、しかもできる限り広いかたちで、要求されているという現実もある。

このような現実の下で、捜査弁護のいっそうの飛躍をはかるためには、「ボランティアとしての捜査弁護」と「プロフェッショナルとしての捜査弁護」を同時追求しなければならない。言い換えれば、捜査弁護の「一般化」と「専門化」を同時追求しなければならない。この矛盾する課題を同時追求するために、実務的には、「捜査弁護マニュアル」「経験交流」「新人研修」「共同弁護」の充実・強化が具体的な方法となるだろう。

この捜査弁護の一般化と専門化を同時追求するため、理論的には、自白事件などを典型とするいわゆる「日常的捜査弁護」と、捜査弁護について刑事訴訟法が保障するすべての防御手段を駆使するいわゆる「先進的捜査弁護」をつなぐ捜査弁護の統一的な理論枠組み、すなわち、日常的捜査弁護も先進的捜査弁護も一人の弁護人が自己矛盾なしに実践できる捜査弁護の統一的な理論枠組み――画一的ではなく、事件・被疑者などの個性に応じ柔軟に実践される捜査弁護の統一的な理論枠組み――が構築されなければならない(5)。

2　この捜査弁護の統一的な理論枠組みを構築するうえで、日常的捜査弁護――典型的には被疑者の自白を前提とした捜査弁護実践――について、積極的な内容を盛り込んでこれを捉えることができるかどうかが、理論上は、重要な試金石になる。

そのためのキーとなるのは、一つには、捜査段階における情状弁護活動の意義ないし位置づけを明らかにすることであろう。たとえば、情状弁護というものの積極的・理論的意義は、「犯罪により――他者の尊厳とともに――自己の尊厳を自らが侵害したという事実に、被疑者自身が真正面から向かい合い、自己の尊厳を自ら回復する手立てを講じるよう援助する」ことにあるといえた。自白事件における捜査弁護の積極的な内容を肯定するうえで、もう一つのキーとなるのが「被疑者の自白を、その主体的な自己決定の結果として、証拠化する捜査弁護活動」であろう。身体を拘束され、人格の尊厳を回復しないままでは、自白を決断する主体的力量も獲得ないし回復することができない。自白か黙秘かという供述態度に関する自己決定の確保、そのための尊厳回復の援助が、自白事件における捜査弁護の具体的課題とされなければならない。

このように考えてくると、自白事件を典型とする日常的捜査弁護についても、また、否認事件に顕著な先進的捜査弁護についても、被疑者の尊厳と自己決定の擁護ないし回復という基本課題を共有する点では同じだ、ということができる。言い換えれば、自白事件の捜査弁護、あるいは被疑者に自白させる捜査弁護活動も、①弁護人が手続・事件処理（身体拘束・不拘束、起訴・不起訴決定など）の行方を見極め、②その助言・援助の下で被疑者が主体的に決断して自白するものである限り、先進的捜査弁護と等価値な、正しい弁護実践なのであった。両者の違いは、被疑者や事件の個性・特殊性に基づいた、防禦手段の選択の違いなのだということができる。

五　捜査弁護の独立性・主体性・実効性

1　独立した主体的な捜査弁護というものの統一的な「イメージ」を、いま、一言にまとめるなら、手続進行と事件処理において「被疑者の尊厳と自己決定を擁護するという普遍的課題」を果たす捜査弁護実践であるということができた。この捜査弁護の普遍的課題を果たすために、冒頭にも述べたように、わが国においては非常な努力と工夫を重ねる捜査弁護実践が行われている。この捜査弁護の非常さは、「自白中心の捜査・訴追という伝統的枠組みの中に組み込まれた捜査弁護実践」ではないゆえの非常さであった。「捜査・訴追から独立した意義・機能を担う、主体的な捜査弁護実践」であろうとするゆえの非常さだ、といってもよい。

弁護人はこのような非常な努力と工夫を重ねるという苦心・苦労を、なぜ敢えてするのか。あるいは、すべきなのか。それは、捜査弁護の普遍的課題を果たすために必要な努力と工夫だ、と意識されているからではないか。そして、この独立した主体的な捜査弁護の具体的実践こそが、被疑者の尊厳・権利・利益を本当の意味で擁護し、実効性をもつことが、自覚されつつあるためではないか。さらに、独立した主体的な捜査弁護の具体的実践が実効性をもつということ、それこそが、多くの弁護士をして持続的な捜査弁護の担い手とさせる内在的な根拠ないし基礎になるのだ、という思いがあるからではないか。

2　ちなみに、このような「独立した主体的な捜査弁護」の実践は、単純に、捜査・訴追活動に敵対的なものだ、というべきではない。そうではなく、独立した主体的捜査弁護を組み込んだ捜査の基本枠組みを要求するものにすぎないのだ、というべきである。もちろん、その枠組みは、いま警察・検察が構築している捜査の基本枠組み――警察・検察に主導された、自白中心の捜査という伝統的枠組み――とは異なっている。それゆえに、独立した主体的な捜査弁護をやりきるということは、非常な努力と工夫が要求されるだけでなく、現実には、警察・検察と大きな軋轢を生じさせる原因にもなってしまう。しかし、独立した主体的な捜査弁護実践は、基本的には、捜査・訴追活動と捜査弁護が調和することを志向するものなのであった。つまり、独立した主体的な捜査弁護の具体的実践が、「伝統的な捜査」の枠組みでは逸脱・妨害的なものとされたとしても、「あるべき捜査」の枠組みでは手続・事件の適正な進行・処理のため重要かつ不可欠な条件ないし構成要素と捉えられるものであった。

3　捜査弁護の独立性・主体性、そしてその実効性を保障しないような捜査・訴追のあり方は――被疑者の尊厳と自己決定を擁護せよという刑事訴訟法の、本来、当然の要求を押しつぶすものとなるために――、どうしても権威主義的なもの・不合理なものとなってしまわざるをえない。そのような権威主義的で不合理な捜査・訴追のあり方は、その担い手たち――現場の警察官・検察官――にとっても不幸なものではないのかと思う。そして、大きくいえば、そのような権威主義的で不合理な刑事手続システムをもってしまう日本の市民の不幸ではないのかと思う。捜査弁護の前進は、この権威主義的で不合理な刑事手続システムを確実に変革に導く歩みなのである。

（1）村井敏邦編著『現代刑事訴訟法・第二版』（三省堂、一九九八年）四一頁〔大出良知執筆部分〕。
（2）拙稿「被疑者取調べの変革を目指して」『平成六年版日弁連研修叢書・現代法律実務の諸問題』（第一法規、一九九五年）六一六頁。
（3）本稿執筆後、一九九九年三月に第七集が刊行され、二〇〇二年三月には第一〇集の刊行に至った。
（4）起訴前の黙秘権行使がもつ弁護実践上の意義について、財前昌和「被疑者の供述の証拠化」季刊刑事弁護一五号（一九九八年）三五頁、三六頁。
（5）なお、捜査弁護実践の経験交流（経験の共有）と捜査弁護の理論化は、切り結ぶかたちで行われなければならない。実践は、理論に裏打ちされてこそ、多くの弁護人に内在化され、一般化されるためである。理論に裏打ちされたときに、捜査弁護実践は――たんなる「ノウハウ」を超えた――「スキル」として確立し、多くの弁護人が共有できるものとなる。

高田　昭正（たかだ　あきまさ）
1950年　大阪市に生まれる
1973年　大阪市立大学法学部卒業
1977年　岡山大学法文学部講師
1980年　岡山大学法学部助教授
1988年　岡山大学法学部教授
1990年　大阪市立大学法学部教授、現在に至る
主著
　『刑事訴訟の構造と救済』（1994年、成文堂）
　『現代刑事訴訟法〔第２版〕』〔共著〕（1998年、三省堂）

被疑者の自己決定と弁護

2003年５月30日　第１版第１刷

著　者：高田昭正
発行人：成澤壽信
発行所：株式会社現代人文社
　　　　160-0016　東京都新宿区信濃町20佐藤ビル201
振　替：0013-3-52366
電　話：03-5379-0307
ＦＡＸ：03-5379-5388
E-mail：daihyo@genjin.jp
　　　　hanbai@genjin.jp
Ｗｅｂ：http://www.genjin.jp
発売所：株式会社大学図書
印刷所：株式会社ミツワ
装　丁：清水良洋・西澤幸恵（Push-up）

検印省略　PRINTED IN JAPAN
ISBN4-87798-158-6　C3032